体育舞蹈基本理论与训练研究

孙 园 著

辽宁大学出版社 沈阳

图书在版编目（CIP）数据

体育舞蹈基本理论与训练研究/孙园著. --沈阳：辽宁大学出版社，2023.10
ISBN 978-7-5698-1406-4

Ⅰ.①体… Ⅱ.①孙… Ⅲ.①体育舞蹈－教学研究 Ⅳ.①G831.32

中国国家版本馆 CIP 数据核字（2023）第 175394 号

体育舞蹈基本理论与训练研究
TIYU WUDAO JIBEN LILUN YU XUNLIAN YANJIU

出 版 者：	辽宁大学出版社有限责任公司
	（地址：沈阳市皇姑区崇山中路66号 邮政编码：110036）
印 刷 者：	河北万卷印刷有限公司
发 行 者：	辽宁大学出版社有限责任公司
幅面尺寸：	170mm×240mm
印 张：	16.25
字 数：	220千字
出版时间：	2023年10月第1版
印刷时间：	2023年10月第1次印刷
责任编辑：	吴 颖
封面设计：	韩 实
责任校对：	张宛初

书 号：ISBN 978-7-5698-1406-4
定 价：98.00元

联系电话：024-86864613
邮购热线：024-86830665
网 址：http://press.lnu.edu.cn

前 言

体育舞蹈集健身健美、艺术性、适应性为一体，重视对参与者形体的训练，以及音乐能力、舞蹈技艺、高雅气质的培养与提高，因此深受大学生的喜爱，具有广泛的学生基础。为进一步完善高校体育舞蹈教学，提高高校体育舞蹈教学质量，促进大学生身心、智力及审美的全面发展，笔者特撰写本书。

全书共八章，从理论与训练两个方面对体育舞蹈教学进行系统研究。

第一章为体育舞蹈教学的基本认知，主要内容包括体育舞蹈概述、体育舞蹈基本常识、体育舞蹈理论基础等；第二章为体育舞蹈中的健身指导，主要内容包括体育舞蹈健身安全、体育舞蹈健身营养等；第三章为体育舞蹈中的专项训练，主要内容包括体育舞蹈专项训练内容、体育舞蹈专项训练中"平台期"成因、体育舞蹈专项训练实践中"平台期"预防与突破等；第四章为体育舞蹈中的形体训练，主要内容包括基本位置训练、基本形态控制训练、专业形体训练等；第五章为体育舞蹈教学之摩登舞技术动作教学，主要内容包括华尔兹技术动作教学、探戈技术动作教学、狐步舞技术动作教学、快步舞技术动作教学、维也纳华尔兹技术动作教学等；第六章为体育舞蹈教学之拉丁舞技术动作教学，主要内容包括伦巴舞技术动作教学、桑巴舞技术动作教学、斗牛舞技术动作教学、牛仔舞技术动作教学、恰恰舞技术动作教学等；第七章为多元化的体育舞蹈教学模式，主要内容包括PBL教学模式、个性化教学模式、翻转课堂教学模式等；第八章为多视角下的体育舞蹈发展，主要内容包括艺术审美视角下的体育舞蹈发展、社会经济视角下的体育舞蹈发展、教育视角下的我国体育舞蹈发展、不同视角下我国体育舞蹈发展的理性思考等。

　　本书中的体育舞蹈训练研究建立在系统、全面分析体育舞蹈相关理论的基础之上，突出了科学性与系统性。笔者在撰写本书的过程中参考了一些专家的相关著作和研究成果，在此表示感谢。由于本书撰写时间和笔者知识水平有限，书中难免存在不足之处，恳请广大读者批评指正。

目 录

第一章 体育舞蹈概述 001
第一节 体育舞蹈基本认知 001
第二节 体育舞蹈基本常识 024
第三节 体育舞蹈理论基础 038

第二章 体育舞蹈中的健身指导 062
第一节 体育舞蹈健身安全 062
第二节 体育舞蹈健身营养 068

第三章 体育舞蹈中的专项训练 072
第一节 体育舞蹈专项训练内容 072
第二节 体育舞蹈专项训练中"平台期"的成因 079
第三节 体育舞蹈专项训练中"平台期"的预防与突破 089

第四章 体育舞蹈中的形体训练 097
第一节 基本位置训练 097
第二节 基本形态控制训练 105
第三节 专业形体训练 106

第五章 体育舞蹈教学之摩登舞技术动作教学 124
- 第一节 华尔兹技术动作教学 124
- 第二节 探戈技术动作教学 133
- 第三节 狐步舞技术动作教学 137
- 第四节 快步舞技术动作教学 142
- 第五节 维也纳华尔兹技术动作教学 147

第六章 体育舞蹈教学之拉丁舞技术动作教学 154
- 第一节 伦巴舞技术动作教学 154
- 第二节 桑巴舞技术动作教学 161
- 第三节 斗牛舞技术动作教学 167
- 第四节 牛仔舞技术动作教学 172
- 第五节 恰恰舞技术动作教学 179

第七章 多元化的体育舞蹈教学模式 189
- 第一节 PBL教学模式 189
- 第二节 个性化教学模式 204
- 第三节 翻转课堂教学模式 215

第八章 多视角下的体育舞蹈发展 228
- 第一节 艺术审美视角下的体育舞蹈发展 228
- 第二节 社会经济视角下的体育舞蹈发展 235
- 第三节 教育视角下的我国体育舞蹈发展 237
- 第四节 不同视角下我国体育舞蹈发展的理性思考 243

参考文献 249

第一章 体育舞蹈概述

第一节 体育舞蹈基本认知

一、体育舞蹈的起源与发展

体育舞蹈与其他舞蹈明显的差别在于体育舞蹈既具有艺术表演性，又具有竞技性。从体育角度来说，体育舞蹈属于非对抗性、非周期性、具有表现性的评分类项目，如同体操、武术、跳水、花样游泳、花样滑冰等。同时，体育舞蹈具有极高的审美价值。

国内尚没有关于体育舞蹈的准确定义。体育舞蹈的前身是"国际标准舞"，也就是人们常说的"国标舞"。随着"国标舞"竞技性的增强，体育舞蹈的概念逐渐凸显出来。体育舞蹈带有一定的竞技性，但不能将其限制于竞技体育范畴中，竞技性只是体育舞蹈的一个属性。除了竞技性，体育舞蹈的属性还包括群众普及率高、社交性强等。根据上述内容，体育舞蹈可以从狭义和广义两方面进行定义。从狭义上说，体育舞蹈指摩登舞和拉丁舞所包含的 10 种舞蹈。从广义上讲，体育舞蹈指单人、双人或多人在不同风格音乐伴奏下通过身体语言和舞蹈动作表达文化、思想，展现音乐美、形体美、服饰美的艺术。

（一）体育舞蹈的起源

舞蹈是在原始社会人们适应自然并与自然作斗争的过程中产生的。随着社会的发展，促使舞蹈产生的因素越来越多，如庆祝丰收、鼓舞士气、与野兽作斗争、部落之间的斗争、宗教祭祀、祖先崇拜、神话信仰、庆祝节日、表达情感等。舞蹈的种类也日益增多，并且由于地域、气候、民族的不同产生了较大的差异。但各种舞蹈都拥有相同的作用，即表达情感。人们将舞蹈作为一种精神支柱，在其中注入对生命的渴望。

另外，舞蹈还具有强健体魄的作用。手、脚、身体的运动起到了健身的作用，具有一定的"体育属性"。舞蹈作为人类遗留下来的重要财产，是一种动态性的人体非语言文化。而体育舞蹈作为舞蹈的一大分支，起源于原始舞蹈，并在民间舞蹈中逐渐萌生，随着社会的发展而分类成一大体系，成为一种新兴的运动项目。

体育舞蹈是以人自身的形体动作为物质手段，通过充满生命活力的韵律，抒发人内心情感的身体活动。体育舞蹈集体育、音乐、舞蹈于一体，具有健身、竞技、娱乐、审美等多方面的价值。

体育舞蹈最初是西方国家的一种舞蹈形式，经过不断的发展，从劳动人民的文化中汲取营养，然后在一代又一代人的加工下逐渐形成了各种形式的现代交谊舞。

体育舞蹈由交谊舞发展而来。作为社交活动的交谊舞最早可以追溯到人类原始社会时期，那时候的舞蹈是由部落同一性别的成员来表演的，舞者之间并不发生身体接触。现代意义上的交谊舞则是地道的"双人舞"，舞者之间会出现身体接触。

在欧洲的农民舞蹈中出现了最早的交谊舞。16世纪，在英国，被称为"乡村舞"的队列舞盛行。17世纪，在法国，"小步舞"受到广泛欢迎。到了18世纪中期，在奥地利的高山地区和维也纳郊区出现了华尔兹。到了18世纪末，这种古老的奥地利农民舞蹈逐渐传入上流社会。在法国，华尔兹逐渐在社会中流传开来。19世纪初，华尔兹舞蹈中出现了近距离的搂抱形式，这种男女舞伴"近距离搂抱"的舞蹈是对传统交谊舞观念的一种冲击，也使得交谊舞发生了革命性的变化。随后，同是"近距离搂抱"的波尔卡也逐渐发展起来，这种舞蹈成了时髦的交谊舞。到了20世纪，狐步舞、探戈等交谊舞也相继出现，这样，现代交谊舞的内涵渐渐明晰，就是指"舞伴距离较近"的，在舞厅中活动的交谊舞。

第一家交谊舞舞厅出现于1768年的巴黎，这时交谊舞在欧美各国已经开始广泛流行，成为一种普遍的社交方式。经过上百年的发展，交谊舞在自身的发展演变中保留了一些风格鲜明、舞步规范的技巧体系。

1924年，英国皇家舞蹈教师协会（Imperial Society of Teachers of Dancing，ISTD）对当时的交谊舞进行了整理，将各种舞的舞步、舞姿、跳法进行规范，包括布鲁斯、慢华尔兹、慢狐步舞、快华尔兹、快步舞、伦巴、探戈等交谊舞。

1950年，英国摩登舞国际理事会（International Council of Ballroom Dancing，ICBD）主办了首届世界性的大赛"黑池舞蹈节"，同时将规范后的舞蹈命名为"国际标准交谊舞"，在此之后，每年的5月底在英国的黑池都会举办一届世界性的大赛。国际标准交谊舞通过比赛在世界各地不断推广，自身也实现了很好的发展。在第二次世界大战以后，英国皇家舞蹈教师协会又对拉丁舞进行了整理，并将其纳入了国际体育舞蹈的范畴。

1960年，拉丁舞也成为世界交谊舞锦标赛的比赛项目之一，这样在国际上形成了具有统一舞步的两大系列十个舞种的国际标准舞。

（二）体育舞蹈的发展

1.世界体育舞蹈的发展

体育舞蹈的发展过程与体育舞蹈相关组织的管理、竞赛组织以及各种推广工作的开展密切相关。具体来讲，体育舞蹈的发展大致经历了原始舞蹈、公众舞、民间舞、宫廷舞、社交舞、新旧国际标准舞等阶段。

国际体育舞蹈联合会（International Dance Sport Federation，IDSF）

是世界体育舞蹈著名的组织机构之一，主要负责对世界业余舞蹈及体育舞蹈的比赛工作进行管理。此外，它还负责不同国家之间的舞蹈和体育舞蹈的交流与沟通工作。

世界舞蹈及体育舞蹈理事会（World Dance and Dance Sport Council，WDDSC）是著名的世界体育舞蹈组织机构，其职能是负责世界体育舞蹈的赛事组织与管理，主要是对职业体育舞蹈赛事进行管理。

国际体育舞蹈联合会与世界舞蹈及体育舞蹈理事会对现代体育舞蹈在世界范围内的推广、普及、发展起到了非常积极的推动作用。1935年12月10日，体育舞蹈的第一个国际组织——国际业余舞蹈联合会（International Amateur Dance Federation，IADF）在捷克斯洛伐克（1993年分为捷克及斯洛伐克两个独立的国家）首都布拉格成立，该组织的成员主要包括德国、奥地利、荷兰、瑞士、法国、丹麦、英国、捷克斯洛伐克和南斯拉夫。

1957年，国际业余舞蹈联合会更名为国际业余舞蹈理事会（International Council of Amateur Dancers，ICAD）。1990年，国际业余舞蹈理事会又更名为国际体育舞蹈联合会（International Dance Sport Federation，IDSF）。

1992年，国际体育舞蹈联合会正式成为国际单项体育运动联合会总会（General Association of International Sports Federation，GAISF）的会员。1995年，在国际世界运动会协会（International World Games Association，IWGA）和国际体育总会（Association of Recognised International Sports Federations，ARISF）中，国际体育舞蹈联合会获得了会员资格。

1995年，国际体育舞蹈联合会成为国际奥委会的临时会员。1997年9月，国际奥委会对体育舞蹈所具有的合法性予以承认，国际体育舞蹈联合会从而成为体育舞蹈的唯一国际组织。

1995年4月开始，体育舞蹈开始向竞技化的方向发展。当时，体育舞蹈被国际奥委会正式列为奥运会的"观察项目"。

1997年9月5日，国际奥委会在洛桑召开执委会，国际体育舞蹈联

第一章 体育舞蹈概述

合会的合法性被正式承认。国际奥委会对国际体育舞蹈联合会的认可具有标志性意义，体育舞蹈此后在世界竞技体育中也有了更为广阔的发展空间。

20世纪80年代，国际标准舞已经发展到了一定的水平，世界体育舞蹈的规则也更为严格。国际标准舞标准统一，体育舞蹈运动员之间的竞技较量越来越激烈，一些国家开始致力于推动国际标准舞的发展。据此，国际标准舞逐渐形成一个新的名字，即"体育舞蹈"。这种名称方面的变化不仅仅是一种称谓的改变，更重要的是体育舞蹈被注入了"体育"这样一种新的活力，从而进入了一个新的发展阶段。

2000年，在悉尼举办的第27届奥运会上，体育舞蹈被列为闭幕式表演项目之一。国际体育舞蹈联合会还积极争取将体育舞蹈项目列入2008年北京奥运会和2012年伦敦奥运会比赛项目。但时至今日，体育舞蹈仍然没有成为奥运会的正式比赛项目。

体育舞蹈以其独特的运动魅力与文化吸引着世界各国、各地区人们的参与，国际上每年都会举办体育舞蹈竞赛或者不同形式的体育舞蹈交流活动。体育舞蹈所具备的健身价值也非常突出。此外，参与体育舞蹈还能为具有相同体育舞蹈爱好的人心理健康的发展奠定良好的基础，同时能够促进人与人之间友谊的提升。体育舞蹈受到了人们的喜爱，其群众基础相当广泛，这也正是体育舞蹈能够持续长久发展的原因所在。

2.我国体育舞蹈的发展

交谊舞于20世纪30年代传入我国，而竞技性舞蹈在我国开始推行的时间是20世纪80年代中期。

1986年10月，日本国际标准舞业内人士及有关组织通过中国人民对外友好协会联系到中国舞蹈家协会，同时将国际标准舞引入了中国。

1987年4月，首届"中国杯国际标准舞比赛"在北京举办，之后每年举办一次。同年5月，首届"中日友好杯国际标准舞比赛"也成功举办。在之后的几年间，我国连续举办了20多期培训班，国际标准舞在我国得到了逐渐普及与发展。

20世纪90年代,我国的国际标准舞进入了迅速发展的历史阶段。为了更好地适应国际发展的形势,我国的国际标准舞改称体育舞蹈。与此同时,我国也组织与成立了相应的体育舞蹈机构。另外,我国还采取了"走出去"的策略来推动我国体育舞蹈的发展,一些体育舞蹈运动员赶赴国外的各大知名赛事,让国际体育舞蹈界了解到中国体育舞蹈的发展现状,这在客观上促使我国的运动员更快地融入了国际环境。

1989年,北京舞蹈学院社会舞蹈系设立了国际标准舞专业;1994年,体育舞蹈专选课程在北京体育大学开设;1994年,北京成立了第一所民办国际标准舞学院。之后,部分体育类、艺术类以及师范类高校相继成立了体育舞蹈专业,这对于我国体育舞蹈师资的培养以及技术体系的发展都产生了很好的推动作用。

1995年,英国皇家舞蹈教师协会在上海组织了教师考核,有30多人通过了准会员级考核,成为该协会首批中国籍准会员。

1996年,国际舞蹈教师协会(International Dance Teachers Association,IDTA)在北京组织了教师考核,有16人通过会员级考核,有34人通过准会员级考核。

1998年12月,经中国文学艺术界联合会(以下简称"中国文联")批准,国际标准舞被正式纳入"荷花奖"的评奖项目,国际标准舞从此被正式纳入专业舞蹈的评奖行列。2006年,国际标准舞被纳入"桃李杯"舞蹈大赛。

进入21世纪之后,我国的体育舞蹈获得了更为迅速的发展,并且在国际上取得了一系列优异的成绩。2005年,在中国澳门举行的第四届东亚运动会上和在泰国曼谷举行的首届亚洲室内运动会上,中国体育舞蹈代表队共获得10金、10银、4铜,受到中国代表团的表彰。

2007年10月,在中国澳门举行的第二届亚洲室内运动会上,中国体育舞蹈代表队获得6金、7银、7铜,包揽体育舞蹈比赛36枚奖牌总数的一半以上。

2010年，在中国广州举办的第十六届亚运会上，中国代表团更是囊括了体育舞蹈项目全部10枚金牌。

2012年，中国北京国际体育舞蹈公开赛在北京地坛体育馆落幕。本次公开赛是北京市举办的最高级别的国际体育舞蹈赛事之一，包括世界体育舞蹈联合会世界青年拉丁舞锦标赛、世界体育舞蹈联合会表演舞锦标赛和世界体育舞蹈联合会标准舞大奖赛三个项目。

二、体育舞蹈的多元化价值

（一）体育舞蹈的健美价值

1. 形体健美

体育舞蹈的许多舞蹈动作都对形体健美具有良性促进作用。体育舞蹈对运动者的形体健美塑造体现在以下几方面。

（1）降低体脂率。体脂率是反映人体内脂肪含量的一个指标，也就是身体的脂肪含量占人体总体重的百分比。一般来说，肥胖的人体脂率高，瘦弱的人体脂率低。但必须注意的是，体脂率并非越低越好，低于正常标准的体脂率反而是不健康的表现。

体育舞蹈是有氧运动，具有消耗体内脂肪的重要运动价值，长期坚持锻炼能有效改变运动者的身体状态，其中重要的一点是使运动者的体脂率发生变化。

第一，在体育舞蹈健身过程中，运动量和运动强度要比安静状态大很多，运动过程中人体的新陈代谢也会快很多，会加快人体内糖和脂肪等热量储备的消耗。而且，体育舞蹈动作优美，有很多舒展性的动作，因此对于现代人来说，通过运动减脂塑形是非常好的一种选择。

第二，长期科学参与体育舞蹈健身运动，上臂皮脂、背部皮脂、腹部皮脂的厚度明显减少，肌肉力量也获得提升，健身和健美效果十分明显。

第三，体内脂肪含量严重超标会给身体带来负担，甚至诱发多种疾病。坚持体育舞蹈运动可消耗身体多余的体脂，尤其是皮下堆积的脂肪，从而减轻体脂堆积可能对人体产生的各种生理和心理负担。体育舞蹈健身运动能使运动者的身体更苗条，使运动者身心均受益。

（2）改变肌肉结构。一般来说，舞者多体态健美，体育舞蹈运动者更具有完美的体态。体育舞蹈运动可以使肌肉纤维变粗，供血条件改善，增强骨骼的力度与韧性、关节的灵活性与稳定性，这对青少年进行形体塑造具有良好的作用。

（3）使身材更挺拔。经常参加体育舞蹈运动，可以使骨骼长度增加，最直观的运动体验就是身高的增长。体育舞蹈可促进人体生长激素的分泌，可以促进骨骼组织中骨骼两端的骺软骨的增长和硬化。因此，体育舞蹈可令人身材更加挺拔、修长。在青少年时期科学系统地参与体育舞蹈健身锻炼，有利于骺软骨的健康生长。

（4）纠正不良体态。①对肥胖形体的改善。体育舞蹈有重要的减脂作用，身体肥胖的人长期、科学地参与体育舞蹈运动，可令其体形和体态发生改变，主要是向着体脂减少、身形变瘦的方向发展。②对不良姿态的改善。体育舞蹈中的一些基础动作和形体训练内容具有纠正运动者不良体态的重要作用。体育舞蹈的基础性形体训练能对天生的体形缺陷发挥一定的弥补作用，可以矫正畸形的身体形态，改善人的形体。③良好气质的培养。体育舞蹈的多种舞蹈风格都有助于对运动者良好个人气质的培养，经常性地参与体育舞蹈运动有利于运动者保持健康体质，散发青春活力。

2. 审美提高

（1）观赏美的水平的提高。对于运动者来说，体育舞蹈是一种包含了多种艺术元素的体育运动形式，如动作节奏美、造型美、韵律美、音乐美、服饰美、意境美等，这些都能给体育舞蹈运动者以直观的身体、感官、心灵体验。

对于体育舞蹈观赏者来说，其间接参与到体育舞蹈运动中，运动者的体育舞蹈运动之美可以打动体育舞蹈观赏者,并使体育舞蹈观赏者产生共情,有助于提高体育舞蹈观赏者对美的动作、美的音乐、美的情感的审美。

(2)道德美育的规范。参与体育舞蹈运动可培养运动者的体育道德美、精神美。体育舞蹈运动往往需要两个舞伴的相互配合。在相互的配合协调过程中,运动者学会与舞伴之间的交流、沟通、合作,尊重舞伴并信任舞伴。这些在舞蹈环境中进行的人际交往更带有艺术性,更有利于培养运动者良好的体育道德。同时,这种良好的体育道德还能影响到运动者的日常道德与行为。

体育舞蹈运动中有许多舞蹈规则,运动者参与体育舞蹈运动,必须遵循体育舞蹈运动的这些规则,如在舞池中沿着舞程线行进,与舞伴之间要互相礼让,不能违反规则、恣意妄为,任何不礼貌、不道德的行为都是对其他运动者的不尊重。因此,体育舞蹈的良好体育道德氛围,有助于运动者建立良好的道德行为规范。

(3)创造美的意识和能力的提高。体育舞蹈健身是一个需要长期坚持的过程,对于真正喜欢体育舞蹈的运动者来说,无论是初学者还是长期坚持运动者,都会自行或者在教师的引导下接触体育舞蹈动作和音乐创编,这对于提高体育舞蹈运动者的创造美的意识和能力具有非常大的促进作用。

(二)体育舞蹈的健心价值

1. 丰富情感

(1)体会运动乐趣。运动能给人带来快乐。运动能促进人体内内啡肽的分泌,这是一种能令人感到兴奋的物质。

在全民健身计划实施和建设"健康中国"的社会背景下,我国大众健身路径不断完善,在公园、广场等健身场所,人们积极参与体育舞蹈锻炼,享受运动的酣畅淋漓,释放压力,愉悦身心。

(2)体验成就感。对于体育舞蹈运动者来说,参与体育舞蹈运动,学练各种舞蹈技术动作需要付出艰辛的努力,长期坚持练习,可体会到"付出之后终有收获"的成就感。那些通过参与体育舞蹈运动实现形体健美的运动者,长期坚持体育舞蹈运动,在大汗淋漓之后,在忍受肌肉拉伸的疼痛之后,能看到身材的显著变化,感受到精神状态的改善,同时体会到运动的成就感。从体育舞蹈健身中获得的成就感,将在日常生活中激励体育舞蹈运动者积极向上、争取成功。

(3)体验认同感。体育舞蹈健身往往是在集体环境中开展的,在与舞伴的配合中,处处体现着合作与协同。现代社会分工较细,更需要不同工种之间的配合,很少有只通过一个人的努力就能实现较大目标的情况。参与体育舞蹈,运动者通过努力可以感觉到自身发生的良性的变化。这种良性变化如果被舞伴感知到,会获得大家的认同,而这种集体性的认同能给体育舞蹈运动者带来更大的快乐、更成功的体验。相较于个人感受,这种认同感所带来的成就感是加倍的。

(4)增进情感交流。人作为社会成员,离不开与他人的交流,人际交流体现在学习、生活等各个方面。体育舞蹈健身需要舞伴的配合,在参与体育舞蹈过程中,舞伴之间的配合是一种交流,与其他运动者的技术切磋也是一种交流。体育舞蹈为具有相同爱好的人提供了共同的话题,使这些人增进了彼此的情感交流。这些交际的机会,可提高运动者在日常生活中与人建立良好关系的能力。

2.塑造健康心态

(1)缓解压力。参与体育舞蹈锻炼,可使运动者在运动过程中释放身心长期积累的疲劳感,沉浸在体育舞蹈中,可让运动者抛开生活中的烦恼,集中注意力于舞蹈本身。此外,参与体育舞蹈,感受体育舞蹈的美的动作、美的音乐,对运动者的心理是一种感染和净化,有利于促进运动者放松心理的形成。

(2)愉悦心情。体育舞蹈可有效缓解运动者的身心压力,使其心情愉悦。体育舞蹈的参与过程,也是运动者不愉快的意识、情绪和行为的输出过程，同时是运动者收获快乐心情的过程。运动后的运动者能以更加积极、饱满的精神状态投入当下的生活、工作中。体育舞蹈运动不仅可健身，更可健心，使运动者在随音乐翩翩起舞的过程中忘记疲劳。

（3）排解不良情绪。心理学研究表明，情绪可对人产生"吸引力"，积极的人更容易接收积极的信息，而消极的人则更容易关注消极的信息。简单来说，如果一个人非常关注开心的事情，那么他会收到更多的积极信息，会更加开心；相反，如果一个人思想消极，则会更多地关注挫折信息，最终形成不良情绪，导致不健康心态的产生。

体育舞蹈能有效调动和改善人的情绪，将人所关注的部分变消极为积极。首先，体育舞蹈内容丰富、舞种多样，且各个舞种都很欢快，表达的是积极的生活情趣。通过参与体育舞蹈运动，人们可以受到体育舞蹈动作和运动魅力的感染，形成健康积极的心态。其次，体育舞蹈的音乐多积极向上、活泼欢乐、充满激情，而音乐对人的心理具有重要的影响作用，积极的音乐可令人乐观向上、摒弃烦恼。

（4）预防心理疾病。现代社会，竞争激烈，有些人存在一定程度的心理问题，身心压力也会导致心理疾病的产生。参与体育舞蹈运动，可有效避免心理疾病的产生。

首先，在体育舞蹈动作学练过程中，各种动作的完成需要运动者集中注意力，靠坚强的意志力来展开学习、认知，这对运动者的心理是一种良好的锻炼，可增强运动者的心理承受能力。其次，体育舞蹈的音乐能对运动者的心理产生影响，音乐对心理的影响作用已经得到了心理学研究的证实。体育舞蹈多使用活泼、积极向上的音乐，可促进运动者健康心理的形成。总之，参与体育舞蹈运动可令人开朗自信，从初次接触体育舞蹈时的羞于在众人前起舞，到熟悉体育舞蹈后的自信展示，都能展现出参与体育舞蹈对运动者心理的影响。越是心情愉悦、性格开朗，就越是有利于取得更好的体育舞蹈学练成果。一般来说，性格外向的人，动机水平相对较高，心理压力较小，更能迅速掌握技能，表现稳定。这是体育舞蹈运动促进心理健康水平提升的过程。

3.营造健康心理

体育舞蹈的舞步变化动作、舞伴配合动作复杂多变，在体育舞蹈健身过程中，要想准确地完成舞蹈动作，运动者必须集中注意力，才能把握动作要领。

在体育舞蹈运动过程中，运动者需要积极调动全身各个部位的肌肉和关节，这样才能准确地完成每一个舞蹈技术动作，并能完成与舞伴之间的配合，长期练习有助于提高运动者的专注力。

体育舞蹈对运动者的运动能力，以及意识、交往等各方面的能力的发展具有重要的促进作用。要想发挥出良好的运动状态和竞技水平，运动者必须学会如何更好地应对运动及生活中遇到的各种困难。参与体育舞蹈能够很好地培养运动者积极、正确处理各种问题的能力。

体育舞蹈入门简单，但是要真正掌握各个舞种的技术动作，难度相对较大，初期尝试体育舞蹈的人往往会有踩舞伴的脚的经历，要配合默契对体育舞蹈初学者和舞伴都是一个不小的挑战。要轻松完成各种舞蹈技术动作转换，并与舞伴完美配合，对运动者的耐力、协调性和灵活性等素质要求也较高，不下功夫，就很难跳好体育舞蹈。而长时间的枯燥练习，可能导致运动者对体育舞蹈丧失兴趣。

在体育舞蹈技术学练过程中，运动者应有充分的耐心，不急躁，体会动作技术的细节，掌握基本规律。而在掌握了基本技术后，要向更高级别的技术发起挑战的话，更不可一蹴而就，必须持之以恒、循序渐进，付出更多的耐心和不懈的努力。

体育舞蹈的多情感、多角色体验，可促进运动者良好心态、健全性格的形成。

首先，初学者在参与体育舞蹈健身时，常常被优秀运动者的技术所折服，却又往往因优秀运动者的表现和对自身技能提高的渴望，产生急躁心理。初学者必须充分认识到，优秀运动者的技术动作是经过长年累

第一章 体育舞蹈概述

月的训练才变得娴熟的。在学习体育舞蹈时，应该以自身的实际情况为出发点，不应脱离实际，好高骛远。面对困难，也不要妄自菲薄。其次，参与体育舞蹈学习的运动者，只要坚持科学锻炼，就能充分享受运动的快乐，排除负面情绪干扰，对焦虑、抑郁情绪也能起到长期稳定的缓解作用。练习体育舞蹈还可以促使性格孤僻的运动者积极与人进行情感交流，使运动者的负面情绪得到发泄，并使运动者端正参与态度、科学健身。

（三）体育舞蹈的健身价值

1. 改善生理机能

（1）提高生理适应机能。体育舞蹈健身能促进运动者的生理产生适应性，使人的生理指标发生变化，这种变化通常是良性的变化。在体育舞蹈健身过程中，各种丰富的身体练习对运动者身体的运动能力、身体各个器官和系统的生理机能等的提升具有十分重要的作用。实验表明，在3分钟左右的斗牛舞比赛中，男女运动员的心率平均每分钟会上升到130～170次。科学参与体育舞蹈锻炼可以提高人的生理适应机能。

（2）改善呼吸系统机能。体育舞蹈的练习有利于健全与完善人体的呼吸系统，使呼吸系统的构造和功能向良好方向转变，能有效促进机体的肺通气量和换气效率的提高，进而可改善运动者的呼吸系统机能。参加体育舞蹈锻炼能改善运动者呼吸系统机能的原理如下。

第一，体育舞蹈能够使人体的肺组织弹性保持良好的状态，促使胸廓活动范围有所改进，加深呼吸深度，加大肺活量。

第二，进行定量的体育舞蹈锻炼，运动者的呼吸功能可得到加强，保持工作能力持续状态，延缓工作能力下降时间。

第三，体育舞蹈能刺激内脏器官运动，使氧气摄入量增大，提高呼吸效率，增强呼吸系统的功能。

（3）改善心血管系统机能。①增粗心肌纤维，增强心脏收缩力，增加每搏输出量。参与体育舞蹈运动可令运动者的心脏变得更加强壮有力，能促进心肌的发育，促使心脏储备力量提高。在体育舞蹈锻炼过程中，随着身体活动的持续，心脏的工作量也会有所增加，如此才能满足机体的血氧需求。因此，在运动中可实现心脏的生理适应，增加心脏毛细血管的开放量，加快心肌的血液供应、血氧代谢率。②增加心肌中的蛋白质和糖原储备。体育舞蹈锻炼可增强心脏的收缩力量。③改变血管壁的结构。长期科学参与体育舞蹈锻炼可有效预防心血管疾病的发生。④增加血液氧含量，提高氧供应。体育舞蹈强度、运动量可控，因此可以作为一种良好的健身方式。逐渐提高体育舞蹈的适应性，可实现运动者生理功能的改善。经常参加体育舞蹈锻炼可以有效提高肺泡通气量，这也就为机体氧的充足供应奠定了基础。再加上体育舞蹈锻炼对运动者的心血管结构、功能完善有促进作用，因此可以增强机体的血氧利用率，改善心血管系统机能。

（4）改善神经系统机能。在体育舞蹈锻炼过程中，运动者需要比日常的静态下工作、学习增加许多肢体的活动。因此，相对于日常的安静状态，参与体育舞蹈健身可以使得运动者有机会获得比安静状态更多的血氧、营养供应。体育舞蹈锻炼期间运动者所参与的各项身体活动对人体血液循环的改善能为大脑提供更多的血氧与营养物质。因此，经常参加体育舞蹈锻炼，可以为运动者神经系统的兴奋性和灵活性的保持提供良好的物质基础供应，使运动者整个身体高速、高效运转。

（5）改善消化系统机能。消化系统包括消化腺和消化道两部分。体育舞蹈运动对消化系统的影响如下。

第一，加快营养吸收。人体的肠胃等消化器官会受到体育舞蹈动作的影响，体育舞蹈中的各种舞步变化，身体扭摆、旋转和屈、转、绕环等动作都能够积极影响人体的消化器官，帮助运动者改善自身消化功能，促进人体快速吸收营养物质。

第二，促进代谢废物排出。体育舞蹈健身可促进身体活动量的增加，客观上对机体内部器官是一种很好的生理机能调动和物理按摩，这就使得运动者的整个消化系统和代谢系统保持活跃，可促进体内废物的排出，对消化道疾病以及便秘等具有良好的预防作用。

第三，增加食欲。体育舞蹈健身可令运动者的体能消耗增多，有利于运动者食欲的增加，促进运动者时刻保持良好状态，并且能够预防疾病的发生，"胃口好"是一个人身体健康的重要表现。

（6）改善运动系统机能。人体的运动离不开运动系统的作用，参与体育舞蹈锻炼可促进人体运动系统机能的改善，人体运动系统机能的改善可促进运动者更好地参与体育舞蹈锻炼，二者是相互促进的。本书重点分析参与体育舞蹈锻炼对运动者运动系统的功能改善与发展的促进。

人体运动系统包括骨骼、肌肉、关节三部分，参与体育舞蹈锻炼提高运动者运动系统机能主要表现在对这三部分的积极影响方面，具体分析如下。

第一，强健骨骼。运动实践表明，参与体育舞蹈锻炼可促进骨骼形状和结构的良性变化，强健骨骼。长期科学参与体育舞蹈锻炼能够使骨骼的新陈代谢速度加快，使血液循环得到良好的改善，从而使骨密度增加，增强骨细胞的生长能力，使骨骼变得更粗壮、更坚固。

骨骼的粗壮和强健，能使其抗损伤能力提高，即提高骨骼抗弯曲、抗骨折、抗压缩以及抗扭转的能力。

第二，强健肌肉。参与体育舞蹈锻炼可使得参与运动的肌肉变得更加强健，具体表现在以下两方面。

一方面，体育舞蹈是身体活动，在运动过程中，经常活动到的关节和肌肉会得到锻炼，肌肉和关节韧带的灵活性会得到大大的提高，关节周围的肌肉也会变得更有弹性。

另一方面，体育舞蹈是有氧运动，在运动过程中，身体的代谢可以有效地实现减脂的功效，因此长期锻炼可以达到塑造完美的肌肉线条和结构的运动效果，令肌肉更加紧实。

第三，巩固关节及其周围组织，增强关节灵活性。体育舞蹈有十个舞种，各个舞种的动作风格特点不同，但多包含丰富的手肘、腰部、髋部、膝、踝等的扭动、摆动、绕环、旋转等动作，这些动作有助于增厚人体关节面骨密质，增粗关节周围的韧带和肌腱，从而使关节的稳固性变得更强，并能扩大运动者的关节的活动幅度。与不参与体育舞蹈和不运动的人相比，体育舞蹈运动者的身体更灵活。

2.促进生长发育

（1）促进新陈代谢。运动可增加机体生理活动，促进机体新陈代谢。在参与体育舞蹈健身过程中，运动者有机体的代谢增加，进而可以更好地吸收营养、排除代谢废物。

一般来说，新陈代谢旺盛，可使运动者进一步增加对外界能量的摄取和吸收，这对于机体保持良好的物质基础条件是十分有益的。青少年时期是人成长发育的重要时期，青少年身体生长发育迅速、新陈代谢旺盛，这一时期是人体生理发育的第二个高峰期，科学参与体育舞蹈健身可促进青少年健康发育。

（2）促进骨骼生长。骨骼作为身体的支架对身体起到了重要的支撑作用，对于体育舞蹈运动者来说，长期坚持体育舞蹈锻炼，可令骨骼更加强健，并可促进骨骼的生长发育。

第一，强健骨骼，使骨骼坚固。体育舞蹈有多个舞种，不同的舞种可以使运动者的不同身体部位得到锻炼。参与体育舞蹈锻炼，可促进血液循环、新陈代谢，这对于促进骨骼的结构、形态、机能变化是十分有利的。参与体育舞蹈锻炼可强健骨骼，使骨骼能承受更强的外力冲击，而且能有效地促进骨骼结构与功能的变化，使骨密质增厚。骨小梁的排列受肌肉的强力牵拉和外力的刺激作用，能够增强骨骼的坚固性，有利于骨骼承受更大的外力作用，提高骨骼的抗扭、抗变、抗断和抗压能力。

第二，促进骨骼发育，促进身高增长。参与体育舞蹈锻炼可促进骨骼发育，使骨骼变粗变长。运动实践表明，相较于无运动经验的青少年来说，经常参与体育舞蹈锻炼的青少年，平均身高要更高一些。

科学参与体育舞蹈锻炼可使运动者的骨骼发育更健康、更结实，增长更快，有助于促进运动者身高发展。对于处于生长发育期的运动者来说，参与体育舞蹈锻炼，能充分利用骨骼的生长规律，促进身高增长。

3.提高身体素质

（1）发展力量。体育舞蹈的许多动作对运动者的动作力量有一定的要求，通过长期的体育舞蹈锻炼可增强机体各部位肌肉的力量。体育舞蹈中各种舞蹈技术动作对力量、弹动力、控制力等的要求具体分析如下。

第一，运动者要完成技术动作需要对技术动作的力度进行很好的把握，这是对肌肉力量素质的锻炼。

第二，体育舞蹈内容丰富，舞种风格各异，在体育舞蹈中有许多促进身体弹动性的动作，这些动作对于整个身体的协调能力和肌肉、身体的弹动力具有很好的锻炼作用。

第三，在参与体育舞蹈过程中，人体的肌肉力量表现出了运动美，这种运动美是建立在良好的力量控制基础上的。

总之，在参与体育舞蹈锻炼过程中力量素质显得尤为重要。首先，良好的力量素质及其训练可以让肌肉的线条更加紧实，外形更显优美。一些技术技巧也要求运动者的肢体具有良好的控制能力。其次，舞伴之间的配合也需要在力量控制的基础之上，舞蹈中的转体与运动员的腰腹力量及控制能力有直接的关系。

（2）增强耐力。体育舞蹈促进肌肉耐力提高的肌肉适应性变化如下。

第一，肌肉体积增大。肌纤维，又称"肌细胞"，是肌肉的重要构成单位。肌纤维的生长可有效促进肌肉的功能增长，引起包括肌肉结构、肌肉形态在内的肌肉变化。

系统科学的体育舞蹈健身锻炼可令肌肉强壮、体积变大，使快肌纤维向慢肌纤维转化，进而使肌肉体积增加。

第二，肌肉结缔组织强韧水平增强。在参与体育舞蹈锻炼过程中，肌肉的不断锻炼可促进肌肉的伸展、收缩，这对于促进肌肉结构中的肌腱和韧带的细胞增生具有重要作用。肌腱和韧带的强健可令肌肉更具弹性，具体表现为能承受更强的拉伸，并能在伸展后快速收缩恢复，也能在单位时间内迸发出更高的肌肉工作效率。

第三，肌纤维类型和特点改变。肌纤维是构成肌肉组织的重要结构要素。肌纤维在机体参与体育舞蹈锻炼过程中可得到有效的发展，具体表现为肌纤维的增多、增粗，这是对肌肉功能的一种提高。

第四，肌群收缩协调性提高。体育舞蹈包含跳跃、旋转、快速起动和急停等动作，这些动作要求运动者能实现对运动肌肉的良好控制，具体表现为肌肉的快速伸展和收缩的能力。体育舞蹈的各种舞蹈动作的完成，要求身体各部分肌肉的完美协调，而肌肉收缩协调需要运动者原动肌、对抗肌和固定肌共同收缩、配合完成。因此体育舞蹈可提高肌群的协调性。

三、体育舞蹈的分类与特点

（一）体育舞蹈的分类

在当前的国际体育竞技中，体育舞蹈是体育运动项目之一。它是以男女为伴的一种步行式双人舞的竞赛项目，分2个项群，10个舞种。下面主要对体育舞蹈中的摩登舞与拉丁舞2个项群进行具体分析。

1. 摩登舞

摩登舞主要包括华尔兹、探戈、狐步舞、快步舞、维也纳华尔兹等舞种，下面就对这些舞种进行具体阐述。

（1）华尔兹。华尔兹用 W 表示，它是"waltz"的缩写。华尔兹也称"慢三步"。华尔兹是摩登舞的一种，其舞曲具有优美的旋律，而且风格抒情，节奏为3/4的中慢拍，每分钟28～30小节。每小节三拍为一组舞步，每拍一步，第一拍为重拍，三步一起伏循环。舞者在表演华尔兹时，通过膝、踝、足底以及掌趾做出有关动作，同时用身体的升降、倾斜以及摆荡加以配合，从而带动舞步的移动，使舞步表现得起伏连绵，舞姿华丽而典雅。

（2）探戈。探戈舞用T表示，它是"tango"的缩写。探戈为2/4拍节奏，每分钟30～34小节。每小节二拍，第一拍为重拍。探戈的舞步包括快步与慢步两种形式，快步（quick）占半拍，用Q表示；慢步（slow）占一拍，用S表示。探戈的基本节奏为慢、慢、快、快、慢（S，S，Q，Q，S）。舞曲节奏中包含停顿，并且强调切分音；舞步顿挫有力，具有潇洒豪放的特征；舞者的身体不出现起伏，也没有升降与旋转的动作；舞者表情严肃，同时伴随左顾右盼的头部动作。

（3）狐步舞。狐步舞也称"福克斯"，它是"slow foxtrot"的缩写，用F表示。狐步舞是摩登舞项目之一。狐步舞的舞曲追求抒情，而且形式较为流畅，节奏为4/4拍，每分钟28～30小节，每小节包括四拍，第一拍为重拍，第三拍为次重拍。狐步舞的基本步法为四拍走一步，每四拍就是一个循环。狐步舞分快步与慢步，第一步为慢步（S），占二拍；第二、三步为快步（Q），各占一拍。狐步舞的基本节奏是慢、快、快（S，Q，Q）。舞者通过足踝、足底、掌趾的动作进行身体的升降与起伏，同时也非常强调反身、肩引导与倾斜的技术。狐步舞的舞步流畅而且平滑，步幅较为宽大，舞态优雅如行云流水。

（4）快步舞。快步舞用Q表示，它是"quickstep"的缩写，快步舞同样是摩登舞项目之一。快步舞是一种轻快欢乐的舞蹈形式，快步舞的舞曲风格明亮而欢快，舞步轻快灵活，表现出非常强烈的跳跃感。快步舞的节奏为4/4拍，每分钟50～52小节。每小节包括四拍，第一拍为重拍，第三拍为次重拍。舞步则分为快步与慢步，快步用Q（quick）表示，时值为一拍；慢步用S（slow）表示，时值为二拍。基本节奏是慢、慢、快、快、慢（S，S，Q，Q，S）。

（5）维也纳华尔兹。维也纳华尔兹用V表示，它是"viennese waltz"的缩写。维也纳华尔兹也称"快三步"，是摩登舞项目之一。维也纳华尔兹的旋律较为流畅华丽，舞曲的节奏轻松而明快，为3/4拍节奏，每分钟56～60小节，每小节为二拍，第一拍为重拍，第四拍为次重拍。基本步法是六拍走六步，两小节是一个循环，一小节为一次起伏。维也纳华尔兹的基本动作为左右快速旋转步，完成反身、倾斜、摆荡等舞蹈技巧。维也纳华尔兹的舞步平稳而且轻快，舞姿高雅而且庄重。

2.拉丁舞

拉丁舞是体育舞蹈项群之一，包括伦巴舞、桑巴舞、斗牛舞、牛仔舞、恰恰舞。下面对它们进行具体分析。

（1）伦巴舞。伦巴舞用R表示，它是"rumba"的缩写。伦巴舞的节奏为4/4拍，每分钟27～29小节，每小节四拍。伦巴舞乐曲旋律的特点是强拍落在每小节的第四拍。舞步从第四拍起跳，由一个慢步和两个快步组成。四拍走三步，慢步占二拍（第四拍和下一小节的第一拍），伦巴舞的快步各占一拍（第二拍和第三拍）。胯部摆动三次。伦巴舞的胯部动作是由控制身体重心的一脚向另一脚移动而形成向两侧做弯曲形摆动。伦巴舞舒展而优美，舞者表现得婀娜多姿，具有柔媚和抒情的风格。

（2）桑巴舞。桑巴舞用S表示，它是"samba"的缩写。桑巴舞的舞曲欢快热烈，节奏为2/4拍或者4/4拍，每分钟52～54小节。桑巴舞的强拍落在每小节的第二拍或第四拍。桑巴舞的每小节完成一个基本舞步。舞步在全脚掌踏地与半脚掌垫步之间交替完成，舞者通过身体、膝盖的上下屈伸弹动来实现身体的前后摇摆，同时沿着舞程线绕场行进。桑巴舞这项舞蹈形式具有很强的流动性，而且讲求律动感，步法摇曳紧凑，风格热烈奔放。

（3）斗牛舞。斗牛舞用P表示，它是"pasodoble"的缩写。斗牛舞的音乐是旋律高昂雄壮、鲜明有力的西班牙进行曲。节奏为2/4拍，每分钟60～62小节。一拍一步，八拍为一个循环。特点主要表现为舞步的流动很大，同时沿着舞程线绕场行进，是一种游走型的舞蹈形式。斗牛舞的舞姿较为挺拔，没有胯部的动作与夸张的膝盖屈伸。舞者用身体的踝关节与脚掌平踏地面完成舞步。斗牛舞的动静非常鲜明，同时具有很强的力度感，舞者的发力非常迅速，收步也敏捷顿挫。

（4）牛仔舞。牛仔舞用J表示，它是"jive"的缩写。牛仔舞舞曲的旋律较为欢快，具有显著的跳跃性，节奏为4/4拍，每分钟42～44小节，六拍跳八步。牛仔舞由基本舞步踏步、并合步，结合跳跃、旋转等动作组成。舞者表演牛仔舞要求身体的脚掌部位踏地，腰部与胯部进行钟摆式摆动，舞步敏捷而且跳跃，舞姿轻松、热情而且欢快。

（5）恰恰舞。恰恰舞用C表示，它是"cha-cha"的缩写。恰恰舞的节奏为4/4拍，每分钟30～32小节。每小节四拍，强拍落在第一拍。四拍走五步，包括两个慢步和三个快步。第一步在第二拍，时间值占一拍；第二步占一拍；第三、四两步各占半拍；第五步占一拍，踏在舞曲的第一拍上。舞者的胯部每小节向两侧摆动六次。恰恰舞的舞曲热情而且奔放，舞步花哨利落，步频也很快，具有诙谐风趣的特征。

（二）体育舞蹈的特点

1. 竞技性

体育舞蹈经过长时间的发展与演变，如今已经形成了自身特色。体育舞蹈各种形式的比赛日趋正规化，相应的比赛规则也在不断发展和完善。如今参加体育舞蹈比赛的国家越来越多，体育舞蹈所具备的竞技性也在不断增强。

2. 健身性

体育舞蹈与其他的体育健身运动相同，对于每个人都有着身心两方面的积极作用。

在健身方面，体育舞蹈促进人的生理机体的运动。体育舞蹈各个技术动作的完成都需要运动者身体各器官的协调配合，而体育舞蹈的出色完成则需要运动者进行反复练习。由此可见，体育舞蹈的练习过程是人体器官锻炼的过程。

在健心方面，体育舞蹈以其特定的音乐、气氛与舞姿，通过非常微妙的信息传递感染每一位运动者与观众。参与体育舞蹈能够让运动者排除生活中遇到的烦恼，有效增强自信心。

3. 娱乐性

体育舞蹈所具备的娱乐性不仅是体育舞蹈区别于舞蹈艺术的重要特征，也是体育舞蹈有别于其他体育项目的重要特点。体育舞蹈非常注重娱乐性，强调运动者自身的和谐发展。从体育的社会价值方面来分析，体育舞蹈是人们交流思想、抒发情感以及相互沟通的一种有效形式。正是由于具备娱乐性这一特征，体育舞蹈能够迅速地在全国得到很好的普及与发展。

4. 艺术性

体育舞蹈是一门艺术，它有着自身独特的"艺术语言"。体育舞蹈是一项集形体美、健康美、线条美以及诗性内涵美等于一体的艺术，它注重对气质以及文化修养的培养。

体育舞蹈并不是基本动作的简单堆砌，也不是单纯技巧的展示，而是通过一定的形式表现一定的内容，具有很强的思想性。在体育舞蹈中，表达一定内容的动作组合称为"舞蹈语汇"。体育舞蹈的一招一式，都与人物的内心活动相对应，是运动者心灵的一种外化。舞蹈动作的编排是根据人物以及情节进行具体设计的，这使得组合起来的动作更富有内涵且个性鲜明。不管是表现具体的细节、行为以及心理活动，还是表现较为抽象的情绪以及精神气质等，体育舞蹈都具有一定的内涵，表现出显著的艺术性特征。

5. 观赏性

体育舞蹈与芭蕾、冰上舞蹈相比有着更多的观赏者。体育舞蹈将音乐美、服装美、风度美以及体态美完美地融合在一起，不仅具有"阳春白雪"的高雅与深度，同时具备通俗化与大众化的特点。作为一门视觉艺术，体育舞蹈的欣赏感知点都可以从看得见的形态中表现出来。例如，在欣赏摩登舞比赛与表演时，运动者的服装与装饰首先会吸引观赏者的目光，男运动者通常会身着燕尾服，打着领结，风度翩翩，气质高雅；女运动者往往身着长摆褶皱裙，秀丽端庄，典雅大方。

6. 技巧性

体育舞蹈兼有体育与文艺的双重特点，具有严格的规范性与技巧性。体育舞蹈是一个完整的舞蹈系统，是一项高雅文明的娱乐活动，它对于舞姿、舞步及相应的表现力都有着很高的要求。经过长时间的发展与完善，如今的体育舞蹈已经形成许多高难度的技术动作。观赏者常常被运动者所展示的高超技巧而折服。

7. 抒情性

体育舞蹈同样具有抒情性特征。"舞蹈没有平静的对话，凡属冷冰冰议论的一切，它都没有能力表达。为了取代语言，需要很多可见的东西和行动，需要鲜明有力地表达出来的激情与感情。"[1]舞蹈在抒情方面存在着一定的不足，这主要是由舞蹈本身的语言特点所决定的。舞蹈语言主要是依靠主观的形体动作来表现的，这些动作足以直接、鲜明地表现出人物内心的感情特点。但是，体育舞蹈表现感情是全能的，不仅可以大到某种情绪范畴，还可以小到一个人的内心情绪波动过程。例如，恰恰舞能够以活泼、欢快的动作来表现少男少女的情态，而斗牛舞则能够很好地表现出斗牛士振奋向上的精神。

8. 独特性

体育舞蹈的类型不同，其动作所具备的风格特点也存在很大的不同。例如，华尔兹的动作婉转多变、起伏流畅，舞姿文静飘逸、优美柔和；狐步舞舞步轻柔、圆滑、流畅，动作悠闲自在、平稳大方；探戈斜行横步，动作刚劲，或动或静，或快或慢，错落有致。可以说，体育舞蹈特异的风格也是其巨大的魅力所在。

---

[1] 王杰泓，张琴作. 艺术导论[M]. 武汉：武汉大学出版社，2020：150.

第二节 体育舞蹈基本常识

一、体育舞蹈的名词术语

具体来讲,体育舞蹈的名词术语主要包括基本名词、基本术语以及动作术语。

(一)基本名词

1. 舞程向

体育舞蹈规则规定,如果多位体育舞蹈运动者在同一个舞池中进行体育舞蹈比赛,那么各组运动者应该按照逆时针的方向行进,从而有效防止相互之间发生碰撞。在舞池中,运动者的行进方向也就是舞程向。

2. 舞程线

舞程线指的是沿舞程向方向行进的路线(如图1-1所示)。这是一条设想线,在舞池的四周,与墙壁保持平行。

严格来说,舞程线是一种方向的移动,它会根据情况的不同发生一定的改变,有时也将舞程线称为舞程向。在体育舞蹈比赛中,运动者沿着这个设想的线行进,因此可以把这条线理解为运动者的运动轨迹指向,运动者在比赛过程中逆向"行驶"就是错误的,因为这样就会碰撞到其他的运动者。

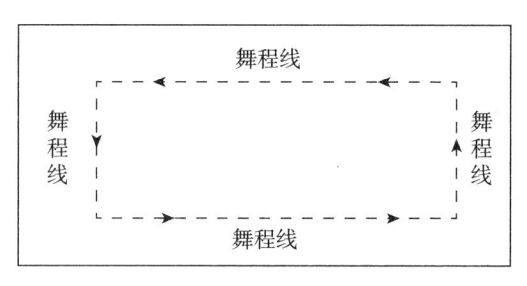

图 1-1 舞程线

3.舞姿

（1）闭式位舞姿。在舞蹈中，舞伴二人相对，双手扶握对方。

（2）侧行位舞姿。在舞蹈中，男运动者右侧身体贴近女运动者左侧身体，二人另外的一侧分别向外展开，二人组成"V"形站立。

（3）外侧位舞姿。在摩登舞中，男女舞伴的一方向另一方的右外侧（常见）或者左外侧（较少见）前进所形成的身体位置。

（4）并肩位舞姿。在拉丁舞中，男女面对同一方向肩臂相并的身体位置。

（5）影子位舞姿。这指的是男女舞伴互为影子，即二人面向同一方向重叠站立的身体相对位置。

4.反身动作与反身动作位置

（1）反身动作。在体育舞蹈中，运动者的脚步前进与后退的同时，其相对的一侧的身体跟随脚步向同一个方向移动。具体来讲，在舞蹈过程中，当运动者一侧的脚开始行进（前进或者后退）时，其另一侧的身体通过推送的方式使身体与脚形成一种反方向的配合动作，之后通过身体肩部的带动与引导旋转，使身体进行转动，同时保持身体重心的稳定与平衡。反身动作可以很好地展示出运动者身体的线条美，这是一种动态动作，往往会在一瞬间消失。

（2）反身动作位置。这指的是运动者运用反身动作的原理，使身体形态相对静止在一定位置上，在身体保持不动的情况下，一脚在身前或者身后形成交叉，从而保证两人身体维持相靠姿势的身体位置，是滞留形态动作，运动者两条腿形成一条直线，以展示舞蹈优美的线条与保持男女舞伴身体的接触位置，便于衔接其他动作。

5.摆荡动作、升降动作、倾斜动作

（1）摆荡动作。体育舞蹈的摆荡动作指的是运动者的上升、横向移动过程中身体的摆动动作。

（2）升降动作。体育舞蹈的升降动作指的是运动者身体的上升与下降,这种动作主要是通过身体关节的屈、伸转换来实现的。

(3)倾斜动作。体育舞蹈的倾斜动作指的是运动者身体动作的倾斜,主要是通过不同的舞步来完成的。通常来讲,运动者身体的倾斜多向左右方向进行,在倾斜动作的过程中,整个身体与地面形成三角的斜线。

6. 节奏、组合、速度

(1)节奏。体育舞蹈的节奏指的是节拍的反复,具有体育舞蹈音乐特定的性格特色。

(2)组合。在体育舞蹈中,不同舞步(两个或两个以上)之间的结合称为组合。

(3)速度。体育舞蹈中的速度专指体育舞蹈的音乐速度,具体描述为每一分钟的音乐小节数。

7. 套路、姿态

(1)套路。体育舞蹈中多个舞步按一定的逻辑顺序衔接,组成动作套路。

(2)姿态。①伦巴舞和恰恰舞。在舞蹈过程中,运动者两脚自然地靠拢站好,挺胸,脊椎骨伸直,不要耸肩,一脚向侧跨一步,将身体的重心落在支撑腿上,同时支撑腿保持伸直状态,使胯部往旁后方向移动,将身体的重量落在支撑脚的前脚掌上,膝盖向后伸直锁紧,上身保持平衡静止状态。②桑巴舞和牛仔舞。在舞蹈过程中,运动者双脚保持自然放松,挺胸,脊椎骨伸直,不要耸肩,任一脚向侧跨一步,将身体的重心落在支撑腿上,同时支撑腿伸直,使胯部往旁后方向移动,感觉重量放在支撑脚的前脚掌上,脚跟稍微离开地面,膝盖稍微弯曲。③斗牛舞。斗牛舞中没有胯部动作,因此在姿态方面表现出以下特点,即并立时骨盆向前稍微倾斜,身体的重量由两只脚共同支撑,脚伸直时,膝盖不要向后缩紧。

8. 开式舞姿和闭式舞姿

(1)开式舞姿。开放舞姿也叫侧行位舞姿,简称"PP",在这种舞姿中男女舞伴身体向左右打开,但是二者的腰髋部保持相贴,二人的身体状态呈"V"字形。

(2)闭式舞姿。华尔兹、狐步舞、快步舞、维也纳华尔兹舞姿各要素及姿态见表1-1,探戈舞姿各要素及姿态见表1-2。

表1-1 华尔兹、狐步舞、快步舞、维也纳华尔兹舞姿各要素及姿态

要素	具体姿态
站位	男女舞伴相对站立,两脚相距约10厘米;双膝微屈,右脚尖对准对方两脚中间,双脚及身体稍前倾;男士身体重心在右脚,女士身体重心在左脚
身体位置	男女均立腰、沉肩;以腹部1/2的右腹部接触对方,胸肋以下至大腿根部(腹股沟)与对方相贴
头部位置	男士头颈基本保持正直,胯部向左微转约15°;女士头部向左转约45°,颈部尽量向上牵伸,有头顶天花板的感觉;胸椎尽量后伸,向后打开胸部线条
手臂位置	男士双臂侧平举,两肘保持水平;左臂大臂与小臂弯曲形成90°左右,左肘比肩低5~10厘米;左手高度与女士右耳齐平;右臂的肘关节弯曲70°~80°;左手虎口与女士右手虎口相交,掌心空出,以拇指和中指卡在女士右掌骨与指骨关节处,其余三指并拢;右手五指并拢伸直,置于女士右肩胛骨外侧稍上位置;女士双臂侧平举,两肘保持水平,右臂弯曲约150°,右手与男士左手轻握,掌心向前,手腕松弛;左臂轻贴男士右臂上,左手虎口张开,轻轻放在男士右上臂三角肌中部;其余三指可上翘,五指呈兰花指或弹指状

表1-2 探戈舞姿各要素及姿态

要素	具体姿态
站位	男女舞伴相对站立,左右脚前后错开半个脚掌,两脚相距约10厘米;双膝微屈,右脚尖对准对方两脚中间,双脚及身体稍前倾;男士重心在右脚,女士重心在左脚
身体位置	男女均立腰、沉肩;以腹部1/3的右腹部接触对方,胸肋以下至右膝关节与对方相贴
头部位置	男女头部位置同华尔兹等舞种动作

续 表

要素	具体姿态
手臂位置	男女握持姿势更紧密；男士左臂弯曲小于90°，左肘比肩低3～5厘米，左手略高于肩；右臂围绕女士背部，右手五指并拢，置于女士右肩胛骨下方，中指稍稍过女士脊柱；女士右臂同华尔兹动作；左臂环绕男士右臂外侧，左肘内侧包裹住男士的右肘关节，左手虎口张开，放在男士右上臂的腋窝下，四指并拢

（二）基本术语

舞蹈术语指的是专门描述和形容舞蹈中所涉及的动作及相关内容的专门用语。除了一些常规的舞蹈术语之外，体育舞蹈中还包含一些特殊的专属术语，下面就对体育舞蹈中的基本术语进行具体分析。

1. 舞蹈方位

舞蹈方位指的是运动者在舞池中的身体所面对或者背对的方向。当运动者以肩引导（侧行）时，方位不变。在表演拉丁舞时，运动者的方位是否正确则非常重要。其中，伦巴舞、恰恰舞等是非前进式的舞蹈，而桑巴舞等则属于前进式的舞蹈。

在体育舞蹈中，活动目的不同、固定位置不同，方位也不同，主要包括以下三种情况。

（1）在体育舞蹈中，为了更好地理解舞蹈术语中的有关方位，身体方位通常是以运动者自身为基点的，正前方称为1点，每向右转45°为一个方向，一共分为八个方向，分别是1点、2点、3点、4点、5点、6点、7点、8点（如图1-2所示）。

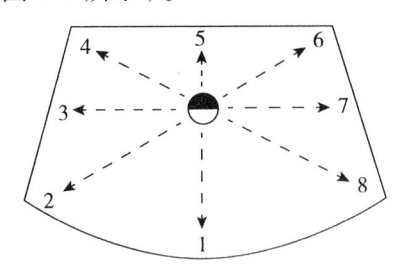

图1-2 身体方位

第一章 体育舞蹈概述

（2）在体育舞蹈中，为了更有利于辨别方位与检查旋转的角度，依据国际惯例，通常以乐队演奏台的一面为规定方位的基点，定为1点，每顺时针方向转动45°则变动一个方位。依次类推2点、3点、4点……共包括8个点。因此，一个场地中的四个面就是1点、3点、5点、7点，四个角就是2点、4点、6点、8点（如图1-3所示）。

	乐队或演奏台	
8	1	2
7		3
6	5	4

图1-3　国际惯例方位

（3）在非固定位置时，即运动者按舞程线不断变换方位，向前移动，则还需要与舞程线发生联系。因此，国际体育舞蹈比赛规定了几条线来指示运动者每个舞步的行进方向（如图1-4所示）。

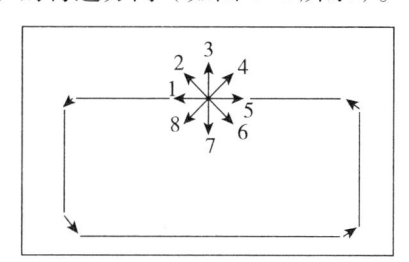

图1-4　运动者舞步的行进方向

移动中的体育舞蹈身体方位是男运动者正对舞程线站立而确定的身体位置，处于其左侧的舞厅部分为中央（并不是指舞厅的中心点），处于其右侧部分为墙。图1-4中各线的名称具体如下。

①男运动者面对的方向上的线叫作舞程线。

②男运动者右前方（右转45°），以其身体为基准朝壁线倾斜的线叫作壁斜线。

③男运动者右肩（右转90°）所向的线为壁线。

④男运动者左后方（左转135°）后的方向，与中央逆向倾斜的线为中央斜线。

⑤男运动者背部方向上的线为逆舞程线。

⑥男运动者右后方（右转135°）的方向上的线，朝壁线逆向倾斜，称为逆壁斜线。

⑦男运动者左肩（左转90°）所向的舞池中央的线为中央线。

⑧男运动者左前方（左转45°）后的方向朝中央线倾斜的线为中央斜线。

在体育舞蹈中，只要运动者沿着舞程向的圆周行进，则无论运动者行进到哪一点，以上的方向与线都适用。

2. 旋转度

旋转度（简称"转度"）就是以脚的位置为标准，衡量旋转动作中每一步型、每一舞步，甚至每一舞步间的旋转是多少度。

在体育舞蹈中，为了更好地保证舞蹈的严谨性与精确性，一般采取切分圆的方法，用1/8、3/8等来表示旋转度（如图1-5所示）。

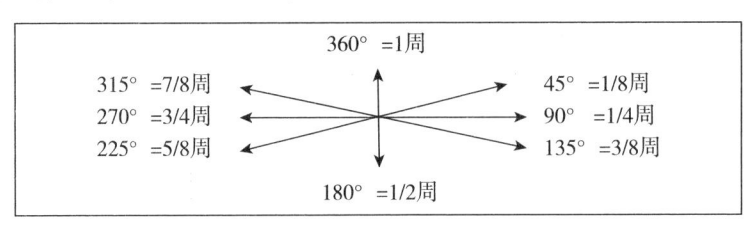

```
              360°=1周
315°=7/8周              45°=1/8周
270°=3/4周              90°=1/4周
225°=5/8周              135°=3/8周
              180°=1/2周
```

图1-5 旋转度

3. 舞蹈动作

在体育舞蹈中，经过提炼、创作、汇编的具有一定节奏、规律的动作即舞蹈动作。舞蹈动作是体育舞蹈基本的表现手段，舞蹈动作是构成体育舞蹈的基本单位。

4. 舞蹈组合

舞蹈组合指的是两个或者多个舞蹈动作组合起来所形成的一组新的动作。舞蹈组合包括简单的、性质单纯的动作连接，也包括复杂的、各种不同性质的动作组合。

5. 舞蹈语言

舞蹈语言是体育舞蹈思想与情感的一种表现，主要通过运动者的动作和表情表现出来。它是从社会生活、人的情绪状态、自然现象中提炼加工而形成的，不仅包括运动者的肢体动作，还包括运动者的思想情感。

6. 舞蹈语汇

在体育舞蹈中，将若干不同的舞蹈动作汇编在一起，为表达体育舞蹈的主题服务，就形成了舞蹈语汇。

7. 舞蹈表情

在体育舞蹈中，运动者的肢体语言和动作形态被包含在舞蹈表情之中，舞蹈表情是运动者情感通过动作（面部表情、手臂传情、身体扭摆、足部移动等）的表现，主要用于表达舞蹈中的人物情绪、情感和心理活动。

8. 舞曲

舞曲是指以舞蹈节奏为基础所编写成的器乐曲或声乐曲，一般分为专供伴舞的舞曲和不以伴舞为目的的舞曲。

9. 节拍和节奏

（1）节拍。节拍指音乐中每一个小节的拍数。

（2）节奏。节奏指按照一定的规律反复出现，赋予音乐不同性格的具有特色的节拍。

10. 韵律

韵律指的是在舞蹈动作中人体运用"欲左先右，欲纵先收"的自然规律，以及动与静、上与下、高与低、长与短等辩证的规律最终形成的舞蹈动作韵律。

11. 基训

基训指的是舞蹈基本能力（基本动作）的训练。

12. 主力腿和动力腿

（1）主力腿。在舞蹈动作过程中，或者在形成动作姿势时，运动者支撑身体重心的一条腿，称为主力腿。

（2）动力腿。相对于主力腿而言，动力腿是非重心支撑的一条腿。动力腿与主力腿相互配合，组成各种动作并保持身体的平衡。

13. 起范儿

起范儿是舞蹈的一种俗语，指的是动作之间的准备姿势，动作前的准备姿势也可以称作"起势"。

14. 造型

造型是一种有效的舞蹈表现手段，指的是出现在舞蹈动作流动的瞬间或者舞蹈组合结尾停顿时的动作。

（三）动作术语

具体来讲，体育舞蹈的动作术语主要包括以下几种。

1. 舞姿

（1）闭式舞姿。男女站立在相对位置。

（2）开式舞姿。开式舞姿也叫侧行舞姿或者PP舞姿，男女并列侧行位置。男运动者将头转向左侧，女运动者将头转向右侧。

2. 准线

体育舞蹈的准线指的是运动者双脚及其方向与房间的一种关系线。

3. 舞步

（1）舞步。一只脚的一个动作。

（2）基本舞步。表达体育舞蹈的基调的步型，是固定不变的。

（3）舞步型。一套完整的体育舞蹈的舞步组合。

（4）擦步。擦步是在体育舞蹈中，在运动者进行开位变化时，其动力脚与主力脚相靠，使身体重心保持不变的舞步。

（5）并步。并步也叫追步、追并步，指的是运动者双脚并合的舞步。

在并步过程中，运动者将一脚向另一脚合并。

（6）实步。运动者承担身体重心的舞步。

（7）虚步。运动者不承担身体重心的舞步。

（8）虚点。用脚掌或者脚跟点地，不支撑身体重心的舞步。

（9）滑步。在第二步双脚并拢的三步组成的舞步。

（10）刷步。运动脚像刷子一样不置重力轻擦地面向重心脚靠近或并合，但是并不形成重心。

（11）锁步。两脚前后交叉，一脚的掌外侧与另一只脚的跟外侧相贴。前进与后退的锁步的运动脚分别锁在支撑脚的后面和前面。

（12）追步。第二步双脚并赶的三拍四步的舞步型。

（13）常步。常步包括前进常步与后退常步两种类型。前进常步是指男运动者开始时双脚并立，身体的重心落在任何一只脚上，当运动者的身体向前移动时，膝盖稍微弯曲，借助该力量使移动脚离开地面，支撑脚（重心脚）则平伏于地。然后，从胯摆荡腿部向前，使移动脚从脚跟触地经脚掌轻微地向前滑动直至脚掌稍微离开地面，之后进入脚尖触地的位置。后退常步指的是开始时双脚并立，将身体的重心落在任何一只脚上，支撑脚的膝盖稍微弯曲，由臀、胯摆荡腿部向后退，先是用脚尖着地，然后过渡到脚掌，最后是脚跟，这时身体的重心落在脚跟与脚掌之间。与此同时，前膝稍稍伸直但是并不僵硬，后膝稍屈。之后继续将身体的重心转移到后脚，身体继续后移，同时带动前脚向后脚靠近，缓缓降下后脚跟，当前脚经过后脚旁边时，前脚的脚掌需要轻轻接触地面，这时候的后脚完全落到地面之上。

（14）踌躇步。表现前进暂受阻的舞步或组合。

（15）逗留步。身体运动或者旋转受阻时的部分舞步型，脚下短暂停止运行之后改变运行方向的舞步。一只脚做逗留步时，另一只脚或者靠近或者并合，身体的重心在此过程中保持不变。

（16）滑旋步。一只脚在反身动作位置中前进滑移后进行脚掌或脚尖旋转的舞步。运动脚在支撑脚定点旋转中做虚步滑移和旋转放置于支撑脚后旁。

（17）外侧舞步。在对方身体和脚的外侧运行的舞步。

（18）交叉步。双脚一前一后。在体育舞蹈中，同组运动者一人脚步采用前交叉，则另一人的动作应该相反。

（19）叉形步。叉形步又称拂步、扫步，可以左叉也可以右叉。在舞蹈过程中，男女舞伴的动力脚应该保持左右相反。

4. 转

（1）正转。向右转动的舞步，也称自然转。

（2）反转。向左转动的舞步。

（3）轴转。运动者一只脚的脚掌旋转，另一脚处于反身动作位置。

（4）跟转。这是轴转的另一种形式，也称跟轴转，是运用重心脚脚跟为轴的一种旋转方式。另一只脚并于重心脚与重心脚同转，只是进行虚转。转动结束时重心如果上升，重心则常会落在虚转脚的脚尖或者脚掌。

（5）脚跟转。专门指向后迈出的脚。通常来讲，在体育舞蹈中，运动者的动作过程中相并的脚应该与主力脚平行，旋转结束之后身体的重心应该转移到动力脚上。

（6）脚跟轴转。单一脚跟进行旋转，身体的重心保持不变。

（7）撇转。一只脚脚掌或者脚尖弧线滑移后进行定点圆心的转动，从而使身体的重心在快速转动中下降的舞步。撇转时脚与膝边转边降。

5. 舞步线

在体育舞蹈中，一只脚一个动作的路线就是舞步线。

6. 平衡

平衡指的是舞蹈中身体重心的准确分配。

二、体育舞蹈的基本符号

(一) 节拍符号

（1）Q："quick"的缩写，意思是动作要快，一拍为一步。

（2）S："slow"的缩写，意思是动作要慢，两拍为一步。

（3）&："and"的缩写，意思是前面拍子的一半。

（4）"a"：读短促的"哦"音，在4/4的节拍中，"a"代表1/4拍。

(二) 队形符号

（1）□表示走方形。

（2）○表示走圆形。

（3）Z表示走"之"字形。

（4）⌒表示走弧形。

（5）╱表示走斜形。

（6）≡表示走蛇形。

(三) 舞步符号

（1）右足部分用实心画法，较易分辨（如图1-6所示）。

（a）男士　　（b）女士

图1-6　右足实心

（2）点地与旋转（如图1-7所示）。

（a）脚掌点地　　（b）脚掌转　　（c）脚跟转

图1-7　点地与旋转

（3）华尔兹方步练习的脚迹图示法，如图1-8所示，数字为运步顺序，箭头为行进路线的方向。

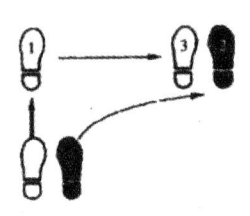

图1-8 华尔兹方步练习脚迹

（4）脚尖着地，记为"T"。

（5）脚跟着地，记为"H"。

（6）内侧边缘，表示运动者一脚沿另一脚内侧前后移动，"inside edge"的缩写，记为"I.E."。

（7）脚尖着地过渡到脚跟，记为"T-H"。

（8）脚跟着地过渡到脚尖，记为"H-T"。

（四）人物符号

1. 基本人物符号

舞蹈记录中常用 ●、■、▽、◆ 等符号表示舞蹈的不同角色。习惯上用 ■ 表示男性舞蹈者，用 ● 表示女性舞蹈者。

2. 动作时人物符号

（1）● 实心部分为脑后所朝方向，空心部分为面部所朝方向。

（2）● 表示原地逆时针方向自转一周。

（3）● 表示连续向前转圈。

（4）● 表示先前进之后退回到原位。

（5）● 表示左右移动，即先左后右。

（6）☺☺ 表示面向圆心，相互拉手成一圆圈。

（7）☺☺ 表示双圈面朝逆时针方向站好。

三、体育舞蹈的场地与服饰

（一）体育舞蹈的场地

体育舞蹈比赛规则规定，体育舞蹈比赛赛场的长度应该是23米，赛场长的两条边线称为A线；宽度为15米，赛场宽的两条边线称为B线。场地的地面应该平整光滑。在比赛过程中，运动者的体育舞蹈套路与动作应该根据场地的边线长短来确定。比赛时，运动者应该沿着赛场的舞程线方向行进（如图1-9所示）。

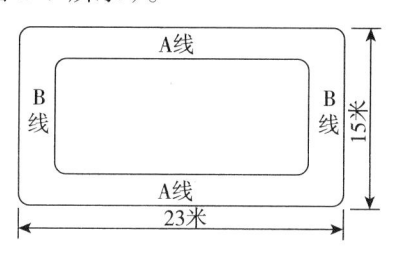

图1-9 体育舞蹈的场地

（二）体育舞蹈的服饰

在体育舞蹈中，服饰能够反映出运动者的文化素养与审美情趣。从广义上讲，服饰指的是衣服及其装饰，体育舞蹈的服饰既要自然得体、协调大方，又要遵守体育舞蹈约定俗成的规范或者原则。运动者的着装不仅应该与其自身的具体条件相适应，还应该注意赛场客观环境的相关要求，要着重考虑时间、地点、目的这三项要素，并尽可能与时间、地点、目的相一致。

交谊舞是男女双人舞，对于服饰也有着相应的要求。参加舞会的人一般要做到衣冠整洁，服饰得体，具体的要求如下。

（1）男子：穿着端庄大方，以西装革履为佳，颜色最好选择深色，以全套黑色礼服搭配白色衬衣与深色领带为宜。

（2）女子：衣着艳丽，不宜穿着旗袍、筒裙等有碍舞蹈动作的服装，尽量选择连衣裙，也可以穿着晚礼服。女子着装要求衣裙上身、腰部、衣袖合身，从而方便做手臂动作，也可以很好地表现出女子特有的曲线美。

第三节 体育舞蹈理论基础

一、体育舞蹈的美学基础

（一）体育舞蹈审美的构成因素

体育舞蹈起源于生活，是在人们对于身体健康和美感的追求下诞生的，是音乐、舞蹈和体操共同发展并逐渐结合的成果。体育舞蹈将体育和艺术融合在一起，因此与其他体育项目相比，体育舞蹈包含更多的审美因素。体育舞蹈的审美对象是人的形体。因此，体育舞蹈注重人的形体的匀称程度、肌肉的强健程度和肤色的自然程度等属性。人体在静止状态和运动状态下，这些属性都非常明显。这些属性是人体形式美的构成因素，对体育舞蹈审美的主要构成因素有决定性作用。

形式美是构成事物外在属性及其组合关系中所显现出来的美。相对于内容来说，形式美的审美意义更具独立性。因此，形式美的构成因素可以等同于体育舞蹈审美的构成因素。体育舞蹈审美的构成因素包括线条美与形体美、音乐美、路线变化美和色彩美四部分。

1.线条美与形体美

（1）线条美。线条美和形体美是人体美的基础。一般来讲，线条不同，给人的感受也会不同。如直线给人硬朗、庄重的感觉，曲线给人柔和、舒展的感觉。对于人体来说，男性形体直线条更多，表现为刚健有力的美；女性形体曲线条更多，表现为柔和秀丽的美。因此，可以将男女两种形体相对地分为刚和柔两类。刚和柔是相互渗透、相辅相成的。男性体育舞蹈运动员虽然身体强健，但他们身上也有柔和的曲线，可以完成灵巧的体育舞蹈动作，这就是刚中有柔；女性体育舞蹈运动员虽然身材秀美，但她们身上也有硬朗的直线，可以完成刚健有力的体育舞蹈动作，这就是柔中有刚。

（2）形体美。体育舞蹈的形体美分为两部分，一部分是体育舞蹈运动员的形体呈现出来的静态美，另一部分是体育舞蹈运动员在完成技术动作时呈现出来的动态美。

从静态美来看，体育舞蹈运动员应具备以下几方面的条件。第一，形体的各个部分发育良好，比例适中。第二，肌肉呈现出来的形态要刚健协调。第三，皮肤红润有光泽。

从动态美来看，体育舞蹈运动员的形体美要通过体育舞蹈动作的创编和运动员对这些动作的表现体现出来。动作是在协调一致的动作流程中显现的，它以节拍为基础，通过连续造型构成动态美。在掌握这些形体美的特点后，在创编舞蹈动作时可融入这些特点，尽量使舞蹈动作能够呈现出运动员的静态形体美和动态形体美。

2.音乐美

音乐是体育舞蹈不可或缺的重要组成部分，甚至可以说音乐是体育舞蹈的灵魂。具体来说，体育舞蹈的练习必须在音乐伴奏下进行。相比于体操，体育舞蹈更注重动作的力度。因此，体育舞蹈的音乐节奏要鲜明有力，音乐风格要热烈奔放。在选取体育舞蹈音乐时，人们多选择迪斯科、爵士和摇滚等现代音乐以及节奏鲜明、热情奔放的民族音乐，以通过音乐使体育舞蹈呈现出韵律感。节奏鲜明、韵律感强的音乐能够带动运动员的情绪，减轻其疲劳感，使其感觉轻松愉悦。运动员既能够在音乐中获得美的享受，又能够提高身体协调性、节奏感、韵律感和对舞蹈的表现能力。音乐的选择关系到体育舞蹈的整体效果。在体育舞蹈中，音乐能够起到渲染动作效果、烘托动作气氛的作用。体育舞蹈中的音乐和动作是紧密相连的。舞蹈动作是情绪的表现，舞蹈动作借助于音乐对动作本身的渲染。这些年随着体育舞蹈的发展，音乐节奏在体育舞蹈中的作用受到重视，在创编体育舞蹈整套动作时，创造性的内容有所增加，同时提高了音乐的艺术性和欣赏性。

整体来讲，在体育舞蹈的音乐中加入强劲有力的鼓点动效，能使音乐和舞蹈表现出欢乐喜庆的风格。同时，音乐节奏还能体现体育舞蹈的本质和内涵。体育舞蹈这项运动具有独特的动感风格，这种动感风格使体育舞蹈音乐美的特征更加明显。

3. 路线变化美

体育舞蹈比赛对体育舞蹈运动员的场地利用能力有更高的要求，这种要求具体体现在运动员对三维空间的运用上。在体育舞蹈场地表面的移动至少包括前、后、侧、对角、弧线五个方向。这五个方向的移动表现出体育舞蹈运动的路线变化美。体育舞蹈不同于其他体育项目，体育舞蹈多种多样的路线变化是其运动风格的体现，这种风格也使体育舞蹈这项运动更具有艺术欣赏价值和审美价值。同时，体育舞蹈多种多样的路线变化也是运动员竞技能力的体现。优秀的体育舞蹈运动员可以最大限度地利用场地，尽情地展现体育舞蹈的路线变化美，使每一个路线跑动都给观众带来美的享受，将体育舞蹈的美学特征展现给观众。在体育舞蹈的动作创编中，创编者要尽量使整套舞蹈的动作编排体现出体育舞蹈的审美特征。

4. 色彩美

色彩美是形式美的重要因素，色彩具有冷暖、轻重、远近、明暗的视觉效果，也具有情感性和象征性。不同的色彩具有不同的视觉效果。创编者在进行舞蹈创编时可以根据舞蹈的需要将这些特点编排到舞蹈动作之中。

通常来说,青色和蓝色属于冷色,会给人带来典雅、静谧、庄重、严谨和深远的感觉;草绿色和银色属于中性色,会给人带来娴静和柔和的感觉;红色和橙色属于暖色,会给人带来热烈、活跃、喜悦和兴奋的感觉。例如,红色会使人联想到火和太阳,因而会使人感到兴奋和愉悦。在创编舞蹈动作时,可以选择在红色地毯上完成整套动作。这样会更容易调动运动员的情绪,使其进入兴奋状态,与创编者形成情感共鸣,从而达到更好的舞蹈效果。在体育舞蹈竞赛中,要充分考虑各方面因素对竞赛成绩的影响。因此,要在舞蹈动作的创编中考虑色彩美对体育舞蹈的影响。

(二)体育舞蹈审美的构成法则

在体育舞蹈中,形式美的构成需借助审美构成法则。形式美在体育舞蹈审美中占据主体地位,因此,可将形式美的构成法则看作体育舞蹈审美的构成法则。体育舞蹈审美的构成法则同时是体育舞蹈的创编基础。体育舞蹈审美的构成法则包括整齐一律、对比调和、均衡对称、节奏韵律和多样统一。

1. 整齐一律

整齐一律也叫"单纯齐一",是指同一形式的一致重复。它是形式美中最简单的形式。在体育舞蹈中,整齐一律的应用非常广泛。在体育舞蹈的规定动作和自选动作中,多数动作都要求整齐一致,也就是整齐一律的美。

整齐一律虽然简单,但它是构成形式美的基本法则,也是体育舞蹈的动作基础。需特别注意的是,在体育舞蹈中不可过于强调整齐一律,否则会使舞蹈动作呆板僵硬。在体育舞蹈创编中整齐一律法则的运用要酌情把握。

2. 对比调和

对比调和是形式美中的重要法则,体育舞蹈要严格遵守这项法则。对比是指在差异中倾向的对立。在表现事物特点时,对比的作用非常明显。在体育舞蹈中，对比主要应用于形体和音乐这两方面。从形体对比上来看，男运动员有发达的肌肉，身体强壮有力，女运动员身材比例匀称，线条优美，这就形成了刚健和柔美的对比。从舞蹈动作的编排上来看，男女运动员有统一的动作，但男运动员的动作刚健有力，女运动员的动作柔美协调。从音乐对比上来看，体育舞蹈的全套音乐的节奏和力度不应是完全一致的，而应是强弱得当的。在这样的音乐伴奏下，体育舞蹈的动作也会是有张有弛的，激越的蹦跳与舒缓的动作交错进行，带给人美的享受。调和是指在不同中寻求一致。

体育舞蹈既要善于运用对比的法则，也要重视调和的作用。此外，还需要关注色彩、音乐和形体在体育舞蹈中的作用，如运动员服饰颜色的对比和调和，服饰颜色与地毯颜色之间的对比和调和，音乐节奏和音乐旋律的调和，舞蹈动作和音乐的调和。如果不能正确把握对比调和的规律，就不能在体育舞蹈中灵活运用这条规律，甚至会破坏事物的一致性，破坏体育舞蹈的审美价值。

3. 均衡对称

均衡是指布局上的等量不等形，对称是指以轴线为中心的相等或相适应。一般来说，对称会带给人稳定、安全和庄重的感觉。均衡和对称之间联系紧密，均衡包含对称这一元素，但均衡比对称灵活，均衡允许事物左右两边的形态不同，对称则不允许出现这种情况。均衡的审美效果是整齐和活泼的结合。

在体育舞蹈中，混合双人舞蹈和三人舞蹈多利用均衡这一规律，混合六人舞蹈多利用对称这一规律。这样能保证舞蹈队形对称整齐，获得更好的视觉效果。在体育舞蹈的创编中，创编者要有效利用这一规律。

4. 节奏韵律

节奏是指力度在体育舞蹈运动过程中变化的时序连续。韵律是在节奏的基础上赋予情调形成的。

体育舞蹈需要使用强劲的音乐作为伴奏，音乐的韵律和节奏会在体育舞蹈的动作幅度和力度方面产生影响。要使体育舞蹈获得良好的审美效果，就要使体育舞蹈的动作和音乐的节奏以及旋律和谐统一。体育舞蹈这项运动项目具有极强的艺术性，在体育舞蹈运动中正确运用节奏韵律这一法则，能够增强运动员的节奏感和韵律感，提高其音乐素养，提高运动员认识美、表现美和创造美的能力。在创编体育舞蹈动作时，创编者要协调舞蹈动作和音乐节奏以及韵律之间的关系，使舞蹈动作切合音乐的节奏和韵律。

5. 多样统一

多样统一是形式美法则的高级形式，也叫"和谐"。多样是指体现出事物个性的差别。统一是指体现出事物的共性或整体联系。多样统一既能给人带来丰富、活泼的感觉，又能给人带来单纯、有秩序的感觉。多样统一的法则包括了变化、对称、节奏等因素。因此，它是形式美的根本法则。笼统地说，多样统一就是在变化之中寻求统一，在参差之中寻求整齐。

体育舞蹈的动作创编关系到体育舞蹈比赛的结果。创编时要根据一定的原则，包括针对性原则、创新性原则和艺术性原则等。同时，要遵循多样统一的法则。设计合理的体育舞蹈节奏能给人带来节奏感和美感上的享受。体育舞蹈的动作既要吸收舞蹈的动作，又不能完全舞蹈化，要将舞蹈动作改造为美观大方、富有力量的体育舞蹈动作。体育舞蹈要有鲜明的风格，不能在同一套体育舞蹈中杂糅多种艺术成分，因为这不符合多样统一的体育舞蹈审美的构成法则。

二、体育舞蹈的心理学基础

（一）体育舞蹈运动者的个性心理

个性是指呈现出一定的倾向性并且比较稳定的心理特征的总和。个性与个性心理不同。个性心理是指在心理活动中，个体表现出来的心理特征，包括三个方面，分别是性格、气质和能力。这些心理特征会影响人的行为。在体育舞蹈中，个性心理的作用非常重要。

1. 性格

性格是个人对现实的稳定的态度和习惯化的行为方式。性格是个性心理的一个方面，它与气质和能力一样，都是人比较稳定的心理特点，但性格特征有其特殊性，这表现在两个方面。

第一，性格是社会关系在人脑中的反映，是个体对待客观现实的稳定态度和对客观现实采取的行为方式，是人的思想意识和行为习惯的表现。

第二，性格特点虽然稳定却是可变的。如意志不坚定的人经过长期的体育训练和体育竞赛可能会成为意志坚定的运动员。因此性格培养是运动员培养的重要部分。

个体存在一定的心理过程，心理过程和个性心理差异的联系十分紧密。个性心理能够指导个体的生理运动。个性心理是借助于心理过程形成的，并在心理过程中表现出来。已经形成的个性心理对心理过程有制约作用。所以，体育舞蹈运动与心理过程是相互促进、相互制约的。

2. 气质

气质是人的心理活动中稳定的动力特征。不同的气质类型会产生不同的行为表现。在高校体育舞蹈运动的教学和训练中，对学生的气质类型的鉴定和了解具有重要意义。气质类型是高校学生参加体育舞蹈这项运动的心理依据。

3. 能力

能力是指顺利完成某种活动必备的心理特征，包括观察力、思考力、想象力和注意力等。运动技能的掌握和运动成绩的提高是在能力提高的基础上完成的。不同个体之间在能力方面存在很大差异，如能力类型层面的差异，有的人形象思维能力突出，有的人抽象思维能力突出。不同个体在能力表现早晚和能力发展水平这两个层面也是存在差异的，如有人机智，有人愚笨；有人反应速度快，有人反应速度慢。

第一章 体育舞蹈概述

在体育舞蹈的教学和训练过程中,要在运动者的能力特点的基础上因材施教。同时采用多种教学方法,尽量使每一名运动者都能掌握体育舞蹈的运动技能。

(二)体育舞蹈与心理效应

体育舞蹈的心理学基础集中反映在体育舞蹈运动过程中参加这项运动的个体的心理方面。体育舞蹈对人的心理有调节作用,能够使人的心理朝着健康方向发展。同时,体育舞蹈能够培养优良的心理品质,而优良的心理品质又对体育舞蹈有促进作用。

个体的心理过程和心理特征与个体的运动行为之间关系十分密切。因此,个体的心理过程和心理特征对个体参加体育舞蹈运动的自觉性、积极性和主动性有着直接性的影响。参加体育舞蹈这项运动,会使个体的心理健康水平得到提高和改善。一般来说,体育舞蹈的心理效应可以在认知能力,动机,情绪、情感,意志品质,美感和心理疾病的防治等方面表现出来。

1. 体育舞蹈与认知能力

对于个体来说,认知能力是先天获得的,与遗传因素有很大关系,但认知能力也会受到环境、心理和年龄等因素的影响。

体育舞蹈这项运动对认知能力的发展有促进作用。体育舞蹈种类多样,这些运动有一个共同点,就是在运动或高速运动中要求运动者既能对外界物体做出迅速、准确的感知和判断,又能感知并调整自己的身体,以完成舞蹈动作。经常参加这项运动能够发展自身的感觉能力和知觉能力,提高知觉判断能力,获得更快的反应速度,使人反应更加灵敏。同时,体育舞蹈能够锻炼人的记忆力、判断力和思维能力。

在体育舞蹈这项运动中,个体能够感知直接作用于感觉器官的动作、音乐、肌肉、神经等的刺激。同时个体能在大脑中创造尚未做出的动作形象,达到创造动作的目的。

在智力层面,认知能力是智力的表现和反映,一般可以通过认知能力判断智力水平。参加体育舞蹈这项运动对于提升智力水平有很大的帮助作用。参加体育舞蹈运动能够促进个体的注意力、记忆力、想象力、反应能力和思维能力的提高，同时能使个体情绪更加稳定。

2. 体育舞蹈与动机

体育舞蹈是一项以锻炼身体为基础，配合音乐伴奏，娱乐身心的健身运动项目。在体育舞蹈这项运动中，个体对于训练环境、背景音乐和教师的业务能力等有好奇心理，这种好奇心理就是动机。动机是指个体参加活动的内部动力或心理因素。它的意义就是推动个体参加活动，并将活动导向一定的目的，以满足个体的需求。

由于个体的成长环境有所差异，个体的个性心理也有所不同。这就导致了个体参加体育舞蹈这项运动时的心理需要、动机层次、动机指向以及动机指向的深度和广度都有所不同。如有人参加体育舞蹈这项运动是为了锻炼身体，也有人是在朋友的带动下才参加的。

一般来说，在某一时刻最强烈的需要就是最强动机，最强动机对个体行为的推动作用更大。在体育舞蹈这项运动中，个体的参与动机不只有一个，而且会发生变化，一般是多个动机共同发挥作用。

参加体育舞蹈的动机一般有以下几种。

（1）满足精神需求。

（2）锻炼身体。

（3）休闲娱乐和寻求刺激。

（4）丰富自身社会经验，维护现有友谊并认识新朋友。

（5）锻炼意志力。

（6）提升审美情趣或保持身材。

3. 体育舞蹈与情绪、情感

情感充斥于人们的日常生活中，在多种因素的影响下，情感会通过复杂的心理情绪表现出来。情绪和情感是人对客观事物的态度体验，反映了个体需求的满足情况。

偶然参加一次体育舞蹈运动或是长时间参加体育舞蹈运动，都会给情绪带来好的影响。在复杂的社会环境中，人们面临着各种压力，会出现紧张、焦虑、忧郁、压抑等不良情绪。体育舞蹈中的情感体验非常强烈，因此它对个体心理有很大的影响。体育舞蹈中的每一个项目都是复杂情感相互交融、相互感染的，能够转移个体的不良情绪。这些复杂的情感体验对个体的情感调节能力和情感成熟水平提升有明显的促进作用。因此，在日常生活中，人们可以通过参加体育舞蹈运动调节自身情绪。

在情绪调节方面，体育舞蹈的作用有短期效应和长期效应两种。短时间参加体育舞蹈对于改善紧张、焦虑和抑郁等不良情绪有显著效果；长时间参加体育舞蹈能够提高个体的社交能力和沟通能力，促使个体改善人际关系，产生亲近、信赖和谦让的心理感受，从而在心理上建立起归属感和安全感，增强社会适应能力，减少社会环境和压力带来的影响。

4. 体育舞蹈与意志品质

参加体育舞蹈这项运动能够使个体的意志品质更加坚强。坚强的意志品质是克服困难、完成各种实践活动的重要条件。培养坚强的意志品质需要两个必备条件：一是明确目的，二是克服困难。这就要求体育舞蹈要具备这两个条件。

在体育舞蹈这项运动中，个体要有明确的目的。在学习和训练过程中要克服恶劣的天气条件、不断提升的动作难度等客观困难和畏惧心理、身体疲劳、运动损伤等主观困难，这就需要个体具有足够坚强的意志品质。对于大学生来说，参加体育舞蹈是锻炼其意志品质的重要手段。体育舞蹈中对意志品质的教育表现为在行动中不畏挫折和失败，不惧困难和障碍，凭借自身顽强的毅力实现最终目标。体育舞蹈这项运动还能提升个体的整体精神面貌，陶冶情操，并用音乐提升这项运动的生机与活力。

5. 体育舞蹈与美感

美感是关于客观事物或者人的言论、行动、思想、意图是否符合人的美的需要而产生的一种情感。体育舞蹈中刚劲有力的动作、优雅的体态、富有活力和节奏感的音乐都能使人产生美感。同时，体育舞蹈还能给人带来自然、协调、健康的美的感受。美感的组成成分十分复杂，就其体验来说，美感是愉悦的体验，也是倾向性的体验。

美感表现为对于美好事物的肯定，使人对美好事物重复欣赏，并感到亲切和迷恋。美感是人类独有的，是在人的社会性需求下产生的。美感在人的情绪生活中占据主要位置，在人的日常生活中具有重要作用。体育舞蹈有着较强的艺术性，参加体育舞蹈能够培养人们的韵律感和节奏感，进而使人们提高认识美、表现美和创造美的能力。

6.体育舞蹈与心理疾病的防治

医学研究发现，人脑中有一种能够调节身体免疫系统并影响人的思想情感的化学物质。这表明人的心理状态和生理状态的联系是十分紧密的。这些化学物质不只存在于人脑中，还存在于包括免疫系统在内的全身循环系统中。这意味着积极向上的心态对疾病有预防作用。同时，体内分泌出各种有利于健康的化学物质，可提高人体的免疫机能。如在康复治疗中，使患者拥有乐观向上的心态会获得良好的康复效果。如果人一直处于负面的心理状态中，如处于焦虑、愤怒、抑郁、精神压力大等情绪中，会导致不良的生理反应，长时间处于消极状态中甚至会引起人机体的病变。

在信息传递方面，大脑和肌肉是双向传导的。如神经兴奋可以由肌肉传递到大脑，也可以由大脑传递到肌肉。肌肉活动能增加对神经的刺激，大脑的兴奋水平会随神经受到刺激的增加而提高，情绪也会随之高涨。反之，肌肉处于放松状态，神经受到的刺激减少，大脑的兴奋性也会随之降低，情绪则会处于正常状态。体育舞蹈对人情绪的调节作用就是在这一原理下实现的。在条件允许的情况下，运动对于心理疾病的治疗会起到很好的作用。运动治疗需遵循以下规律。

第一，借助于感觉调整运动。运动系统对感觉系统对外界的反应有很强的依赖性，通过对感觉输入进行有效的控制，可对运动的输出进行促进或抑制。

第二，中枢神经系统具有极强的可塑性。在发生运动损伤后，大脑能够及时调整，从而对损伤进行代偿。体育舞蹈这项运动的作用就是最大限度地发掘大脑的这种潜能。

此外，人的心理和生理是相互联系、相互作用的。人的心理与人所处的环境、周围的人也是相互影响、相互协调的。体育舞蹈这项运动为人们提供了一个活动空间。在这个活动空间中，人的生理和心理、人与周围环境、人与周围的人能够相互融合，从而提高对环境的适应能力，促进人际关系的和谐发展，使人的心理和生理发展获得平衡。

（三）心理因素对体育舞蹈的影响

1. 情绪的影响

良好的情绪对于人的活动能力有显著的提高作用。它能提高人的运动能力，焕发人的精神，增强人的力量，提升人的主动性和承受能力。不良的情绪则会让人精神萎靡、无精打采、注意力不集中。在体育舞蹈中，情绪同样具有重要作用。体育舞蹈是一项充满生机与活力，洋溢着热情的运动项目，体育舞蹈需要借助运动员的情绪来感染观众的情绪。这就要求体育舞蹈运动员在运动过程中要时刻保持愉悦的心情。

在体育舞蹈这项运动中，运动员如果情绪不稳定，自我控制能力弱，心慌意乱，就难以完成技术动作。反之，运动员如果心态稳定，情绪高昂，会获得良好的运动效果。

2. 意志力的影响

体育舞蹈能使其参加者的意志品质更加坚强，坚强的意志品质又会对体育舞蹈产生积极影响。

首先，肌肉在体育舞蹈中比在平时生活中的紧张程度更高，要在不同场景和不同条件下完成舞蹈动作，就要求体育舞蹈运动员具有坚强的意志品质支撑其克服困难。

其次，在体育舞蹈这项运动中，运动员的注意力要高度集中，并要凭借自身的意志力克服来自内部和外部刺激的不良影响。

最后，体育舞蹈要求人体的各个系统全面配合，共同运转。因此，运动员很容易感到身体疲劳，甚至发生运动损伤。坚强的意志品质能够帮助运动员克服身体疲劳和运动损伤带来的不良影响。

三、体育舞蹈的运动学基础

（一）运动技能的本质

1.运动条件反射

（1）运动的反射本质。人的所有运动都是从感觉开始的，随之产生心理活动，最后表现为肌肉的效应活动的一种反射。学者韩馨仪认为随意运动的生理机理是暂时性神经联系，并用狗作为研究对象建立食物—运动条件反射证明，大脑皮层动觉细胞可与皮质所有其他中枢建立暂时性神经联系，包括内、外刺激引起皮质细胞兴奋的代表区在内。运动的生理机理是以大脑皮质活动为基础的暂时性神经联系。所以，学习和掌握运动技能，其生理本质就是建立运动条件反射的过程。[①]

（2）运动条件反射形成的生理机理假说。运动条件反射的形成是通过很多简单的非条件反射综合而成的。随着大脑和各个器官的发育，在这些非条件反射的基础上，通过听觉、视觉、触觉和本体感觉与条件刺激物多次结合，就形成了简单的运动条件反射。人形成运动技能就是形成连锁的、复杂的、本体感受性的运动条件反射。

运动技能与一般运动条件反射并不是等同的，运动技能与条件反射的区别在于其复杂性、连锁性和本体感受性。

①复杂性。运动技能是有多个中枢参与形成运动条件反射的活动

[①] 韩馨仪，刘一.体育舞蹈编排要素研究[M].北京：北京工业大学出版社，2020：212.

(运动中枢、视觉中枢、听觉中枢、皮肤感觉中枢和内脏活动中枢)。

②连锁性。运动技能的反射活动是连续的,前一个动作的结束便是后一个动作的开始。

③本体感受性。在条件反射过程中,肌肉的传入冲动(本体感受性冲动)起到重要作用。没有这种传入冲动,条件刺激得不到强化,同时由运动中枢发放神经冲动传至肌肉效应器官引起活动的复杂过程条件反射就不能形成,也就无法掌握运动技能。

因此,运动技能与条件反射的关系是,运动技能就是建立复杂性的、连锁性的、本体感受性的运动条件反射。

2.运动技能的信息传递与处理

所谓的信息处理就是人受外界环境刺激发生反应的过程。在这个过程中人就是信息处理器,人受外界环境的刺激发生反应的过程就是信息处理的过程。这一过程对运动技能的学习也是至关重要的。

形成和再现运动技能的信息源(刺激)分别来自体外和体内。

(1)体外信息源来自对体育运动学习的过程。教师发出信息(包括信息的强度、形式、数量等),传输给运动者(传输手段包括示范、讲解、录像等)。运动者通过感觉器官,经大脑皮质分析综合形成初步的概念。

(2)体内信息源来自大脑皮质一般解释区。大脑皮质一般解释区由躯体感觉、视觉和听觉的联合区组成。一般解释区位置在颞叶后上方,角回的前方。一般解释区是视觉、动觉、听觉的汇合区,具有各种不同的感觉体验和分析能力,信号是由这里转移到大脑的运动部位以控制具体的运动的。

(二)运动技能的分类

1.连续性运动技能、非连续性运动技能和序列性运动技能

人们根据运动开始和结束的位置,将运动技能分为连续性运动技能、

非连续性运动技能、序列性运动技能三类，具体内容如下。

（1）连续性运动技能。连续性运动技能没有明显的开始和结束，其动作呈现出不断重复的特征，运动时间相对较长，具有一定的周期性特征。

（2）非连续性运动技能。非连续性运动技能没有明确的开始和结束，各动作也是由多种简单的动作构成，运动时间相对较短，并没有一定的周期性。

（3）序列性运动技能。多个非连续性运动技能构成了序列性运动，该运动在各个环节都有一定的顺序和节奏，注重各个环节之间的连贯性。

2. 封闭性运动技能与开放性运动技能

人们根据运动技能对外界环境的依赖程度而将运动分为封闭性运动技能和开放性运动技能。

（1）封闭性运动技能。封闭性运动技能主要依靠人体的感受器来实现信息的反馈和调节，通过多次练习便能够使得该运动技能变得稳定。

（2）开放性运动技能。开放性运动技能依赖于外界环境提供的各种信息，在此基础上，人体综合各种外界环境因素做出相应的运动调节，以便更好地促进运动技能的发挥。在进行开放性运动时，运动者需要实时观察外界环境以及队友的变化，这对运动者的应变能力和预见能力等均具有较高的要求。

3. 大肌肉群运动技能和小肌肉群运动技能

根据操作某项运动技能时人体参与肌肉群体的大小，可将运动技能分为大肌肉群运动技能和小肌肉群运动技能。

（1）大肌肉群运动技能。大肌肉群运动技能需要较大的肌肉系统参与才能实现，需要各动作之间协调、流畅配合，常见的大肌肉群运动技能有行走、跳跃、大力扣球等。

（2）小肌肉群运动技能。小肌肉群运动技能要求对较小的肌肉群进行控制，对精确性要求较高，需要用到人体的手指、手腕、眼睛等。常见的小肌肉群运动技能有射箭、射击等。

四、体育舞蹈的生理学基础

(一) 体育舞蹈与物质代谢

在高校体育舞蹈课程中，人是活动的主体。人体从食物中所摄入的糖、脂肪、蛋白质、维生素、无机盐、水等物质的代谢是人体能量的主要来源。而物质代谢又包含两个相互联系的过程，即合成代谢和分解代谢。体育舞蹈中的物质代谢主要包括糖代谢、脂肪代谢、水盐代谢和蛋白质代谢。通过消化吸收，人体从食物中获取的糖、脂肪、蛋白质等营养物质，经过一系列的代谢过程，一部分用来对人体组成成分和衰老组织进行构筑和更新，另一部分通过进行相应的分解代谢来将其所蕴含的化学能释放出来，并通过转化来为人体参与运动提供所需的能量。

1. 糖代谢

对于人体正常生命活动和参与运动来说，糖有着非常重要的作用，它是人体细胞的重要组成部分，也是人体参与运动过程所需要的重要的能量来源。在一般情况下，人体每天所需能量的70%左右由体内的糖提供，与脂肪和蛋白质相比，糖在氧化时所需要的氧较少，因此糖成为肌肉和大脑组织细胞活动所需能源的首选，是人体最经济的供能物质。对于体育舞蹈来说，人体所代谢的糖的多少与体育舞蹈的运动负荷有着很大的关系，体育舞蹈运动负荷不同，人体内糖的代谢也存在很大差异。一般来说，糖能够提供个体所需的能量，同时多余的糖还可以转化为脂肪和蛋白质。在人体内，肌糖原储备最多，为350～400克，因此当进行体育舞蹈运动时，首先动用的是肌糖原。在高校体育舞蹈课程中，持续运动时间长，人体肌肉中的肌糖原便会耗尽，血糖下降，此时进行肝糖原的分解，使其进入血液之中。肝糖原与血糖的关系非常密切，在人体内肝糖原的储备为75～90克。

在安静状态下，正常人的血糖浓度的变化范围在3.9～5.9毫摩尔/

升，经常参与体育舞蹈课程的运动者与正常人没有区别。参与时间过长，人体内的血糖水平会逐渐下降，这也会直接导致运动者的运动能力下降。对不同类别的体育舞蹈运动时血糖浓度的变化进行研究，结果表明，在不同类别的体育舞蹈中血糖浓度的变化趋势是有区别的。

在训练前后，不同类别的体育舞蹈能够引起不同的血糖浓度变化，这主要归因于训练强度、训练内容的不同，以及由此所产生的神经系统兴奋性的不同。

2. 脂肪代谢

脂肪是有氧代谢为主的训练中的主要能源物质，大部分储存在皮下结缔组织、内脏器官周围，肠系膜等部位。身体内脂肪的储存也会随着新陈代谢不断更新。对于人体脂肪的含量，体育舞蹈本身就有着较高的要求，因此人们要全面了解脂肪的代谢过程才能更好地进行体育舞蹈锻炼。

（1）脂肪在人体内的代谢过程。脂肪有着较好的疏水特性，通过摄入体内的各种乳化剂而形成相应的乳浊液，在机体的水环境下被进行相应的酶解。脂肪经过酶解能够形成甘油、游离脂肪酸和单酰甘油，以及少量的二酰甘油和未经消化的三酰甘油。通过小肠的上皮细胞，脂肪对脂肪微粒进行直接吞饮，或者脂肪微粒中的各种成分进入小肠的上皮细胞而形成乳糜微粒被吸收。乳糜微粒和分子较大的脂肪酸进入淋巴管，甘油和分子较小的脂肪酸溶于水，扩散入毛细血管。最终，脂肪被分解成二氧化碳和水。

（2）体育舞蹈运动中的脂肪代谢。在体育舞蹈运动中，只有长时间的有氧运动才能动员脂肪供能，运动时间越长，脂肪的供能比例就会越大。作为一种有氧运动，体育舞蹈运动能够促进人体对脂肪酸氧化利用供能能力的提高，长期坚持从事这项运动能够对血脂进行改善，降低血浆中低密度脂蛋白（LDL）的含量，增加血浆中高密度脂蛋白（HDL）的含量，消除积累过多的体脂，对身体成分进行有效改善，因此体育舞蹈运动有着较好的减肥塑身的功能。

3. 水盐代谢

（1）水代谢及其对体育舞蹈运动中人体的影响和作用。水是人体内最多的液体成分，主要分布在各种组织器官和体液之中。人体的水代谢有着非常重要的意义，能够维持体温。水具有较高的比热，温度不容易发生变化，但进行体育舞蹈运动时，体内产热量的增多或减少会引起体温的显著变动。水的蒸发热高，所以蒸发少量的汗，就能消耗大量的热。这样能够帮助机体释放大量的热量，更好地维持内环境温度的稳定。

（2）无机盐代谢及其对体育舞蹈运动中人体的影响和作用。作为人体细胞组织的重要成分，无机盐具有对渗透压、血液酸度等进行维持的多种功能。在体育舞蹈运动时，最好不要一次性饮入大量水，这容易造成血液被稀释，循环血量增加，从而使心脏的负担增大。此外，大量的水进入胃中，会超过机体的吸收速度，储留的水会稀释胃液，影响消化。若大量饮水后继续运动，水在胃中晃动，则会引起呕吐或不适感。所以，在体育舞蹈运动时饮水要遵循少量、多次的原则。一般在开始运动前10～15分钟，可饮400～600毫升水，以增加体内水的临时储备，而运动中也可每15～20分钟饮100～150毫升水，这样可以随时保持体内水的平衡，较好地维持运动中的生理机能，减轻心脏和胃的负担。

4. 蛋白质代谢

（1）人体内蛋白质的代谢情况。氨基酸是蛋白质的重要组成成分，也是蛋白质的基本组成单位。在人体中，蛋白质有着非常重要的作用，如对细胞进行建造、修补、重新合成并进行自我更新，对激素、酶等生物活性物质进行合成，蛋白质同时是人体重要的能源物质。

在人体内，蛋白质经过消化被分解成氨基酸，然后被小肠吸收。蛋白质能通过毛细血管进入血液之中，可在各种不同的组织中重新合成蛋白质，最终经过脱氨基作用等代谢过程，分解成二氧化碳、水和氨。在分解代谢的过程中，氨基酸会释放出能量。

在代谢过程中，糖和脂肪能在体内储存，而蛋白质不同，蛋白质过多，则会由肝脏分解，由肾脏排出。因此，正常人在日常生活中每日摄取的蛋白质是一定的，即每日摄取的量几乎等同于消耗的量，从而使体内的蛋白质维持平衡。

体育舞蹈运动能够促进蛋白质分解和合成代谢。通过体育舞蹈运动，部分蛋白质被消耗掉了，许多组织细胞也被破坏，从而使蛋白质的修补和再生过程得到加强。因此，在结束运动之后，要进行有针对性的蛋白质补充，从而保持体育舞蹈运动者的肌肉质量，并使其获得良好的体育舞蹈运动效果。

（2）补充蛋白质对体育舞蹈运动的影响。将亮氨酸、异亮氨酸和缬氨酸以2∶1∶1的比例混合而成的食物，能促进人体肌肉力量的快速增长，能够满足机体进行大负荷的体育舞蹈训练后对蛋白质的需求。因此，在体育舞蹈运动训练中，这种混合物也被视为体育舞蹈训练结束后理想的营养补剂。其中亮氨酸不仅是肌蛋白的结构分子，而且能提升体内三大关键物质含量，促进合成激素的释放，还能抑制分解效应。此外，它还能够促进机体中胰岛素和生长激素的快速分泌，从而创造出一个良好的激素环境，能够对体育舞蹈运动当中对人体不利的肌细胞的破坏因素进行抑制。对于肌纤维中主要蛋白的新陈代谢，这种混合物能够发挥出非激素式的促进作用。因此，这种混合物的使用能够最大限度地降低蛋白质在体内的破坏和分解，这样能够促进体育舞蹈运动者的肌肉力量的大幅度快速增长。又因为这种混合物的主要作用是促进人体蛋白的合成，因此其最佳服用时间是在运动之后的恢复阶段，而不是在运动前。

对于体育舞蹈运动者来说，肌肉力量与质量十分重要，而决定肌肉力量和质量的关键是谷氨酰胺的含量。因此，为了提高运动的强度和质量，可以在体育舞蹈运动过程中补充谷氨酰胺。谷氨酰胺的生物价值很高，因为与其他氨基酸仅有一个氮原子不同，谷氨酰胺含有两个氮原子。在体育舞蹈大强度运动后，肌肉内的谷氨酰胺含量会失掉40%以上，所以在超负荷运动后，使肌肉快速恢复的重要手段之一便是补充谷氨酰胺。

综上可知，谷氨酰胺无论是在运动之前还是在运动之后进行补充，都能够获得良好的效果，需要对其补充量的问题予以重视。谷氨酰胺的量的确定，主要依据体育舞蹈运动中的不同项目、不同性别、不同训练内容以及不同运动者的吸收情况。不同的体育舞蹈运动者要与科研人员密切配合，加强重量指标的检测，有针对性地确定补充营养补剂的服用时间和数量，并明确重量指标和营养补剂与体育舞蹈运动强度之间的关系。

（二）体育舞蹈与能量代谢

能量代谢是人体与外界环境之间的能量交换和人体内能量转移的过程。物质代谢和能量代谢两者之间有着非常紧密的联系，糖、脂肪、蛋白质等能量物质中所蕴含的大量的化学能能够在能量代谢过程中得以释放出来，供人们在体育舞蹈运动时利用。体育舞蹈运动时，会增加能量的消耗，体育舞蹈运动的强度和持续的时间决定了能量消耗的多少。同时，体育舞蹈运动水平以及运动者技术动作的熟练程度也会对能量的消耗产生影响。下面介绍的是体育舞蹈运动中的几种供能方式。

1. 运动过程中的能量代谢

体育舞蹈运动时，能量消耗明显增加，体育舞蹈运动时的强度和持续时间，以及体育舞蹈运动者的水平和对动作的掌握程度决定了能量消耗的增加幅度。三磷酸腺苷（ATP），是人体其他任何细胞活动的直接能源，它储存在细胞中，是体育舞蹈运动的直接能量来源。体育舞蹈主要是通过肌肉活动来完成的，在具体运动过程中，储存在肌纤维中的ATP在ATP酶的催化下，快速分解成二磷酸腺苷（ADP）和无机磷（Pi），并释放出大量的能量，在牵动下肌丝进行滑动，从而使肌纤维进行运动，完成做功。但肌肉中ATP的储量较少，必须边分解边合成，才能不断满足肌肉活动的需要，使肌肉活动得以持久。实际上，人体内的ATP一旦不分解便会迅速合成。在具体的运动过程中，所需能量的合成主要来源于磷酸肌酸分解释放能量、糖原酵解释放能量、糖与脂肪以及部分蛋白质进行氧化分解释放能量。可以说，ATP 在肌肉中的储存量并不决定 ATP 主要作用的发挥，它的迅速合成过程是否顺畅则是其发挥作用的决定性因素。

（1）磷酸原系统（ATP-CP 系统）。ATP-CP 合称为"磷酸原"，CP 被称为"磷酸肌酸"，在肌细胞中得以储存，它与 ATP 有着非常紧密的关系，是一种高能磷化物，在分解过程中能够释放能量。所谓磷酸原系统是指人体内部由 ATP-CP 分解反应而组成的供能系统。ATP 是体育舞蹈运动中能量的直接来源，主要在细胞中储存，需要注意的是，肌肉中 ATP 的储存量并不能对其主要作用的发挥起到主要作用，最为重要的是能够快速合成 ATP。

在肌肉收缩的过程中，ATP 能够将化学能转化为机械能，在体育舞蹈运动中，人体内的 ATP 转换率会提升，并且能够与训练强度成正比例关系。随着训练强度的增大，ATP 转换的速度也会随之增快，机体对骨骼肌磷酸原供能的依赖性也会增加。

而当肌肉收缩且强度很大时，随着 ATP 的迅速分解，CP 迅速分解放能。肌肉在安静状态下，高能磷化物以 CP 的形式积累，故肌细胞中 CP 的含量要比 ATP 多 3～5 倍。在体育舞蹈运动中，人体内的这些物质也是有限的，随着运动时间的不断延长，对于 ATP 的再合成，会有其他的能源来进行供应，以保证人体肌肉能够持续活动下去。

在 ATP 的再合成阶段，CP 起到了非常重要的作用，而这种作用并不是在于其含量，而是在于其具有非常快速的可动用性，既不需要氧的参与，也不会有乳酸生成。由于分子比较大，人体无法进行吸收，CP 和 ATP 都无法作为直接的营养补充。肌酸能被人体直接吸收，肌酸吸收进入肌细胞后能合成 CP，进而为合成 ATP 所用。

磷酸原系统中，ATP、CP 均以水解分子内高能磷酸基团的方式供能，因此在开始进行体育舞蹈运动时，机体会首选磷酸原系统进行供能。

（2）糖无氧酵解供能。有些体育舞蹈运动有一定的运动时间且强度很大，磷酸原系统所能供给的能量远远低于运动者机体所需的能量，同时对氧的需要也远远超过运动者的供氧量。在这种情况下，运动所需ATP再合成的能量就只能主要靠糖无氧酵解来提供，从这层意义上看，糖无氧酵解是机体处于缺氧情况下的主要能量来源。糖无氧酵解的原料为肌糖原、葡萄糖，ATP的生成就是在把这些糖分解成乳酸的过程中实现的。

在氧供应充足时，无氧酵解所产生的乳酸，一部分在线粒体中被氧化生能，另一部分被合成为肝糖原等。乳酸是一种强酸，在体内积聚过多会破坏内环境的酸碱平衡，使肌肉工作能力下降，造成肌肉暂时性疲劳，是产生运动性疲劳的一个非常重要的原因。

通过无氧酵解供能的速度快很多，并且不需要氧气的参与，能够在缺少氧气的情况下释放能量以供应机体所需。了解无氧酵解能力影响因素，能够促使体育舞蹈运动水平得到更大提高。

（3）糖和脂肪的有氧氧化供能。在体育舞蹈运动中氧供应充足的情况下，糖、脂肪、蛋白质会被彻底氧化成水和二氧化碳，这一反应过程称为"有氧氧化"，也就是所说的"有氧代谢"。有氧氧化能够为机体提供更多的能量，以保证机体能够长时间地参与工作过程。例如，由葡萄糖有氧氧化所产生的ATP为无氧糖酵解供能的19倍。ATP和CP的最终再合成以及糖酵解产物乳酸的消除都是通过有氧氧化来实现的。作为一项有氧运动，体育舞蹈能够将无氧代谢中所产生的乳酸等更加快速、有效地消除掉，从而延缓身体疲劳的出现。

在体育舞蹈运动过程中，机体的骨骼肌通过糖、脂肪、蛋白质三大能源物质的有氧代谢释放能量，合成ATP，从而构成有氧代谢供能系统。在机体的有氧代谢供能系统中，首先，体内糖原储量较多，肌糖原耗尽需要1～2小时的低强度运动。其次，体内的脂肪储量丰富，是安静或低中强度运动下的主要供能基质。这一有氧氧化过程对糖有着较强的依赖性，随着运动强度的提升，其供能所占的比例会逐渐减少，而随着运动持续时间的延长，其供能所占比例会随之增加。最后，在超过30分钟的高强度的运动中，蛋白质才会参与供能过程，它与肌糖原的储备有着非常密切的关系。在肌糖原充足的情况下，蛋白质的供能只占到总热能的5%左右，在肌糖原耗尽时，蛋白质的供能能够达到总热能的10%～15%。

影响有氧代谢功能效果的因素有很多种。氧气从空气进入肌肉之中的全过程所经历的各个系统都能对有氧代谢功能效果产生影响，具体如下。

第一，呼吸系统。肺通气量越大，吸入体内的氧量也就越大，这与呼吸频率和呼吸深度有关。由于人体存在解剖无效腔，在体育舞蹈运动中可通过增大呼吸的深度以消除解剖无效腔所带来的影响，从而提高人体内氧气进入的效率。

第二，血液系统。血红蛋白具有运输氧气的功能。血红蛋白的数量对有氧耐力有着非常重要的影响。如果血红蛋白的含量低于正常人，会影响到运动者的有氧代谢能力。因此，在运动过程中进行定期测量，了解血红蛋白的含量是必要的，这样能及时发现、解决问题，做到防微杜渐。

第三，循环系统。心脏泵血功能是影响体育舞蹈运动的一个十分重要的因素，在运动的初期有氧氧化能力的增强主要依赖于心输出量的增加。

经过系统的运动训练，肌肉组织利用氧的能力会明显提升，表现为动静脉氧差的增加。

2.运动对能量代谢的影响

人体的供能能力经过长期的体育舞蹈运动能够获得很大的提高，这主要表现在完成同样强度的体育舞蹈运动，所需的氧气减少，消耗的能量也相应减少。换句话说，长期参与运动的人在完成相同运动负荷时，消耗的能量会减少。经常进行体育舞蹈运动可使运动者更好地掌握体育舞蹈运动中的一些动作技巧，从而使动作的完成更自如、更协调。通过减少多余的动作，能量的利用效率会得到很大的改善。同时，体育舞蹈运动的进行也提高了呼吸、循环等系统的机能水平，工作效率的提高减少了消耗在供能器官本身上的能量，节省下来的能量可以更好地应用在对强度的保证和对难度动作的开发上。

第二章 体育舞蹈中的健身指导

第一节 体育舞蹈健身安全

一、体育舞蹈运动损伤

体育舞蹈运动损伤一般可分为两种类型,即慢性损伤、急性损伤。具体来说,体育舞蹈常见的运动损伤有疲劳性骨膜炎、踝关节扭伤、闭合性软组织损伤、肌肉痉挛。

(一)体育舞蹈常见的运动损伤及处理方法

1. 疲劳性骨膜炎

疲劳性骨膜炎常发生在胫腓骨部位,长时间在过硬地板上用足尖跑跳很容易引起这种损伤,一种特殊征象是后蹬疼痛,其他还有皮肤发红发热、明显压痛等。

一旦出现上述胫腓骨骨膜炎征象,要用弹力绷带包裹,同时理疗按摩,减少舞蹈内容中的弹跳动作。

2. 踝关节扭伤

踝关节扭伤是一种关节韧带损伤,导致这种损伤的多是落地姿势不规范，或是地板因素（地板不平），使得平伏着地的脚掌受力不均，某些部位负担过重。在受伤后要立即用冷水冲洗，敷上冰块或凉毛巾，严重者（出现关节脱位等征象）要立即就医。

3. 闭合性软组织损伤

闭合性软组织损伤多发生在人体的腰部、颈部、膝部。由于摔跌碰撞、挤压等因素导致肌肉肌腱、韧带等软组织受损，但是黏膜、皮肤完整，无裂口，挫伤、拉伤的出血会滞于组织中。这类损伤多是由于动作不协调或过度运动导致的。表2-1介绍了引起主要部位损伤的原因。

表2-1 腰部、颈部、膝部的软组织损伤

部位	舞蹈动作	损伤原因
腰部	立腰、拧胯等动作，如拉丁舞中的腰部动作	脊柱同时做伸展、旋转、拧转动作时，常因身体重心不稳、肌肉收缩不协调、腰部受力过重或脊柱运动超出了正常生理范围而致伤
颈部	突然甩头，如探戈中的甩头动作	当女士的颈部受到来自男士突然的强劲有力的引带时，如果没有很好的肌肉协调能力，很容易因为发力错误而导致颈部受伤
颈部	一些连续旋转的舞蹈动作，如维也纳华尔兹的旋转	越来越大的惯性，使得女士颈部在保持优美姿势的同时，承受了越来越大的负荷，极易因疲劳而受伤
膝部	各舞种中都有膝部动作，如摩登舞中快步舞滑步反转	在舞蹈过程中，小腿突然外旋，或足部固定时大腿突然内收、内旋，极易导致膝关节内侧副韧带损伤

膝伤更容易发生在女性身上，同为她们一般会在练习体育舞蹈时穿上高跟鞋。

发生闭合性软组织损伤后，先要停止局部活动，固定受伤肢体，采用冷敷、加压包扎、抬高伤肢的办法止血，防止血肿，然后运用按摩、推拿等手法活血祛瘀、消肿止痛，为了避免出现肢体萎缩、粘连的现象，还要进行功能锻炼。

4.肌肉痉挛

肌肉痉挛表现为肌肉抽搐、肌腹僵直、不能自制地间歇性收缩。遇到肌肉痉挛要及时处理，否则可能导致日后的习惯性痉挛。

肌肉痉挛有以下诱因，即情绪激动、肌肉紧张、受寒、过度疲劳等，具体来说是乳酸刺激、电解质不平衡、寒冷刺激这三个方面导致的。在发生肌肉痉挛后，先要确认肌肉痉挛的部位，然后反方向牵拉肌肉即可缓解，牵引时注意均匀用力，不要暴力牵引，注意保暖。腹部、小腿肌肉痉挛的处理方法见表2-2。

表2-2 腹部、小腿肌肉痉挛的处理方法

身体部位	处理方法
腹部	背部后屈运动，拉长腹肌，腹部热敷、按摩
小腿	伸直膝关节，勾起脚尖，双手握住脚前掌用力向身体方面牵引

（二）体育舞蹈运动损伤的预防

体育舞蹈运动损伤的引发原因可归结为三个方面，具体如下。

第一，没有形成预防运动损伤的认识，将体育舞蹈看成一种放松运动，认为不会出现损伤。

第二，没有在稳固的技术基础上突破极限，开展强度高、难度大的动作训练。

第三，没有进行充分的准备活动，过大的局部负荷及训练场地等因素也是引起运动损伤的重要原因。

预防运动损伤要加强安全教育，加深运动员对保健知识、运动损伤常识的了解，使运动员重视准备活动。体育舞蹈指导员的保健康复理论水平一定要高，并能够据此使训练科学化、合理化。重视场地的检查，严格把关运动员的服饰安全，降低外界环境因素带来的风险。训练后的整理运动同样重要，为了能及时消除肌肉疲劳及收缩反射，需要进行整理运动（如脊柱和下肢的拉伸）。要养成良好的训练习惯，及时更换衣服，不要大量饮用冷水等。

二、体育舞蹈教学课的安全防范

具体来说，体育舞蹈教学课的安全知识有以下几种。

（一）场地安全常识

纯木地板的场地是体育舞蹈锻炼的最佳选择，纯木地板能够吸收震动，弹性良好，且具有一定的摩擦度，舞鞋能够抓住地板而不至于使人重心失衡，而太涩的地板则不容易跳出流畅的舞步。因此与水泥面、大理石面相比，木地板更能使学员正确地发力。

一般情况下，舞蹈学员或指导员都要在开始锻炼或开始教学之前检验地板的涩度，主要方式是在地板上来回走动、简单地做几个舞步动作等。对于太滑的地板，需要增加鞋底的摩擦力，如使用专用鞋刷刷鞋底；对于太涩的地板，需要采取打蜡上油的办法来增加滑度。

除此之外，舞蹈学员或指导员还要查看地板间的拼缝是否有不合理的地方，不能有凹凸不平的情况，要保证地板拼缝紧凑。

（二）服饰安全常识

体育舞蹈项目对学员的服饰有严格要求，服饰会影响完成动作的效果，包括舞鞋、服装、装饰物等。

专用舞鞋要质量上乘，女学员可以根据喜好和自身能力选择舞鞋高度，中老年学员不宜穿鞋跟过高的舞鞋，儿童学员要求穿低跟舞鞋。进入场地换舞鞋，离开后换日常用鞋。

服装以简单为主，使人能清楚观察到学员的动作，可有利于指导者的指导，方便其纠正错误。学员不宜穿过长的裙子或有过多装饰物的衣服，以防导致意外事故，如脚踩裙子。

练习过程中不宜戴夸张首饰，如长条形耳环、盘头发的簪子等，这些都容易造成学员（自己、舞伴）受伤。除此之外，还有一些不宜在练习过程中做的动作，具体见表2-3。

表2-3 练习过程中不宜做的舞蹈动作

身体部位	不宜做的舞蹈动作
头颈部	快速或猛烈的头部动作，头部过度后仰，头部过度大绕环
躯干	大幅度的腰部绕动、扭动动作，大幅度的向后下腰动作
膝关节	中老年学员不宜过度下蹲、分腿下蹲（易造成膝关节压力过大），膝关节受力不均易导致局部负担过重而受伤
上肢	过度向后拉伸肩关节、肘关节会导致脱位（如在完成曲棍步时，如果双方距离掌握不好，男学员容易在引导中拉伤女学员的肩），也不宜做过于猛烈而快速的引带动作

三、体育舞蹈锻炼禁忌

体育舞蹈有一些绝对禁忌，它主要针对的是一些特殊身体条件的学员。患有急性病、处于慢性病急性发作期的学员（如充血性心脏衰竭、严重的心律不齐等），是不能参与体育舞蹈训练的。而在医护人员的监督下，一些慢性病患者可以进行适度的舞蹈练习。具体见表2-4。

表2-4 可以进行适度舞蹈练习的情况

特殊体育舞蹈学员	能够参加体育舞蹈锻炼的条件
高血压患者	血压控制在正常水平时
糖尿病患者	只有血糖控制在正常水平时才能参加锻炼，而且要随身携带糖果并尽可能让舞伴了解自己的身体情况，结伴锻炼，以防止低血糖情况的发生
冠心病患者	在确保心绞痛不发作的条件下或经过介入性治疗后，在医生的指导下可以参加锻炼
感染性疾病患者	应尽可能多休息以免由于运动应激引起机体炎症扩散

四、体育舞蹈疲劳与恢复

运动性疲劳由运动引起，可以通过休息、补充营养的方式来得到恢复。疲劳也是一种防止机体进一步损耗的保护机制。体育舞蹈中的疲劳分为三种，具体表现如图 2-1 所示。

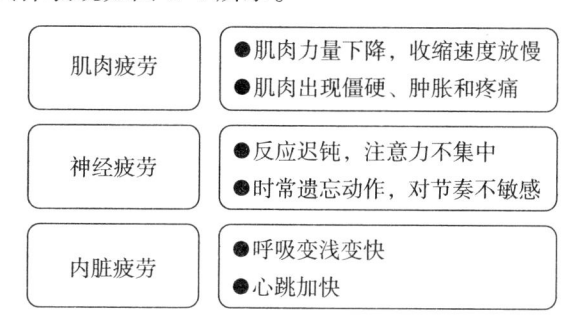

肌肉疲劳	● 肌肉力量下降，收缩速度放慢 ● 肌肉出现僵硬、肿胀和疼痛
神经疲劳	● 反应迟钝，注意力不集中 ● 时常遗忘动作，对节奏不敏感
内脏疲劳	● 呼吸变浅变快 ● 心跳加快

图 2-1 疲劳诊断与疲劳表现

疲劳的产生是正常的，疲劳分为轻度疲劳和重度疲劳，学员和指导员要有消除疲劳的常识，尤其是重度疲劳，如果不及时消除，就可能会影响到学员的学习和生活，甚至影响到其身体健康。以下是几种消除疲劳的方法。

第一，训练后有开展整理活动、按摩肌肉的习惯。

第二，享受温水浴，促进全身的血液循环，水温 40℃左右即可，时间可保持在 10～15 分钟。

第三，睡眠充足，且要保证高质量睡眠。

第四，注意供给各种营养素。

第五，在出汗多的情况下，及时补充水分、盐分。

第二节 体育舞蹈健身营养

一、合理营养的作用与基本要求

合理营养能够帮助运动员形成良好的适应能力，对其运动后恢复体力及防治运动性疾病都有积极意义。

（一）合理营养的作用

1. 提供有益的能源物质

体育运动会消耗人体的热能，体内充足的能源物质可充分供给人体运动。尤其是肌糖原储备需要含碳水化合物丰富的食物。一系列酶催化能源物质的储存和分解，而辅酶由微量元素和大多数维生素组成、激活。因此，不能缺乏这些营养素。

2. 肌纤维中的糖原影响运动损伤

如果耗尽了肌纤维中的糖原，那么人体的某种能力（控制、纠错等）就会受到影响，大幅增加运动损伤出现的概率。因此，在运动前，大都需要提升自身的肌糖原水平，在运动后则要积极恢复肌糖原。

3. 合理营养有助于恢复运动能力

恢复运动能力是指使机体的代谢能力得到恢复，其中既包括体液、完整细胞膜，又包括肌糖原与关键酶的浓度等。要想促进这些恢复，就需要有合理的营养措施。

4. 合理营养延缓、减轻运动性疲劳

产生运动性疲劳的各个要素在采取合理营养措施后会得到延缓或减轻，随着合理营养的摄入，运动性疲劳会逐渐缓解。

5. 合理营养能够解决特殊的医学问题

一些难美项群需要解决体重控制的问题，往往会通过各种方式引起出汗，或是使用瘦身产品、利尿剂等来达到目的，这些均有可能引起医学问题。还有一些在特殊环境下运动的人群也会产生一定的生理问题，需要进行合理、科学的营养监督来保证其身体健康。

（二）合理营养的基本要求

第一，食物数量上要足量，质量上要符合营养需要和配比。第二，食物品种要多样，保证均衡营养。第三，食物体积要小、要浓缩，一天不能超过2.5千克。第四，一日三餐的热能分配要科学化，早餐宜高热能、高蛋白，富含维生素，而晚餐的热能要避免过高，否则就会影响睡眠，特殊情况下可加餐，如增加点心或快餐，保证热能得到补充。第五，保证合理的进食时间。要考虑到消化机能和自身习惯。一般剧烈运动时不宜食用过饱，要排空上消化道中食物，就餐要在2.5小时前完成。尤其是拉丁舞比赛，更要注意进食时间。第六，烹调和保存食物时注意保存营养素，不使营养素流失，保证色、香、味、形，增加运动员食欲。第七，不要过度补充营养品。

二、体育舞蹈运动员营养代谢与需求特点

在竞技项目中，体育舞蹈属于中高强度耐力性运动项目，具有持续时间较长、热能消耗量大、运动中间歇短以及物质代谢以有氧氧化和无氧氧化混合为主的特点。

体育舞蹈又属于灵敏技巧性项目，尤其是拉丁舞运动员，在训练和比赛中，神经活动紧张，动作以非周期性、多变性为主要特征，并在协调性、速度和技能方面有较高的要求。这类运动的能量消耗不大，男女运动员还需要在一定程度上控制体重，使肌体的脂肪含量始终保持在维持健康和技能要求的最低水平。因此，运动员需要确保足够的能量摄入，以满足他们增加的能量消耗并保持能量平衡和体重，根据能量消耗的变化进行营养调整是非常重要的。保证适当摄入热量的常用策略是全天增加进食次数。

体育舞蹈运动员的饮食应满足以下要求。

（1）运动员三餐热能对训练有着重要影响，早、中、晚三餐的热能摄入大致为 3∶4∶3。三大营养素适宜供能比例为蛋白质 12%～15%、脂肪 25%～30%、糖类 55%～60%。

（2）以摄入富含碳水化合物的食物为主，有效增加体内糖原储备。富含碳水化合物的食物包括米饭、面条、馒头、烙饼、面包、蛋糕等，每日摄入量应为 500～700 克。

（3）适量选择含蛋白质丰富的食物，可食用鱼、蛋及瘦肉类菜肴，每日 150～200 克。

（4）多食奶及奶制品，每日 250～500 克。

（5）通过吃多种多样的蔬菜和水果来满足机体对多种维生素和无机盐的需要，每日蔬菜 500～750 克、水果 200～400 克。

三、体育舞蹈运动员比赛期的饮食与营养

比赛期营养能够保证运动员处于良好的竞技状态。

（一）比赛期应遵循的营养原则

第一，比赛期饮食要适应与体能有关的生理应激，机体热能与体液保持平衡。食物要容易消化、吸收，小体积、低重量，切忌摄入高脂肪、含纤维多的粗杂粮等。第二，保持原有食谱和饮食时间。第三，要预留消化食物的时间，过多食物的积存会影响做功肌肉的血流供应，因此进餐时间很重要。第四，不能空腹参加比赛，适当补糖、补液，预防脱水。第五，运动员要有记录自身饮食的习惯，找出提升自身运动能力的饮食经验、饮食时间等。

（二）比赛期膳食的具体安排

比赛期膳食安排具体可分为 3 个过程，即赛前调整期、比赛当日和赛后。

1. 赛前调整期的膳食安排

赛前调整期就是赛前1～2周。在减少运动量的同时,要调整摄入食物量,切忌增加体重。糖原储备要增加,每日摄入500～700克的碳水化合物,这些食物有馒头、面包、米饭、蛋糕等。每日摄入150～200克的蛋白质,这些食物有瘦肉、鱼、蛋等,多食用蔬菜和水果可以补充维生素和无机盐,不宜食用油炸食品和肥肉。

2. 比赛当日的膳食安排

比赛当日的饮食极为重要,进餐时间与比赛开始时间的间隔需要掌握好。具体方案如下。

赛前要保证充足碳水化合物的摄入,赛前餐要在赛前3～4小时完成,食物种类可为面食、大米、海产品、瘦肉等。

在赛前2～3小时,可食用水果、熟玉米、面包、含糖运动饮料等。在赛前1小时以内,可食用能量棒、稀释的果汁等,摄入少量碳水化合物。在赛前15～30分钟,可饮用一杯运动饮料,含糖(最好是低聚糖)、维生素、无机盐等,如鲜榨果汁。

3. 赛后的饮食营养

赛后要快速恢复肌糖原,要尽快补充碳水化合物,摄糖越早,恢复速度就越快。在一般情况下,要恢复机体就要在2小时内补充完高糖膳食,如即刻饮用糖电解质运动饮料。

(三)比赛期的饮料知识

体育舞蹈运动员切忌在比赛中饮用碳酸饮料,或者少喝,否则释放出的二氧化碳较易引起腹胀,影响肠胃功能。含咖啡因、酒精的饮料也不宜多喝,咖啡因利尿,容易引起水分流失,酒精饮料则会容易流失一些营养素,如钙、维生素B等,两者还容易刺激中枢神经,不利于运动后恢复体能。除此之外,禁服有兴奋作用的麻黄碱和有咖啡因成分的感冒药。建议饮用稍凉一些的饮料,它能够使人的深部体温下降,使胃排空时间缩短,使脱水、热疾病的发病率下降。

第三章　体育舞蹈中的专项训练

第一节　体育舞蹈专项训练内容

一、专项体能训练

（一）力量训练

力量是体育舞蹈专项体能训练中不可或缺的内容，是舞蹈的基本保障，特别是在双人舞蹈中，常常会有大量难度较大的动作，如旋转与托起，拥有充足的力量既是体育舞蹈动作顺利完成的保障，也是运动员自身安全的重要保证。体育舞蹈动作是根据各种音乐节奏来划分的，想要在技术、速度以及技巧方面符合要求，就要拥有足够的力量来有效控制身体。在开展专项力量训练的过程中，人们已对腿部、脚踝、双臂、腰腹部设置了具有针对性的训练项目。这是因为在体育舞蹈竞赛中，确保动作的稳定性及平衡性，主要依靠腿部的弹力与支撑力、腰背腹部的工作力、肩部的把控力来实现。对于脚踝部位的力量训练，可采用负重旋转、台阶深蹲跳、脚踝内前后移动、负重提踵、双脚尖踏板跳、弓步前进等方法。对于腿部的力量训练，可采取剪胯、负重、跳绳、深蹲、蛙跳、爬楼梯等方法。对于腰腹部的力量训练则可通过仰卧起坐、平板支

第三章　体育舞蹈中的专项训练

撑、两头起、悬垂屈腿、卷腹等方法进行。最后是背部力量训练，可通过杠铃前方平举、山羊挺身、哑铃直腿上提等方法展开训练。[1]

（二）耐力训练

体育舞蹈作品在比赛中都会规定具体的时间，通常预赛时长为1分半，决赛时长在2分钟左右，舞蹈种类间的转换要在30秒之内完成，每场比赛总时长在8分钟左右。竞技比赛中对此都有着具体的规定。整场竞赛过程中核心内容始终是速度与节奏的迅速转变，这会较大程度消耗体育舞蹈运动员的体力。因此，体育舞蹈运动员应在确保整套动作标准流畅呈现的同时，保持足够的耐力。这就需要体育舞蹈运动员在日常训练中加强耐力训练。专项耐力训练主要包括有氧训练与无氧训练两种方法，具体有持续负荷法、间断负荷法、高原练习法等。其中持续负荷法又包括均速练习与变速练习，要求运动员每次训练时长不少于半小时，具有一定基础的运动员训练时长应在1～2小时。根据心率测量和计算，运动员心率要控制在1分钟165次左右，可通过长时间的身体律动及旋转来实现。间断负荷法要求运动员在小组训练之间要设定具体的休息时间，但不能过长，要在尚未完全恢复前继续进行训练，运动心率要保持在1分钟170次左右，并且训练负荷总数不能过多，如持续性的手位高频率切换和肩部各个关节的切换等。高原练习法主要是通过高原的独特环境来训练，在空气密度仅有海平面的70%、氧气含量仅有平原的3/4、氧分压高于平原20%的情况下进行训练。这样会让运动员身体出现应激反应，呼吸也会变得更加急促，血管内部分氧气会因低压而无法完全被身体吸收，进而导致血管壁变厚，同时血管变大扩张，利用增加血液量的方法来促进运动员乳酸耐受力的增强。运动员回到平原后，再一次产生全新的应激反应，从根本上提高自身的耐力。

---

[1] 孙庆浩.体育舞蹈专项体能训练的内容研究[J].当代体育科技，2019，9（30）：25-26.

（三）速度训练

体育舞蹈竞赛中移动、反应的速度相对较快，尤其是牛仔舞与恰恰舞更加注重动作速度，并将速度作为评判的重要指标。专项速度训练主要有专项反应速度训练、专项动作速度训练以及专项移动速度训练，详细可划分成单个舞蹈动作完成速度、整套舞蹈动作完成速度、瞬间速度、平均速度等，这些都与运动技能、集中力、快肌纤维、无氧乳酸以及能量储备有关。提高体育舞蹈运动员专项反应速度的训练方法一般有根据口令急速停止、急速启动某个动作的方法，通过声音和舞台灯光让体育舞蹈运动员快速做出相应的反应、转换练习的训练法等。提高体育舞蹈运动员专项动作速度的训练方法通常有增加／减少阻力训练法、提高难度训练法、转换训练法、速度把控训练法以及信号刺激训练法等。以旋转动作为例，旋转动作可通过增加或减少阻力、在高难度动作中适当增加身体支撑时间与高度、腰腹和大腿动作迅速切换、用口令控制动作速度等方法进行训练。而提高体育舞蹈运动员专项移动速度则主要从移动方向和改变重心入手，可利用某个完整动作在场地位置的迅速移动、身体重心的迅速移动来展开训练，如限定时间内具体动作迅速移动，身体上下肢、背部以及腰腹部的迅速切换等。

（四）柔韧性训练

体育舞蹈运动员想要保持身体形态和姿势的优美，颈部、腰部、腹部、肩部和胸部就要具有良好的柔韧性，柔韧性的训练重点是对上下肢体及核心区域的训练。体育舞蹈一般情况下对下肢的柔韧性有着更加严格的要求，需要下肢大幅度摆动，充分展示出动作与身体形态的优美，突出身体各部位的灵活性与柔韧性。具体从运动员动作呈现方式上看，身体柔韧性可划分成主动柔韧性和被动柔韧性。主动柔韧性是运动员自身积极呈现出来的，换言之，是运动员具备的可轻易完成的柔韧力。而被动柔韧性则要借助某些外力进行表现，可通过外界辅助力进行训练。

增强被动柔韧性可采取以下两种训练方法,即利用精力拉伸和动态拉伸来增强身体的柔韧性。其中精力拉伸可通过墙面对身体四肢的静态拉伸、其他器械的静态拉伸以及舞伴之间相互配合进行静态的腰背拉伸来完成。动态拉伸在锻炼肩部柔韧性中利用俯卧拉肩、俯卧提肩以及跪地压肩等方法,在舞伴的配合下最大限度拉伸肩膀部位。

(五) 协调性训练

当前体育舞蹈的比赛水平越来越高,对体育舞蹈运动员也提出了更高的要求,专业技术动作整体难度有了明显的提升,并且节奏也越来越快,动作密度以及总数不断增多,增加了许多旋转动作。体育舞蹈运动员在顺利完成各种复杂的技术动作时,需要四肢与身体进行良好配合,只有具备优秀的协调性才能确保完成全部动作。其中,身体协调能力具体指的是在完成某一动作的过程中,通过大脑中枢神经引导运动员身体各个部位肌肉相互配合,包含主动肌肉与协同肌肉轮流协调进行拉伸及收缩。体育舞蹈运动员自身的协调能力将直接影响动作完成的质量与技术水平发挥的程度。对此,加强专项身体协调性训练,既可以提高运动员技术和动作储备,同时能对他们的时空判断以及准确的肌肉感知起到一定的促进作用。

专项身体协调能力通常可划分成动作统一性的协调力、运动员之间相互配合的协调力以及音乐与动作节拍上的协调力。具体训练方法可采取单独动作重复性训练,也就是针对具体动作进行反复练习,以此来让动作与身体保持协调统一。也可通过动作组合方法进行训练,即将多个动作组合在一起进行重复性练习。还可通过条件刺激的方法来训练,即依托特殊环境或独特信号进行练习。此外,还可利用游戏的方式进行训练,通过有趣的游戏来增加训练的乐趣,更好地激发运动员的训练热情。如果落实到具体动作的话,有利于提高体育舞蹈运动员身体协调性的训练方法一般有并步跳、弓步跳、后踢腿跳、小马跳、八字绕胯、开合跳、摆腿跳以及并腿纵跳等。

二、专项力量训练

（一）体育舞蹈运动各种类别力量的训练

1. 耐力和持久力的训练

体育舞蹈运动的耐力和持久力的训练采用的负荷强度要稍微高一些，使体育舞蹈运动员经常达到一种疲劳状态。重复的次数要根据运动员的熟练程度和身体素质水平来决定。在训练的过程中，运动的组数不应过多，组与组的间隔时间主要以运动者的心率来衡量，恢复到正常状态即可进行下一步的练习。

2. 速度和反应力量的训练

在训练体育舞蹈运动的速度和反应力量时，一般采用超等长收缩训练的方法，就是先使肌肉离心收缩，接着向心收缩。经常做这种练习可以增大肌肉收缩的范围和力量，使得肌肉有更大的发力空间。在离心收缩和向心收缩的过程中，训练体育舞蹈运动员的反应能力和速度。在反复的收缩和伸张的过程中增加肌肉的弹性，能够使得体育舞蹈运动者快速进行各种力量的切换。培养这种力量需要做一些克服自身体重的负荷训练，在每组运动训练中间的休息时间可进行一些放松的练习，使体育舞蹈运动员能够以积极的状态进入下一环节的训练。每组运动的练习时长也要不少于15分钟，真正做到使肌肉具有更强的弹性势能。[①]

3. 静态力量的训练

在训练体育舞蹈运动员的静态力量时，练习时间的长短和重复组数的多少由负荷强度大小决定。在进行强度较小的训练时，负荷的组数就要多一些，在进行强度较大的训练时，负荷的组数就要少一些，给运动员合理的休息时间。在练习的过程中要以肌肉发酸发胀为标准，并在各

---

① 何忠. 试析国际舞华尔兹的舞蹈技巧[J]. 湖北体育科技，2004（3）：380-382.

组训练中间进行两三分钟的休息,还要根据身体不同部位的负荷能力来进行专项训练。在做静态力量训练的同时,还要使运动员注意形体和仪态的训练,从而增强其身体的柔韧性,使得体育舞蹈具有更强的美感。

4. 相关力量的衔接性训练

发展体育舞蹈运动中相关力量的训练就是一种提高肌肉纤维参与工作的数量,使得身体内部具有更强的协调能力的训练。这种训练往往采用强度训练法,它的主要特征就是在训练的过程中每组训练的动作都要非常快,而且对于负荷的强度也要求比较高,但要求总体的负荷量不能太高。运动员在高强度的训练下能够使体重得到控制,身体的灵活性得到提升。在训练的过程中增强肌肉的训练可以使运动员更具有线条美和力量。但是这种训练需要照顾到体育舞蹈运动员的情绪,超强度的长期训练会使得体育舞蹈运动员产生疲劳和畏惧的心理,所以应该进行短时间的运动强度训练,在这一过程中,延长两组运动之间的休息时间,给运动员缓冲的时间,控制好每次训练的强度,以求效果最好,而不是产生相反的作用。运动员只有训练好肌肉和整体力量,才能有力量支撑各种动作之间的优美衔接,不至于使得动作的整体性和美感遭到破坏。

(二)体育舞蹈运动身体各部位力量训练

在进行身体各部位的专项力量训练时,可以采用一些组合运动,使身体各部位的力量能够交替进行训练,如游泳、田径类运动、负重跳绳等。还有一些是专门针对某一部位着重进行训练的。下面根据人体不同部位的训练方式做简要阐述。

1. 背部及双肩力量训练

在训练肩部、背部力量的时候,可以采取多种类型的训练方法。训练方法主要包括两种,一种是利用器械进行训练,另一种是不利用器械,靠自身的力量进行训练。在利用器械训练的时候,主要利用哑铃来做一些哑铃操。运动员可以根据自身的身体负荷能力选择不同重量的哑铃进行成组的训练，还可以利用一些健身带进行拉伸训练。在不借助器材的时候体育舞蹈运动员可以利用身体的行走、坐卧进行练习。这种练习可以随时随地进行，也不会给运动员心理上带来过大的压力，从而减少了运动过程中的超负荷运动导致的身体损伤。运动员可以随时进行一些训练，如坐姿，或者在行走的过程中，手臂、肩膀同时做一些训练操。这些都是日常的训练活动，可以使运动员在放松的状态下做好肩部和背部的力量训练。

2. 腹部及腰部力量训练

腹部训练主要通过一些正面或者是侧面的仰卧起坐、伸缩腿、骑自行车的运动，比较受欢迎的负重转体也可以使腹部的负荷能力达到极限，这些训练能够在短时间之内提升腹部的力量。腰部训练可以通过俯卧两头起、经常躬身下蹲、俯身左右摇摆，下腰、侧腰、吊腰等练习来进行。一些比较热门的瑜伽操对于腹部和腰部的训练具有很好的效果，也有助于塑造体育舞蹈运动员优美的形体。

3. 膝盖、脚踝和脚趾关节力量训练

膝盖、脚踝和脚趾关节力量训练主要采用两种常见方式。一种是跳跃训练，这是最常见的训练方式。体育舞蹈运动员可以在日常生活中进行各种跳跃练习，如原地跳落、负重跳落、单脚跳落、双脚跳落，进行反复练习。在跳跃的过程中要保持上身的挺直，不可驼背、塌腰、翘臀。在训练的过程中跳跃动作要干净利落，舒展有弹性。另一种是进行一些舞蹈类的训练。选取一种对于关节要求比较高的舞蹈类型，如华尔兹，练习脚步的前进、后退、左右交叉。或者是桑巴舞蹈的摆动练习，都有利于对关节力量进行有效的训练。

第二节 体育舞蹈专项训练中"平台期"的成因

体育舞蹈运动员在专项训练中产生"平台期"是较为普遍的,"平台期"的产生受训练方法、个体自身特点等因素制约。"平台期"的成因是多元化的,这主要是由运动员的个体差异造成的。对不同的个体进行成因分析,发现运动员产生这种障碍是由多项因素导致的,这些因素包含体能因素、技术因素、心理因素三部分。由单一方面的因素导致"平台期"的情况也是存在的,但这种因素可能会随着时间的变化而产生变化,最终可能向着多元化影响因素方向发展。因此,在"平台期"的成因分析中深入分析各个因素及各因素间的相关性是十分必要的。下面就对体育舞蹈专项训练中"平台期"的成因进行详细阐述。

根据成因的各个因素及各因素间的相关性,笔者把成因分为一般因素及特殊因素,如图 3-1 所示。其中,一般因素是指一般运动项目所共有的因素,包含体能因素、技术因素和心理因素。特殊因素是体育舞蹈这一运动项目所特有的,这一因素主要是依据项目特点列出的,体现了体育舞蹈专项训练与其他运动训练的不同。这些因素在其他项目中可能会存在,但是在技术要求上是完全不同的,包含双人配合因素、文化因素、表现力因素。

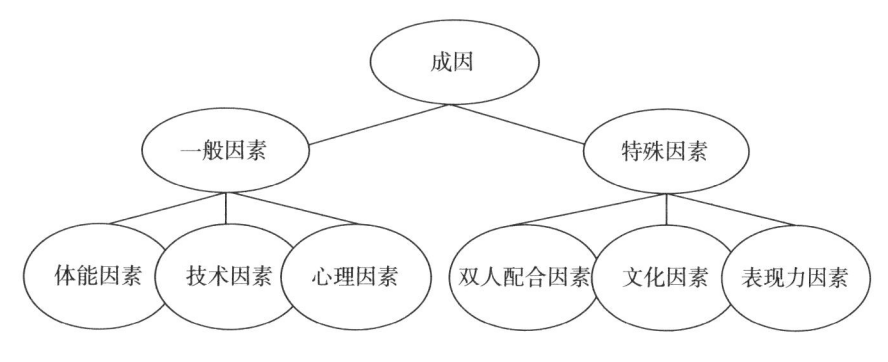

图 3-1 "平台期"成因

一、一般因素

一般因素也可以称为普遍性因素，这是各运动项目之间由于外在形式的相似性形成的一种行业内的共性，在运动领域中这种共性主要体现在体能、技术与心理这三个方面。下面就这几个方面进行分析。

（一）体能因素

从一般的理论意义上来讲，运动训练领域中所说的体能主要指人们在运动的过程中通过各个肌肉及肌群间的相互作用，所能达到的一种运动能力。这种能力因为个体先天条件的不同及后天努力程度的不同而不同。

体育舞蹈的体能主要分为显性能力及隐性能力两种能力。运动员的显性能力主要指运动员在动作表现过程中所展现出来的力量、速度、耐力、控制、灵敏等方面的能力。运动员的隐性能力主要指的是运动员在动作表现过程中各种肌肉能力与先天外在特征相结合所表现出来的一种外在形体美，也可以称为表现力。运动员的显性能力也可以称为肌肉展现能力，即运动员在完成体育舞蹈中某一专项技术时，肌肉之间及肌群之间通过相互的作用所体现出的一种肌肉展现能力。这种肌肉展现能力根据肌肉做功时肌群的分布特征、产生的负荷大小及反应的速度可分为以下五种能力：力量（力量素质）、速度（速度素质）、耐力（耐力素质）、柔韧（柔韧素质）和灵敏（灵敏素质）。这些能力在体育舞蹈专项训练中因技术动作的特点不同，所进行的分工不同，所占的比重也就不同。任何一种能力因素的缺失都会导致技术水平发展的障碍。

体育舞蹈结合了舞蹈的美与体育的活力，一名优秀的体育舞蹈运动员必须具有良好的肌肉能力，这一能力决定了运动员完成动作时所能表现出的技术美的能力。能力强的运动员，在动作的时间值处理及肢体语言表达上，能随音乐节奏及节拍的快慢而进行相应的变化。在舞蹈的表演过程中，肌肉的控制能力的强与弱能够直接影响舞蹈展现的最终效果，

第三章 体育舞蹈中的专项训练

决定了运动员是否能够淋漓尽致地展现舞蹈作品。例如，中国运动员张丁芳，在伦巴舞中的控腿动作就充分展示了她深厚的芭蕾基训功底及强大的腿部控制能力。另外，还有世界级运动员乔安娜（Joanna），她最让人难忘的就是精美的旋转技术，这体现了她超强的身体控制能力和平衡能力。这一强大的肌肉能力迁移到其他的技术中，成为她比赛中制胜的关键技术。肌肉能力除了直接影响运动员技术动作的完成质量以外，还会影响到运动员的双人配合技术。

体能因素是体育舞蹈专项训练中技术水平提高的关键因素。换句话说，如果运动员的体能因素有所欠缺，很有可能会导致其进入专项技术水平难以提高的"平台期"。所以，这一因素就成为体育舞蹈专项训练中导致"平台期"的关键因素。该领域中的体能主要包含力量与控制力、柔韧与协调性、速度与力度、灵活性与平衡性。力量与控制力是体育舞蹈专项体能的建设基础，是高质量完成动作的重要前提。柔韧与协调性是运动员从事专项训练时各个环节的舒展度与动作的协调一致相结合时所表现出来的综合能力，它是专项技术的基本要求。体育舞蹈分为拉丁舞和摩登舞两大类，其中摩登舞节拍包含 3/4、2/4、4/8 及 4/4 拍，基本的音乐速度要求会根据这些音乐节奏的变化而变化；拉丁舞节拍包含 2/4、3/4、4/4、6/4 和 8/4 拍。这些舞蹈中音乐速度较慢的一般在每分钟 29～30 小节，音乐速度稍快一点的每分钟在 41 小节左右，节奏速度最快的能够达到每分钟 60 小节左右。运动员在完成技术动作时有的是一拍完成一个动作，有的是一拍完成两个动作，在特殊的编排中可能要完成更多，这一点在拉丁舞上体现得更为明显。每位运动员在 1 分钟内大概要完成 155 个动作，平均每秒大约要完成 3 个动作。专项技术动作要求的速度快、难度大。在一系列的舞蹈动作中旋转技术可以算得上是专项技术中最为常用的技术，甚至是必备的技术。旋转技术完成的程度，主要看完成时运动员身体姿态的直立程度和一定时间内所能完成的次数。这样的要求就说明旋转技术不仅需要运动员拥有良好的平衡性，也需要运动员具有较快的速度、较强的力度和灵活性。因此，速度、力度、灵活性、平衡性是运动员制胜的基础，也是关键。

专项训练对各方面的体能素质要求表明，现代体育舞蹈运动员应具备较高的体能素质，以便于不断提高专项技术水平，避免或者延迟专项训练中"平台期"的产生。身体各部位的相关体能因素都应该进行专门的强化训练，以发展各种运动能力，提高专项技术水平。

（二）技术因素

技术水平的高低是决定运动成绩好坏的重要因素，这一因素的提高是专项运动员进行专项训练的最终目的。因此，技术因素是"平台期"障碍形成的一个重要因素。体育舞蹈专项技术具有复杂性、广延性、可变性的特点，可根据形式的不同对于专项技术水平进行分类。从专项技能的难易程度上来讲，分为基础性技术、复杂性技术；从专项领域的借鉴程度上来讲，分为芭蕾基训技术（基础性技术因素）、专项技术（专项舞种特有技术因素）。本书借助专项领域借鉴程度的分类来进行"平台期"技术障碍因素的分析。

1. 芭蕾基训技术（基础性技术因素）

体育舞蹈这一项目与其他舞蹈的艺术表现形式基本相同，都采用肢体语言的艺术表现形式，要想完美展现肢体语言先要进行芭蕾舞的基础性训练，然后再按照各种舞蹈自身的专项要求进行专项舞蹈基本技术训练。芭蕾基训的主要训练内容包含地面练习、把上练习、中间练习三个主要部分。地面练习主要包含坐在地面上完成动作、躺在地面上完成动作和趴在地面上完成动作三种形式，训练内容有勾绷脚、踢腿和画圈等基本动作。这一部分是把上练习与中间练习的基础，也可以看作前提条件。初学者必须进行这一部分的练习，等到有一定的基础后才可以不进行此部分的练习。把上练习就是指双手或单手扶把，在保证重心垂直的前提下进行的练习，练习内容包含擦地、蹲、小踢腿、单腿蹲、打击、大踢腿和控制等。中间练习是脱离把杆站在排练厅中完成各种类型的技术动作的一种练习方式，包含跳、转、翻等一系列的技巧动作及把上的技术动作。把上练习和中间练习是要持续进行的，贯穿于芭蕾基训始终。

芭蕾基训的主要训练目的可归结为"开""绷""直"这三个字，同时这三个字在芭蕾基训中可以简单总结为训练运动员动作的舒展度和直立感。"开"的目的是增强动作的伸展性，通过肌肉的向外旋转增强肢体所带来的视觉上的延伸感，从而提高动作的舒展程度。"绷"是为了增强肢体的延伸度来进一步舒展动作，同时能增强肢体的直立感。"直"顾名思义就是指肢体各个部分要挺拔有力，要达到超出人体自然直立程度的超级伸直状态。

体育舞蹈专项训练中运动员的动作舒展程度与直立程度是非常重要的两个部分，它们是肢体语言艺术表现形式中的重要窗口。例如，伦巴舞基本步法中女士滑门步的第一个动作，双腿在直立的基础上所表现出的延伸感与手部动作的舒展程度能够明确表现出运动员的技术水平。又如，斗牛舞中每一个动作都要舒展大气才足以表明斗牛士强悍的气势、斗篷的流畅、牛见到红色斗篷时的攻击状态等。这些都说明了一名优秀的运动员基本技术的提高是十分必要的，某一部分的欠缺很有可能会导致专项训练中"平台期"的出现。因此，芭蕾基训的基本技术障碍是导致体育舞蹈专项训练中"平台期"产生的因素之一。

2. 专项技术（专项舞种特有技术因素）

专项技术就是指依据各舞种的特征所设定的基本步法、花样技术动作和专项技术技巧。现代体育舞蹈分为摩登舞和拉丁舞两大类，两大类中包含了华尔兹、伦巴舞、恰恰舞、探戈、斗牛舞等十种舞。每一舞种都有相应的发源地，各种舞蹈有着不同的文化特色。作用、意图和表现形式的近似性，又使得同一类别的舞种具有一定的共性，同样地，在技术特征上也有一定的共性。拉丁舞中伦巴舞的转动、律动、移动是这一类舞种中的三元素，换句话说，是这一舞种中最基本的技术，这三个动作水平的提高可能会带动拉丁舞技术水平的提高。摩登舞中华尔兹的摆臂、方步、左转、右转是这个舞种非常重要的基本功训练,这些动作中的一些细节动作会贯穿整个摩登舞的技术动作。除了这些具有重要地位的基本动作外,肢体延伸、时间延迟、呼吸配合、情意表现等技术是拉丁舞和摩登舞所共同的专项技术。

总之,技术因素不仅存在多元化的形态,还具有相互同化的特征。任何一个环节的障碍都有可能导致"平台期"的产生。

(三)心理因素

心理因素是指个体在日常工作、学习、生活等过程中,因外界刺激的不同所产生的相应的心理现象,不同的心理现象在这些活动中有不同的影响因素。影响因素对事物产生的影响具有辩证性,有积极作用的因素,也有消极作用的因素。这里所说的心理因素主要是指体育舞蹈专项训练中运动员内心所产生的各种心理变化对专项技术提高所产生的作用因素。

心理因素在该专项上主要表现为训练态度消极,导致技术动作表现不够有激情,以及在比赛或者测试中由于不自信而导致的发挥失常。导致这些表现的心理因素很复杂,个体间的差异性可能存在不同的影响因素。对于训练态度的消极与表现不自信这两方面的问题,通过调查及访谈的结果可总结出以下几种心理因素:运动成绩长期的停滞不前而导致的心情烦躁影响了训练及比赛的状态,天生性格特征导致表现力的局限性,兴趣不大对训练及比赛的积极性产生的不良影响,认识偏差导致的技术障碍。

以上这些因素无论是哪一个因素的障碍,最终都会以外在的形式表现出来,这足以看出心理因素是非常复杂的因素,其产生可能是先天的,也可能是后天某一失败的经历所导致的。这些因素往往具有隐蔽性的特征,之所以具有隐蔽性,是因为技术动作与表现并非直接相关,但会产生潜移默化的影响,这种影响因素被称为隐性影响因素。另外,由于心理现象是人们看不见、摸不着经人内心的不断变化而产生的一种思维，所以是比较抽象的。虽然心理因素是隐性的又是抽象的，但它对运动员技术水平提高的影响是不容忽视的。这一因素是专项训练中"平台期"形成的重要因素，这一因素直接作用于运动员的表现力，表现力与心理因素有直接的关系。

二、特殊因素

特殊因素主要是指体育舞蹈专项特点所致，具有特殊性的影响因素。通常这一类因素所具有的特殊的文化背景，决定了体育舞蹈运动与其他运动项目之间的不同。在体育舞蹈中，舞种自身训练内容的丰富性和广阔性，致使特殊因素具有多元化的特征。特殊因素包含双人配合因素、文化因素、表现力因素。

（一）双人配合因素

双人配合技术是指男女运动员在具有了一定的基础技术后，通过一定的合力技术（引带、跟随），运用相呼应的舞步完成一段双人舞蹈的技术表现形式。在运动领域中，除了体育舞蹈外，冰上舞蹈的双人组合与健美操中的混双也是以双人搭配的形式进行技术展现的。这些双人配合技术有着共同的特征，也有着不同的特征。共同点在于它们都是以性别不同的两个人来进行搭配的；在进行双人技术表现时要具有默契配合的能力；双人的动作要协调用力；不能作为独立体进行表现，两个人要在相互的作用下进行配合性的表现；表现的过程中，两个人可以做同样的动作，也可以做不同的动作。不同点主要在于每一个专项都具有自身的特点，自然表现出不同的特征。这些不同特征可能表现在双人配合时用力方式的不同，由舞种的特点而决定的表达情感方式的不同，双人配合时手部握姿的不同等。本书重点剖析体育舞蹈专项训练中双人配合的技术因素，对体育舞蹈专项训练中"平台期"成因进行分析。

体育舞蹈专项训练中双人配合技术包含双人呼吸的配合技术、引带与跟随技术、感受对方动作的技术、接受对方给出的信号后所做出动作的反应速度及准确度的技术、双人合力的流畅程度、双人技术动作的流畅程度这几个方面。双人呼吸的配合技术、引带与跟随技术是体育舞蹈专项训练中双人配合技术的关键。双人呼吸的配合不协调能够直接影响到其他配合的和谐程度。双人呼吸配合不好在技术动作的表现中能够明显观察出，因此双人呼吸的配合技术是双人配合技术的基础。引带与跟随技术是双人配合的关键，在体育舞蹈专项训练中有的人把引带与跟随技术称为推拉力，顾名思义指的就是推和拉这两种力量。在体育舞蹈中，双人配合就是借助两个人之间相互推拉的力量，来增进动作的速度、流畅度、难度。引带通常情况下是主导的一方通过推的力量给予对方信号，跟随者给出相应的回应，这种回应一般是使用相同的推力与对方产生对抗的力量，以达到加大动作幅度、更好地控制动作时间值的目的。与此相反的是当对方给予的是拉的力量，另一方也使用拉的力量与之相对抗。在双方共同使用拉的力量进行对抗时，动作的幅度更容易被放大，同时会有利于双方反作用力的运用。双人的引带与跟随还具有很多不同形式的用力方式，如身体的引带与推拉、在双方不接触的情况下通过呼吸完成引带与跟随等。技术水平的提高，对双人的配合能力的要求也越来越高。这种合力的最高境界是在不需要看到对方及接触对方的情况下，通过感受对方肌肉运动时产生的周围环境的变化来做出相应的回应。要做到这一点无疑是很困难的，因此，运动员可能会在体育舞蹈专项训练中由于某一方面的欠缺而导致双人配合技术水平难以提高。

（二）文化因素

体育舞蹈这一运动项目具有不同国家的多种文化风格，运动员要对每一种舞蕴藏的文化历史信息进行准确把握，才能够使自己的舞蹈技术达到传神的境界。鉴于此，体育舞蹈运动员要广泛了解世界文化史、世界舞蹈史及体育舞蹈相关的书籍，从中吸取精华，充分了解体育舞蹈中

第三章　体育舞蹈中的专项训练

各种舞的起源，依照起源追溯当地的风土人情，达到以超高水平展示不同风格舞种的目的。

摩登舞中起源最早的是华尔兹，其发展经历了民间舞、宫廷舞、社会舞三个不同的时期。除此以外，还有起源于奥地利的维也纳华尔兹，美国的快步舞、狐步舞，以及深受各国人喜爱的探戈等。摩登舞的音乐优雅华贵、激情洋溢，对穿着要求十分讲究，男士和女士都要穿着礼服。拉丁舞的基础舞蹈是伦巴舞，它起源于古巴，伦巴舞的音乐缠绵、浪漫，动作婀娜多姿、行云流水。还有激情洋溢的桑巴舞，桑巴舞的音乐刚劲有力、热情洋溢，动作要求活力四射。拉丁舞中其他的舞种也具有很深的历史渊源，各有特色。例如，起源于墨西哥的恰恰舞，动作要求俏皮活泼。美国的牛仔舞音乐速度非常快，表现了运动员十分享受自由又具有活力的一面。起源于法国、发展于西班牙的斗牛舞，特点更是非常显著，男士扮演的斗牛士英姿飒爽，女士在扮演斗篷和斗牛之间不停变换着角色。

对于这些文化特点的掌握间接影响着运动员的技术表现，在对运动员的技能指标测试中，对音乐的理解（B3）和舞种特点的把握程度（B4）这两个方面直接体现了舞蹈文化对专项技术提高的重要性。问卷调查及访谈结果显示，并不是所有练习体育舞蹈的运动员都能够准确把握舞种特点，即使把握好了，在技术动作的表现中也不一定能够做好。从技能指标的分析结果中可看出，对音乐的理解（B3）与其他项相比并没有太大的差异，但在舞种特点的把握程度（B4）这一项上与其他的项目相比有着一定的差异。这就说明了与文化因素直接相关的舞种特点把握程度，对运动员技术水平的影响是需要人们加以重视的。

由于中西方文化具有较大的差异性，运动员很难很好地理解舞种文化内涵，即使理解透彻，在技术动作表达上（肢体语言）也是很难较好完成的。因此，这一影响因素是体育舞蹈专项训练中"平台期"的成因之一，且这一因素存在的普遍性要远远大于其他基础性的因素。

（三）表现力因素

体育舞蹈这一运动项目的十个舞种起源于不同的国家，在我国流行的时间并不是很长，要想把这一具有强烈的国际特色的项目嫁接到具有五千年历史的文明古国，在表现力上必须下很大的功夫。在专项表现力技术上，必须良好把握各个舞种的特点、文化背景、表现形式，探析发展趋势，做好严谨的教学设计。要正确认识由于人种和生活习惯的不同而产生的外形及体能上的差异，做到在专项技术表现中扬长避短、勇于创新，大胆融入具有我国民族特点的文化。体育舞蹈专项技术的表现力主要影响因素有以下几个。

（1）运动员的先天因素及不同环境所产生的相关认知。先天因素主要指遗传因素，环境包含很多方面，如社会环境、教育环境、家庭环境等。

（2）外在体态、动作的舒展度和气质的展现。挺拔、端庄、大气的外在体态是吸引观众的关键；动作的舒展程度与外在体态之间有着相互作用的关系，外在体态直接影响到肢体动作的舒展程度，相反，动作的舒展程度也会反作用于外在体态；气质的展现不仅仅是外在体态的展现，还是运动员潜在气场的展现。总之，无论何种形式的表现都有特定的价值取向。

（3）芭蕾基训和专项技术水平。良好的芭蕾基训能够提升人体外在气质，改变不良体态，潜移默化中提高人体的表现力。专项技术水平与芭蕾基训之间是相互影响、相互促进的。

（4）呼吸的运用与动作内涵相结合的表现。这是表现力的一种内在表现形式，没有内涵的表现是枯竭的，有血有肉的表现才能真正打动观众，使之产生共鸣。

（5）套路的编排水平。真正优秀的创编作品是把动作有序且合理地组合在一起，形成一个和谐统一的整体。舞蹈的编排既要符合本舞种的技术特点，又要符合相关的音乐风格。具有优美的动作、流畅的舞步，动静结合、意境创新的舞蹈组合往往能够增强运动员的表现欲望，从而间接改变运动员表现力的原有状态。

通过以上的分析可得知，表现力的相关指标是多样化的，它对于运动员的专项技术水平的影响是非常大的。运动员在表现力上的突破是非常困难的，表现力通常与学生先天的遗传因素和后天成长的环境相关联，而这两方面也是比较客观的因素，是人们依靠单一力量难以改变的。又或者说，仅仅靠个人的力量难以改变，需要各种教育力量的合力才可能做到。因为难以改变，所以在专项训练中就是一个需要攻克的难点。

动作与音乐节奏的配合程度、对旋律的掌握程度、对音乐的理解程度、对舞种特点的把握程度、身体基本姿态、动作舒展程度、舞蹈动作质量和舞步完成状况这八个指标，每一个指标都会受到表现力的制约。其中最为显著的是身体基本姿态和对舞种特点的把握程度这两个指标。表现力对于对舞种特点的把握程度有着显著的影响。这主要是因为运动员想把不同于自身国度的文化表现得较为到位，是比较困难的。表现力对身体基本姿态这一因素的制约是隐性的，主要通过展现能力来增强运动员给人的视觉冲击感，提高评委对运动员身体姿态的美感认同度。

通过以上的分析，可以总结出表现力是体育舞蹈专项训练中的关键技术环节之一，直接影响运动员的运动成绩。因此，表现力也是体育舞蹈专项训练中导致"平台期"形成的因素之一。

第三节　体育舞蹈专项训练中"平台期"的预防与突破

一、体育舞蹈专项训练实践中"平台期"的预防

事实上，专项训练中"平台期"是普遍存在的，就如同田麦久在《运动训练学》所提出的"高原现象"一样，运动成绩提高的线性图是台阶

式的,并不是直线上升的。也就是说,处于运动成绩难以突破的时期正是进一步提高成绩的好时机。因此,人们要正视"平台期"的出现,但为了避免"平台期"出现在重大比赛期间,可以采取科学化的训练手段来延迟"平台期"的出现,做到对专项训练中"平台期"的有效预防。

前文中,笔者对"平台期"的成因进行了详细分析,这些为如何预防"平台期"提供了参考依据。体育舞蹈运动员在专项训练中产生"平台期"的原因是非常复杂的,但也是有规律可循的。在成因方面,笔者所提出的双人配合、文化、表现力这三种特殊因素在实质上与体能、技术、心理三大模块是息息相关的,之所以单独列出,是为了体现其重要性,为了体现体育舞蹈专项技术的独特性。因此,在"平台期"的预防方面,仍然可以依照体能、技能、心理这三大模块来进行思考,同时在三大模块的预防及突破机制中着重关注特殊因素对专项技术水平的制约。

(一)全面性的体能训练

体能因素并不是单一的,它包含了力量、速度、耐力、控制、灵敏等各种人体生理技能指标。在专项训练中,难免会出现训练内容单一的问题,但体能因素是由多指标组成的,这就造成了运动员体能发展的不平衡。除此之外,因运动员的遗传基因不同,在体能各指标中的先天优势不同,后天体能的发展也会受到一定的制约。这样运动员在专项训练中就会因为某一方面的能力较弱而导致运动成绩难以提高,进入"平台期"。因此,在运动员的日常训练中要遵循循序渐进、结合实际、培养兴趣、不断强化、逐步提高的原则,设计出合理有效的训练计划。在训练方法上,要重点进行专项体能的全面强化训练,通过多种训练方式相结合的方法设计训练计划,保证每位运动员的各项体能指标达到专项技术的要求,预防"平台期"的产生,尤其预防"平台期"出现在重大比赛中。

(二)多样化的技术训练

体育舞蹈专项训练技术复杂、综合性强、对能力的要求高，尤其对专项技术能力的要求非常高。在日常训练过程中，为了达到这一高要求，要不断进行反复强化训练，训练内容枯燥乏味，意志力薄弱的运动员很容易偷懒，时间久了技术水平便难以进一步提高，导致出现"平台期"。

这就要求在专项技术训练中多采用多样化的技术训练模式。例如，采用综合性训练模式对运动员进行干预训练，使处于"平台期"的运动员技术水平有了显著提高。因此推断出，在运动员未达到"平台期"时进行综合性训练能有效预防"平台期"的产生。因此，要准确理解"平台期"的概念及现象，采用多种训练模式进行训练，达到预防"平台期"出现的效果。

(三)适宜的心理干预训练

心理因素是运动员表现其专项技术水平的重要制约因素，换句话说就是运动员在表现力的发挥上，受心理因素的影响非常大。心理因素具有隐秘性、简洁性、间接性的特征。在训练过程中无法针对心理因素进行直接的强化训练，只能通过心理干预的方式，来增强运动员在专项技术表现时心理活动变化的稳定性，以保证其技术水平得以充分发挥。

比赛中心理活动变化的不稳定性不会直接作用到专项技术水平上，但会通过影响运动员表现力发挥的方式来影响运动员的运动成绩。因此，要对运动员进行适当的心理干预，以保证运动员专项技术水平的提高，还可以通过不断提高表现力的训练方式来反作用于运动员的心理活动变化的稳定性，以此使运动员获得运动成绩的提高，避免"平台期"的出现。

二、体育舞蹈专项训练实践中"平台期"的突破

体育舞蹈本身的特殊性导致了它对运动员体质的特殊要求。体育舞

蹈既有舞蹈元素也有体育元素，是两者的完美结合，这就要求运动员在专项技术的表现中必须具有较强的表现力及竞技能力。其中专项体能是重要的基础性训练，体能的欠缺致使运动员无法作出完美的艺术表现，其竞技性更是无从谈起。专项体能主要是指体育舞蹈专项训练中所必须具备的肌肉能力。它所包含的内容很多，其中中段力量（腹部肌群、背部肌群、侧腰部肌群）、腿部力量（大腿肌群、小腿肌群、膝关节处的肌群）、脚踝力量这三大部分是专项体能的重要组成。运动员出现"平台期"障碍，往往是由于这三部分中某些肌群力量的供能无法达到完成技能所需。由此看来，专项体能的针对性训练是帮助运动员突破平台障碍的有效方法。例如，A运动员为拉丁舞专业运动员，其脚踝处的肌肉能力较为薄弱，这对其专项技术水平的提高就是巨大的障碍。这种情况下可通过各种跳跃练习（僵尸跳及芭蕾基训中的小跳、中跳、大跳等）、提踵练习等专门的针对性训练辅助专项基本技术的练习，踝关节处力量的增强便会带动专项技术水平的提高。

笔者结合"平台期"成因中体能、技术、心理这三大模块，对专项训练中"平台期"的突破提出了采用多元化的体能训练模式、优化基本技术训练结构、多渠道训练方式增强表现力的三大突破建议。

（一）采用强化式的多元体能训练模式

现如今，越来越多的体育舞蹈运动员涌入各种各样的比赛中，在比赛现场表现出精湛的舞技、默契的配合、优美的线条等，这些都是较为常见的展示体育舞蹈无穷魅力的形式。在体育舞蹈技术水平日益提高的情况下，专项技术越来越向着高难度、高速度和高强度的方向发展。因此，体育舞蹈专项比赛的竞争越来越激烈，要想在比赛中取得优异的成绩，就要对运动员身体能力逐渐提高要求。对于中国的专项运动员来说要求更高，这是中外体质差异所造成的。大型的专项比赛是不分人种的，各个民族的运动员在一起进行比赛，最优秀的运动员进入决赛，然后再

第三章　体育舞蹈中的专项训练

决出最终名次。如此激烈的竞争，就要求运动员必须进行严格、专门的身体机能训练，借提高运动员的专项素质来间接提高运动员的专项技术水平。只有这样才能适应体育舞蹈这一新兴项目不断发展的需要。

体能因素的训练方式方法多得数不胜数，很多训练方法都已经得到了深入研究，并被证实为较为优化的训练方式。例如，核心力量被公认为较为有效的腰腹肌训练方法，其中静力性的俯卧撑是训练腰腹部控制能力最为有效的方法。腿部的柔韧素质方面的训练方法有压腿、下叉、外力辅助及踢腿等。通过分析体育舞蹈专项技术特点及体能因素的训练模式，笔者总结了一套较为有效的综合训练模式，这一训练模式对体育舞蹈专项训练中"平台期"的突破效果是较为显著的。下面就突破"平台期"的有效训练方法提出几点建议。

1. 对体能指标采用混合型强化训练

这一训练模式是指对体育舞蹈运动员进行专门的体能训练，且训练的时间要做科学的分布，保证训练时间。混合型强化训练是对体能因素中各个指标的相关训练因素进行综合性的训练，充分运用运动训练学的相对休息训练方法（相对休息就是指在训练的过程中，为了防止运动员的某一肌群经过度训练导致疲劳，采用不同肌群相互变换的训练方法，如利用下肢力量练习的间歇进行上肢力量的练习），探析各个训练因素间的相关性，以提高训练的时效性。这一训练模式采用的是最为直接的训练方法，在以往的训练过程中也会出现这样的练习，但没有经过科学分析的训练往往是缺乏系统性的。

2. 芭蕾基训中混入体能因素的训练指标

这一训练模式要求把专项体能与芭蕾基训相结合，寻找共同点，把这种共同因素贯穿于芭蕾基训的各个动作中。这就要求重新调整芭蕾基训的各种动作组合。

3. 专项体能训练与专项技术训练的有效结合

在专项技术训练的同时融入部分体能素质的训练，如腹部肌群的训练内容、踝关节的训练内容及腿部肌肉力量的训练内容，相互间的转换式训练有利于技能间的正向迁移。

各训练因素间相互结合，有效促进技能学习中的正向迁移，这是突破体育舞蹈专项训练"平台期"的有效途径。拥有系统的理论知识、丰富的实践经验、强烈的创新意识是当代训练手段的必然要求。突破常规训练模式，充分结合专项特点是专项技术水平提高的良好途径。

（二）不断优化基本技术训练结构

1. 芭蕾基训技术（基础性技术因素）

芭蕾基训主要包含地面练习、把上练习、中间练习三个主要部分。地面练习主要包含基本动作的练习；把上练习是中间练习的基础；中间练习包含跳、转、翻等一系列的技巧动作及把上的技术动作，是一种较高层次的练习。从以往训练所涉及的训练内容来看，基本上包含了大部分的训练内容，比较丰富。这些训练内容对于一般的芭蕾基训已足够，但在体育舞蹈专项训练的"平台期"，按照以往芭蕾基训的常规模式进行训练作用并不大。芭蕾基训的常规模式是非常系统化的训练模式，每一个动作及组合的衔接都是具有科学性的，整个套路的衔接十分紧密。但运动员在"平台期"正处于特殊的状态，在心理期望及意志努力上都低于以往水平。芭蕾基训的内容体系虽然很系统，但整个训练过程需要运动员自身有较强的意志力。因此，在这一时期的芭蕾基训必须对训练内容进行相应的调整，增加训练组合的难度和强度，训练内容结合体能因素且与专项技术相配合。训练体系方面可以做微调，也可以不进行调整。

2. 专项技术（专项舞种特有技术因素）

专项训练的过程中，要频繁更换训练组合，让运动员接触各种各样的肢体语言及表现形式，同时大量增加体能训练因素，且及时在专项技术中进行巩固。训练内容要不断地丰富，不断地提高难度。通过这样高强度、高混合的训练模式刺激机体本身，唤醒惰性肌肉，可提高运动员专项技术水平。另外，混合式的专项训练模式是需要大强度支撑的，反复练习是学习技能类知识的重要训练方法，想要进一步突破现有技术障碍，在调整训练模式后不断地增加练习强度是十分必要的。

（三）以多渠道的训练方式增强表现力

心理状态的稳定性是增强表现力的有效方法，同时心理因素是运动员"平台期"成因的一部分，因此，对表现力进行专门的训练对于突破心理因素的影响是具有实践意义的。表现力看起来似乎是一种单一因素，实质上它是多种因素构成的复杂体，是体育舞蹈专项技术的重要标志。表现力贯穿于运动员各种技术动作的始终，可以看作运动员技术水平表达的一种中介。在技术测量时难以直接测到表现力，因为它渗入各个技术指标之中。同时，表现力与运动员的临场发挥、当天的身体状况及心情等很多不可控因素有很大的关系。但是，可以通过其他技术特征的改变来推断它的变化。因此，对表现力进行突破式的训练是十分必要的。综合多方面的理论观点，笔者分析得出体育舞蹈专项训练中表现力的影响因素：一是运动员的先天因素及不同环境所产生的相关认知；二是外在体态、动作的舒展度和气质的展现；三是芭蕾形体和专项技术的水平；四是呼吸的运用与动作内涵相结合的表现；五是套路的编排水平。

表现力的差异性是多种因素共同作用的结果，其中遗传与环境是影响运动员这一能力形成的关键。体育舞蹈的舞种起源于国外，我国运动员无论是从遗传上还是从环境上都与这些国家的运动员存在着巨大的差异，尤其是由于文化的不同而导致的认识事物方式的不同。但这并不代表我国运动员就没有改变这一事实超越国外运动员的可能性。在表现力上的干预训练主要从以下几个方面着手。

（1）多观察。多观察是指在日常生活及训练中多观察其他运动员的表现力是如何运用的，也可以借助现代教学手段观看视频等。

（2）充分理解各个舞种的文化内涵。通过多种渠道广泛吸收与体育舞蹈相关的国家的信息，尤其是这些国家的历史文化及民俗风格。

（3）大胆模仿。在观察到自己认为比较符合自身特点的表现方式时，大胆进行尝试性的模仿，模仿的起初时段是非常生硬的，但是结合以往所学的知识加深表现内涵，假以时日就变成运动员自身有感而发的表现方式了。

（4）组织即兴舞蹈课程。在进行即兴舞蹈训练时，要有计划地混合运用无声肢体语言模仿与有声肢体语言模仿、命题即兴舞蹈和非命题即兴舞蹈，不断增强运动员的表现欲，提高运动员的表现能力。为了进一步提高运动员的兴趣，还可以进行命题小品的模仿及自创作品的练习。

（5）进行与舞蹈表演相关的综合性的练习。在训练之余教练可组织运动员进行多种艺术项目的练习，如模特、表演、唱歌等。

（6）活跃课堂气氛。活跃的课堂气氛能够缓解运动员的心理压力，增强运动员的心理相容度，在愉快的过程中进行强化训练能够降低运动员的疲劳感。

（7）心理干预训练。采用合理的心理疗法增强运动员心理状态的稳定性，促进运动员表现力稳定性的提高。

表现力的突破是较为困难的，尤其是与先天个性相关的表现力障碍。这就要求在各种训练手段中，注意运动员的心理变化，结合各种因素，不断地鼓励运动员进行自我表现，提高其表现力，力求尽早突破体育舞蹈专项训练中的"平台期"。

总之，专项训练的枯燥性是难以避免的，高强度的训练是运动机能提高的重要途径。理性分析专项运动特点、运动员特点、环境因素及社会因素，选取有效的训练方法，大胆进行创造性的结合，不断改进训练模式，既是体育舞蹈专项训练中有效预防"平台期"的途径，也是突破"平台期"的途径。

第四章　体育舞蹈中的形体训练

第一节　基本位置训练

一、基本头位、手位、脚位练习

（一）基本头位练习

保持好站立形态，只做头部和颈部的活动，颈部肌肉略用力，使颈部向后靠。

（二）基本手位练习

1. 基本手型

女士采用芭蕾手型，即手指自然展开，大拇指和中指稍向里合；男士四指并拢伸直，大拇指向里合。

保持挺胸、收腹、立腰、立背形态，双肩下沉，肘关节放松，用肘关节带动手臂做手位转换。

2. 基本手位

芭蕾舞中，手的基本位置有以下七个。

（1）一位：两臂成弧形放在身体前面，指尖相对，掌心向内。

（2）二位：两臂以弧形向前平举，高度比肩稍低。

（3）三位：两臂保持弧形上举，稍偏前。

（4）四位：一手臂保留在三位，另一手臂回落到二位。

（5）五位：一手臂保留在三位，另一手臂向外侧打开。

（6）六位：位于三位的手下落到二位，另一手臂仍侧举。

（7）七位：位于二位的手由前向外侧打开，另一手臂仍侧举。

芭蕾舞者在练习时需要放松肩膀，自然地弯曲肘和腕，始终保持两臂的弧形姿态，尽量伸展手指，还需要通过手表达情感。

（三）基本脚位练习

挺胸、收腹、立腰、立背、沉肩。双腿伸直，以左脚为基础，重心在两脚上。在芭蕾舞中，脚的位置有以下五个。

（1）一位：两脚跟靠拢，脚尖向两侧，两脚成一字形。

（2）二位：在一位的基础上，分开两脚跟，保持约一脚的距离。

（3）三位：一脚跟与另一脚跟相叠，平行站立。

（4）四位：两脚分别位于前后，保持平行，脚尖向两侧，两脚间保持约一脚的距离。

（5）五位：两脚前后平行相靠，脚尖向外侧。

在站立时髋部要正直，腿部与臀部的肌肉向上收紧。脚位练习要有较好的开度，从髋到脚都要外开。

二、芭蕾舞基础训练

（一）基本舞姿

舞蹈姿态展示了人体的静态造型，芭蕾舞中常用的舞蹈姿态有鹤立式、交叉式、攀峰式、俯望式、迎风展翅式等。

1. 鹤立式

鹤立式有两种，一种是在动力腿前举基础上完成的前鹤立式，另一种是在动力腿后举基础上完成的后鹤立式。鹤立式可在主力腿半蹲、直立、立踵等不同的状态下完成。

（1）前鹤立式。动力腿屈膝，向前抬起90°，小腿尽量高于大腿。手在五位上，如图4-1所示。

图4-1 前鹤立式

（2）后鹤立式。动力腿屈膝，向后抬起90°，小腿尽量高于大腿。手在五位上，如图4-2所示。

图4-2 后鹤立式

2. 交叉式

交叉式可分为前交叉式和后交叉式。

（1）前交叉式。面向8点，右脚在前五位站立。右脚向前擦地，脚尖点地（右脚也可抬起25°、45°、90°以上），手在五位，头向2点，如图4-3所示。

图 4-3　前交叉式

（2）后交叉式。面向 8 点，右脚在前五位站立。左脚向后擦地，脚尖点地（左脚也可抬起 25°、45°、90° 以上），手在五位，头向 2 点，如图 4-4 所示。

图 4-4　后交叉式

3. 攀峰式与俯望式

攀峰式与俯望式均是在侧举腿的基础上，加上身体和方向的变化而形成的一种舞姿。

（1）攀峰式。身体面向 8 点，左脚在前五位站立，右腿经向侧擦地抬起至 90° 以上，或经吸腿伸向 90° 以上，右手三位，左手七位，上身略向左倒，头向右转，抬头看右上方，如图 4-5 所示。

图 4-5　攀峰式

（2）俯望式。俯望式的舞姿基本同攀峰式，不同的是将头转向左，低头看左下方，如图 4-6 所示。

图 4-6　俯望式

4. 迎风展翅式

迎风展翅式根据手臂、腿及身体方位的变化分为四种舞姿。

（1）第一迎风展翅。右腿支撑，左脚向后擦出点地或向后举腿至任意高度。右手向前伸，左手向侧后斜伸，手心向下，眼看右手所指方向，如图 4-7 所示。

图 4-7　第一迎风展翅

（2）第二迎风展翅。右腿支撑，左脚向后擦出点地或向后举腿至任意高度。左手前伸，右手向侧后打开，头左转，如图 4-8 所示。

图 4-8　第二迎风展翅

（3）第三迎风展翅。右腿支撑，左脚向后擦出点地或向后举腿至任意高度。左手向前伸，右手向侧伸，手心向下，眼看左手所指方向，如图 4-9 所示。

图 4-9　第三迎风展翅

（4）第四迎风展翅。右腿支撑，左脚向后擦出点地或向后举腿至任意高度。右手前伸,左手向侧后打开,头右转,如图4-10所示。

图4-10 第四迎风展翅

(二)基本动作组合练习

把之前所讲述的芭蕾舞中比较常用的手位、脚位以及舞姿组合到一起进行练习,可以让练习者对芭蕾舞的风格与特点有更进一步的了解与掌握,促进其练习兴趣的提高,并能够巩固其基本位置训练的效果。芭蕾舞基本动作组合练习方法如下。

1.第一个八拍

准备姿势:面向1点,右脚在前五位站立,手在一位。

1拍:右手举到二位,眼看右手。

2拍:右手打开到七位,头随之向右转,眼睛看右手。

3拍:右手下落,眼睛仍然看右手,稍低头,同时呼气。

4拍:右手在一位,抬头看前方。

5~8拍:与1~4拍动作相同,方向相反。

2.第二个八拍

1拍:双手举到二位,眼看手。

2拍:双手继续上举到三位,抬头看前方。

3拍:双手打开到七位,眼看左手,头随之向左转。

4拍:双手下落到一位,抬头看前方。

5拍:双手举到七位,眼看左手,头稍左转。

6拍:双手继续上举到三位,抬头看前方。

7拍：双手下落到二位，眼看手。

8拍：双手继续下落到一位，抬头目视前方，身体最后转向8点。

3. 第三个八拍

1拍：面向8点，右脚向前擦出脚尖点地，手同时举到五位，头转向2点。

2拍：右腿向上举。

3拍：右腿落下，脚尖点地。

4拍：右脚收回到五位，手同时收回到一位，头转向8点。

5拍：面向8点，右脚向前擦出脚尖点地，手同时举到五位，头向左转，低头。

6拍：左腿向后擦出，之后上举。

7拍：左腿落下向前，脚尖点地。

8拍：左脚收回到五位，手同时收回到一位，头转向8点。

4. 第四个八拍

1拍：右脚向侧擦出脚尖点地，同时右手到三位，左手到七位，头向左转，低头。

2拍：右腿向上举。

3拍：右腿落下，脚尖点地。

4拍：右脚收回到五位，手收回到一位，头转回1点。

5拍：左腿向侧擦出脚尖点地，同时左手到三位，右手到七位，头向左转，抬头看左上方。

6拍：左腿上举。

7拍：左腿落下，脚尖点地。

8拍：左脚收回到五位，手同时收回到一位，头转向1点，最后转体面向3点，站立。

第二节 基本形态控制训练

基本形态控制训练是针对身体形态进行系统专门练习。通过对身体各部位形态的基本训练，改变身体形态的起始状态，使练习者提高对身体各部分肌肉的控制能力，增强舞蹈动作的灵活性，促进练习者站姿、走姿的规范化。

在体育舞蹈形体训练中，基本形态控制训练是重要的内容之一，在训练中教师必须加强辅导，保证练习者收获良好的效果。

在体育舞蹈基本形态控制训练中，站立姿态训练是基础，培养正确的站立姿态是体育舞蹈基本的要求，其重点是提高练习者在各种情况下保持良好身体形态的能力。本节主要分析体育舞蹈站立姿态的基本训练方法，主要有以下几种。

（1）基本站立练习。立正姿态，双腿夹紧，收腹、挺胸、立腰、立背、紧臀，双肩后张下沉，下颌略回收，头向上顶，背部成一平面。

（2）双手叉腰、双足提踵站立控制练习。在改变双臂、双足位置以及提高身体重心的基础上，增强练习者对双肩、腿部及上体形态的控制能力。

（3）双手叉腰做向前、侧、后点地练习。保持上体形态和重心的稳定性。双腿伸直，前点地和后点地时动力腿脚面绷直且稍稍外翻，侧点地时脚面向侧，绷脚面点地。

（4）前后快移重心的站立形态练习。双腿伸直，蹬地移重心，保持上体形态不变，保持重心平稳。前点地、后点地时脚面外翻，侧点地时脚面向侧。

（5）左右移重心的站立形态控制练习。保持挺胸、收腹、立腰、立背的上体形态。转体移重心时要保持重心的稳定。脚面点地要求同上。

第三节 专业形体训练

一、古典舞形体训练

（一）手脚基本形态训练

1. 基本手型

古典舞基本手型如图 4-11 所示。

（1）兰花掌。食指至无名指挺直，虎口收紧，拇指与中指相贴。

（2）虎口掌。虎口张开，食指至小指伸直并拢，掌的外侧发力。

（3）半握拳。食指至小指并拢向掌心弯曲成空心拳，拇指内屈紧贴食指、中指。

（4）实心拳。食指至小指并拢向掌心弯曲成实心拳，拇指内屈紧贴食指、中指。

（5）单指。食指挺直，拇指与中指尖在掌心前相搭，其他二指自然弯曲。

（6）剑指。食指与中指伸直并拢，拇指与无名指在掌心前相搭。

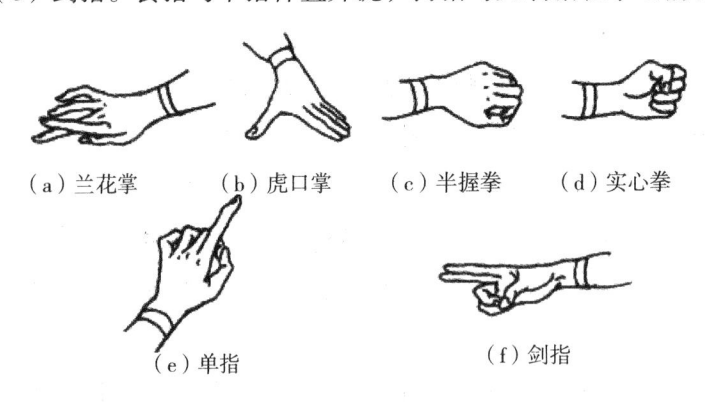

（a）兰花掌　（b）虎口掌　（c）半握拳　（d）实心拳

（e）单指　　　　　　（f）剑指

图 4-11　古典舞基本手型

2. 基本手位

古典舞基本手位如图 4-12 所示。

（1）山膀位。臂侧平举内旋，肘微屈，扣腕，指尖向前。

（2）按掌位。掌心向下按于体前，屈肘。

（3）托掌位。臂上举，掌心向上托起。

（4）提襟位。臂内旋，手握拳置于髋前。

（5）扬掌位。臂斜上举，掌心向上。

（6）顺风位。一手在山膀位，另一手在托掌位。

（a）山膀位　（b）按掌位　（c）托掌位　（d）提襟位　（e）扬掌位　（f）顺风位

图 4-12　古典舞基本手位

3. 基本脚型

古典舞基本脚型如图 4-13 所示。

（1）勾脚。脚趾并拢，拇趾带动脚踝用力向上勾。

（2）绷脚。脚趾并拢，脚背绷起。

（3）扛脚。脚趾并拢，绷脚用力向里翻。

（a）勾脚　　（b）绷脚　　　　（c）扛脚

图 4-13　古典舞基本脚型

4.基本脚位

古典舞基本脚位如图 4-14 所示。

（1）正步。两脚并拢，脚尖向前。

（2）八字步。两脚跟并拢，脚尖分开。

（3）丁字步。两脚成丁字形站立。

（4）大八字步。在八字步的基础上，两脚开立，与肩同宽。

（5）踏步。一脚在前，另一脚掌踏向斜后方。

（6）大掖步。一腿半蹲，另一腿掖于斜后方。

（7）弓步。一腿于前（或侧）半屈，另一腿于后（或侧）伸直，全脚蹬地。

(a) 正步　(b) 八字步　(c) 丁字步　(d) 大八字步　(e) 踏步

(f) 大掖步　(g) 侧弓步　(h) 前弓步

图 4-14　古典舞基本脚位

（二）基本动作训练

1. 单手动作

古典舞单手动作如图 4-15 所示。

（1）撩掌。手心向下，以手腕带动手臂从体侧由下向上撩起。

（2）盖掌。手心向下，手臂弯曲，从头上方向下盖至胸前。

（3）切掌。动作基本同盖掌，其区别是手心向里。

（4）端掌。手心向上，从体侧端至胸前。

（5）分掌。手心向下，以手腕带动手臂，由胸前经头上方分开成扬掌或落下。

（6）穿掌。动作基本同分掌，其区别是不以手腕带动，而是手指向上方时，快速翻腕成手心向上。

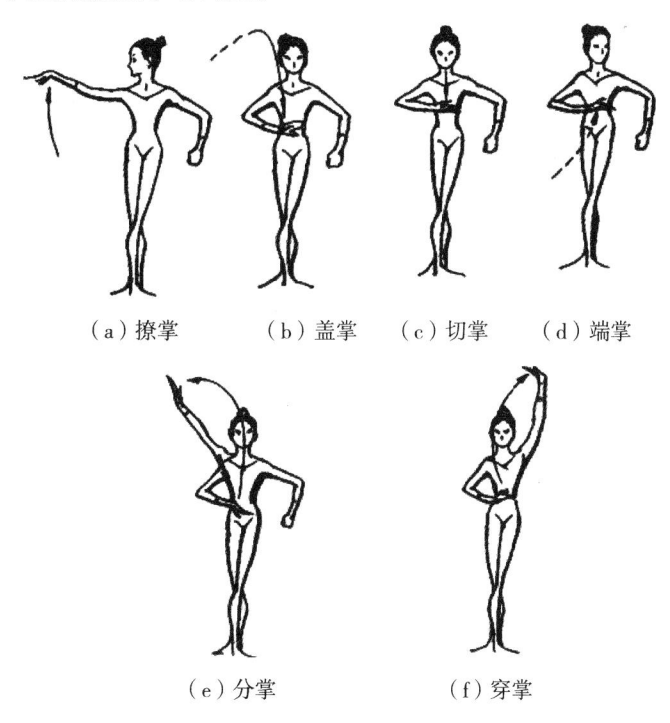

（a）撩掌　（b）盖掌　（c）切掌　（d）端掌

（e）分掌　（f）穿掌

图 4-15　古典舞单手动作

2.双手动作

（1）云手。右手掌心向下，在胸前由外向里平画半圆，手臂由直到屈，同时，左手掌心向上，在右手下由里向外平画半圆。之后，两手在胸前交叉，使右手在下，左手在上。接着，左手向左推成左山膀，右手收至胸前。此后，右手掌心向下，向右推成右山膀（如图4-16所示）。

图4-16 云手

（2）双晃手。双手掌心向下，以手带臂，由下向上绕动一周，随着手臂的绕动，头和身体也轻微晃动（如图4-17所示）。

图4-17 双晃手

（3）小五花。小五花是用手腕带动手掌做缩小了的云手动作。双手在胸前交叉相靠，右手在上，以腕为轴，右手向里，左手向外，转成手心相对，继续转成左手在上。连续做小五花，在做完第一个时，右手翻腕成手心向下同时左手快速地从右手内侧穿过去，手心相对，手腕仍相靠，然后做第二个（如图4-18所示）。

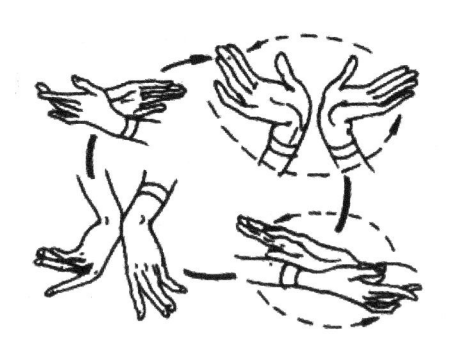

图4-18 小五花

3. 基本舞姿

古典舞基本舞姿如图4-19所示。

（1）端腿。主力腿伸直，动力腿屈膝抬起，脚心尽量向上翻，小腿端平，两臂在山膀位。

（2）小射燕。主力腿伸直，动力腿屈膝后抬，上体向主力腿一侧扭转，手臂在顺风旗位。

（3）大射燕。在小射燕的基础上动力腿尽力高抬，主力腿屈膝。

（4）掀身探海。主力腿伸直，动力腿尽力后抬，向动力腿一侧掀转。

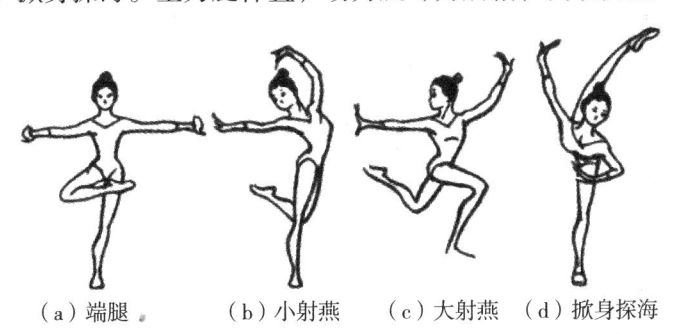

（a）端腿　（b）小射燕　（c）大射燕　（d）掀身探海

图4-19 古典舞基本舞姿

（三）基本动作组合练习

将之前所介绍的古典舞中比较常用的手位、脚位以及舞姿组合到一起进行练习，有利于练习者掌握古典舞的风格与特点，并能够激发其学练热情，巩固基本形体训练效果。古典舞基本动作组合练习共有4个8拍，具体如下。

1. 第一个八拍

1~4拍：准备姿势，面向2点。右脚在前丁字步站立，双手叉在腰间，头转向8点，左脚上步，右脚跟步，双手同时做云手动作之后拉到双山膀位。

5~8拍：左脚向右前方上步，身体重心移到左脚上。右脚掌踏在左后方，同时左手经撩掌按在体前，然后右手经撩掌托掌于头上，头向左转，注视左下方。

2. 第二个八拍

1~4拍：右腿支撑身体重心，向前伸展左腿并以脚尖点地，左手同时经撩掌托掌于头上，右手经盖掌按在体前。

5~8拍：换由左腿支撑身体重心，成左腿在前的屈腿支撑，右腿在后屈腿踏地，同时左手在山膀位，右手在按掌位。

3. 第三个八拍

1~4拍：在踏步位的基础上，右臂从下向侧绕动，并带动身体翻转360°（踏步翻身）。

5~8拍：右腿在前，膝部弯曲并支撑身体重心，左腿膝部弯曲向后抬，同时左手托掌，右手山膀（大射燕）。

4. 第四个八拍

1~4拍：左脚向左上步，右脚紧跟在斜后踏步，双手同时从左向右双晃手，停在腰前，接着左手向下推出，右手握空拳，肘部弯曲上拉。

5~8拍：右脚向右踏一步，左脚向右掖腿，成大掖步，同时左臂经下向上掏出至托掌位，右臂至山膀位。

二、拉丁舞形体训练

（一）手的基本动作练习

手心向下，五指岔开，大拇指稍向上、向外，虎口张开约90°，中指尽量向下压，小拇指与食指稍向上翘。

（二）手位练习

1. 动作要求

手臂运动是身体内力的延伸，从肩膀、肘关节、手腕至手指，由大关节带动小关节依次运动，注意由身体内部气息来指示手臂动作。

2. 动作难点

运用身体连接点（肩关节）和背部肌肉完成动作，应感觉手臂很轻。

3. 手臂各位置动作

（1）一位：侧举。

（2）二位：侧上举（纽约步时多使用）。

（3）三位：弧形前举（转体时多使用）。

（4）四位：一侧前平举，另一侧侧平举。

（5）五位：弧形上举（曲棍步时多使用）。

（三）脚位练习

两脚跟并立，脚掌打开约1/16，脚踝和膝盖尽量向内并拢，重心在一侧时，主力腿保持并立姿态，动力腿脚踝打开，大脚趾着地，将大腿和小腿内侧线条拉长。

三、标准舞形体训练

（一）身体重心升降练习

1. 预备姿势

直立，双臂做芭蕾一位手位，收腹、立腰、提臀。

2.练习方法

1～4拍：双膝由直立经半蹲到立踵站立，同时左臂经体侧摆至前平举，右臂经体侧摆至后平举，上体右转1/8周，下颌微抬，胸部向后打开。

5～8拍：双膝由立踵站立经半蹲还原到立踵站立，同时两臂下降，左臂经体侧摆至后平举，右臂经体侧摆至前平举，上体左转1/8周，下颌微抬，胸部向后打开。

3.注意事项

身体重心升降练习是训练脚踝和下肢力量的最好方法，利用脚踝和膝盖的下降和上升克服身体形成的重力，从而达到增强踝关节和大小腿肌肉力量的训练目的。

（二）身体稳定性控制练习

1.预备姿势

直立，双臂垂于身体两侧，收腹、立腰、提臀。

2.练习方法

1～4拍：左腿作为主力腿支撑身体重心，由直立经半蹲到立踵站立，右腿作为动力腿上摆至前平举，右膝成135°；同时左臂经体侧摆至前平举，右臂经体侧摆至后平举，上体右转1/8周，下颌微抬，胸部向后打开。

5～8拍：左膝由立踵站立经半蹲还原到立踵站立，右腿向下摆动至后平举，右膝保持135°，同时两臂由平举下降，左臂经体侧摆至后平举，右臂经体侧摆至前平举，上体左转1/8周，下颌微抬，胸部向后打开。

四、利用把杆的形体训练

把杆是体育舞蹈练习的主要器械，借助把杆可以打造体育舞蹈练习者良好的形体，提高其下肢和躯干的柔韧性及协调能力。在把杆练习中，把杆的高度要与练习者的腰平齐。扶把的方法主要有以下两种。

其一，单手扶把。身体侧对把杆，单手轻扶把，扶把的手在身体的侧前方，肘下垂，肩放松。需要注意的是，扶把的手不能用力拽把杆，以防身体失去重心。

其二，双手扶把。面向把杆，身体与把杆的距离保持在30厘米左右，双手轻扶把杆，肘下垂，肩放松。

一般来说，把杆练习主要包括擦地、蹲、小踢腿、画圈、小弹腿、单腿蹲、控腿等。

（一）擦地

擦地是整个训练中的基础动作，是脚站在一位或五位，向前、侧、后几个方向的绷脚练习，可以锻炼踝关节和脚背的力量，训练腿部肌肉，使腿部线条优美。

1. 动作方法

一位或五位站立，双手或单手扶把，收臀收腹，后背夹紧。

（1）向前擦地。重心在主力腿上，动力腿保持正直，绷脚向前擦地。脚跟在擦地过程中用力向前顶，脚跟、脚心、脚掌逐渐与地面分离直到完全绷脚，脚面朝向外侧，脚尖与主力腿保持在同一直线上，然后沿原路线收回。

（2）向后擦地。重心在主力腿上，动力腿保持正直，向后擦出。在擦地过程中，脚尖先行，动力腿尽量向后下方伸展，脚面向外，脚尖要与主力腿在一条直线上，然后沿原路线收回。

（3）向侧擦地。重心在主力腿上，动力腿保持正直，向侧擦出，边擦边绷脚背，脚背推至最高点，脚尖点地，脚跟前顶，脚面向外，腿部肌肉充分伸展，然后沿原路线收回。

2. 练习要求

（1）向前擦地时脚跟要先行，收回时脚尖要先收回。向后擦地时脚尖要先行，收回时脚跟要先收回。

（2）在做擦地练习时，可先采用双手扶把的方式，进行向侧的练习；然后再采用单手扶把的方式，进行向前、侧、后练习。练习的节奏可先慢后快。

（3）初学者在开度达不到要求的情况下，可先站八字位。

（二）蹲

蹲主要是通过腿的屈伸练习，增强腿部肌肉力量，使下肢肌肉均衡发展。蹲的练习还能提高跟腱的弹性、韧性及膝关节的控制能力。

1. 动作方法

（1）半蹲。一位站立，上体保持正直并逐渐下蹲，在全脚掌着地的状态下下蹲到最低。此时脚踝和脚背有挤压感，跟腱有牵拉感。然后，慢慢起立。

（2）全蹲。在半蹲的基础上继续向下蹲，脚跟抬起，一直蹲到底。此时臀部不能坐到脚跟上，腿保持外开，后背挺直。然后，脚跟着地，慢慢起立。

2. 练习要求

（1）先进行半蹲，再进行全蹲练习。半蹲时，二、三、四、五位半蹲的方法同一位。全蹲时，二位全蹲脚跟不能抬起，其他位置全蹲均同一位。

（2）下蹲时注意髋、膝、脚尖的开度一致，下蹲和起立时都保持对抗性。

（三）小踢腿

小踢腿主要是加快腿和脚的动作速度及增强对肌肉的控制能力，要在擦地的基础上向空中踢出25°并稍加控制，比擦地的速度快、力度大，要求有一定的爆发力。

1. 动作方法

站一位或五位，动力腿向前擦出后不停顿，继续向空中踢出，腿与地面成 25°时停顿，脚落地时脚尖前点地后收回五位。向侧、向后小踢腿的动作方法相同，方向各异。

2. 练习要求

（1）初学时可先进行分解练习，即擦地到位之后再向空中踢出。了解用力过程之后，再进行完整动作的练习。由于小踢腿的速度快、力度大，所以要注意身体及主力腿不能晃动。

（2）小踢腿时动力腿要准确到位，不能超过 25°，因此动力腿踢出不能过高，也不能在空中晃动。

（四）画圈

画圈主要是通过腿部不停地画圈，促进髋关节灵活性及腿的伸展、控制能力的提高。

1. 动作方法

（1）地面画圈。①由前向后画圈。主力腿直立，动力腿向前擦出，用脚尖带动动力腿由前向侧再向后画圈，之后收回一位。②由后向前画圈。主力腿直立，动力腿向后擦出，用脚尖带动动力腿由后向侧再向前画圈，之后收回一位。

（2）空中画圈。①由前向后画圈。主力腿直立，动力腿向前踢出 25°小鹤立式，然后大腿保持不动，小腿伸直，以胯为轴由脚背带动腿在空中由前向后画圈，最后落地收回。②由后向前画圈。主力腿直立，动力腿向后踢出 25°小鹤立式，然后大腿保持不动，小腿伸直。以胯为轴由脚背带动腿在空中由后向前画圈，最后落地收回。在空中画圈时，运动轨迹为一条弧线，弧线的最高点在侧面。

2. 练习要求

（1）髋、主力腿始终保持正直。

（2）充分伸展动力腿，保持外开，动作到位。由前向后画圈时，应由脚尖带动，由后向前画圈时，应由脚跟带动。在空中画圈时，应由脚带动腿的动作。

（五）小弹腿

小弹腿主要是通过腿的快速屈伸加快脚部动作的速度以及增强对肌肉的快速控制能力。

1. 动作方法

五位站立，主力腿支撑，大腿不动，快速收回小腿，用脚击打另一小腿前部，然后快速向前弹出小腿，控制在25°，小弹腿还可向侧、向后，向后方弹腿后收回时脚应拍击主力腿小腿后部。

2. 练习要求

（1）小腿快速而准确地向外弹出。

（2）身体和大腿不能随着腿的弹动而晃动。

（六）单腿蹲

单腿蹲主要通过屈伸练习，增强腿部肌肉力量以及主力腿、动力腿的相互配合能力，并使练习者从中感受动作内在的韧性。

1. 动作方法

主力腿缓慢下蹲，同时动力腿以膝关节为轴缓慢收回小腿，脚尖贴在主力腿的小腿前。主力腿缓慢伸直，动力腿以膝关节为轴缓慢向前伸出小腿，成45°。单腿蹲还可向侧、向后做，其动作要领相同，只是向后做收腿时脚尖应贴在主力腿小腿后。

2. 练习要求

（1）单腿蹲要求两腿同时屈伸，因此两腿的配合要连贯，有韧性地屈伸。

（2）主力腿伸直的同时动力腿要向前、向侧、向后任何一方伸出并成45°，要求两腿完全伸直后再弯曲。

（3）初学单腿蹲时可先双手扶把，练习分解动作，然后再进行单手扶把的完整练习。

（七）控腿

控腿是将腿控制在一定高度，从而促进腿、腹、背部肌肉的发展。

1. 动作方法

主力腿支撑，动力腿经擦地向前抬起，在90°或尽量高的位置上停住，控制一定时间后腿再落下。另外，动力腿还可经吸腿向前、向上伸出控制。向侧、向后控制的方法相同。

2. 练习要求

（1）上体挺直，收腹立腰，髋部正直，主力腿伸直，尽力向上举动力腿。

（2）最初练习时动力腿先控制在90°，待能力提升后再增加高度。

五、通过舞步训练提高形体训练效果

（一）足尖步

1. 动作方法

做准备时，两脚提踵并立，两手叉腰。做动作时，左腿向前下方伸出，同时膝关节和脚面绷直，由脚尖过渡到前脚掌着地支撑，同时重心前移，两腿交替进行练习。

2. 练习要求

（1）行进时要收腹、立腰，充分立踵，步幅要均匀。

（2）两手叉腰做足尖步练习。

（3）配合不同的手臂动作进行完整练习。

（二）柔软步

1. 动作方法

自然站立后，左腿向前下方伸直，绷直脚面，由脚尖自然过渡到全脚掌着地，同时重心落在左腿上。两腿交替进行练习，两臂前后自然摆动。

2. 练习要求

（1）应从脚尖着地自然过渡到全脚掌着地，抬头、挺胸、收腹、立腰。

（2）先两手叉腰进行练习，再配合手臂动作进行完整练习。

（三）弹簧步

弹簧步是表现腿部弹性的舞步，包括向前、向侧弹簧步等，其节奏是两拍完成一个动作。

（1）向前弹簧步。第一拍，左脚向前迈一步，由脚尖着地柔软地过渡到全脚掌着地，同时稍屈膝，重心移至左腿，右腿随之屈膝，自然放松。第二拍，左腿伸直提踵，同时右脚向前下方伸出，腿伸直，脚面绷直，稍向外旋。第三至四拍与第一至二拍动作相同，方向相反。

（2）向侧弹簧步。第一拍，左脚向左侧迈一步，由脚尖着地柔软地过渡到全脚掌着地，同时屈膝重心移至左腿，右腿随之屈膝，膝关节外展，右脚落于左脚后，前脚掌着地。第二拍，重心移至右腿，同时右腿伸直并提踵立，左腿随之向左侧下方伸出。第三至四拍与第一至二拍动作相同，方向相反。

（3）向后弹簧步。动作同向前弹簧步，方向相反。

（四）变换步

变换步是一种常用的舞步，特点是柔和、舒展、大方，动作变化多样，其中包括向前、向后、向侧、转体变换步等，做不同方向以及不同形式的变换步。

1. 动作方法

（1）向前变换步。第一拍前半拍，左脚向前迈一步做柔软步。第一拍后半拍，重心移至左腿，同时右脚并于左脚，两臂成一位。

第二拍，左脚再向前做一个柔软步，同时重心移至左腿上，右腿伸直，脚尖后点地。

第三至四拍与第一至二拍动作相同，方向相反。

（2）向后变换步。第一拍前半拍，右脚向后退一步。第一拍后半拍，重心移至右腿上，同时左脚并于右脚侧，两臂成一位。

第二拍，右脚再向后退一步，重心随之移至右腿上，左腿伸直，脚尖前点地，左臂侧举，右臂前举。

（3）向侧变换步。第一拍前半拍，左腿向左侧迈一步。第一拍后半拍，重心移至左腿，同时右脚并于左脚，两臂成一位。

第二拍，左腿再向左侧迈一步，重心随之移至左腿上，右腿伸直，脚尖右侧点地，左臂侧举，右臂前举。

第三至四拍，与第一至二拍动作相同，方向相反。

（4）转体变换步。第一拍前半拍，左脚向前做一个柔软步。第一拍后半拍，重心移至左腿上，右脚并于左脚侧，两臂一位。

第二拍，左脚再向前做一个柔软步，右腿向前摆动，同时向左转体180°，成右腿后举，两臂经前摆至三位。

2. 练习要求

（1）步幅不宜过大，收腹立腰，上体正直，重心移动连贯自然。

（2）先双手叉腰进行下肢动作练习，再配合手臂动作进行动作练习。

（3）做转体变换步时，动力腿向前摆至90°左右，以脚尖内转的力量带动身体转180°，主力腿尽量提踵，上体正直，立腰。

（五）波尔卡

波尔卡是较为常见的舞步，其特点是欢快、活泼，包括向前波尔卡、向侧波尔卡、向后波尔卡以及转体波尔卡等。

1. 动作方法

（1）向前波尔卡。节拍前右腿小跳并屈膝，重心落至右脚上，同时左腿经屈膝向前下方伸出。一至二拍，左脚向前一个并步跳，同时重心移至左脚上，两脚在一位，上体向左倾稍转体。三至四拍，换腿进行。

（2）向侧波尔卡、向后波尔卡。动作基本同向前波尔卡，只是方向不同。

（3）转体波尔卡。第一拍，左脚小跳一次，同时右脚前点地，重心在左腿上，稍屈膝，身体右倾，目视右前下方。第二拍，左脚小跳一次，同时右脚后点地，重心在左腿上，稍屈膝，身体左倾，目视右后方。第三至四拍，同向前波尔卡。

2. 练习要求

（1）节拍前的小跳动作要干脆、轻巧，与并步跳连接时要迅速而连贯，重心随之移动，上体随着出脚的方向左右倾，并稍转体。

（2）先双手叉腰练习，再配合手臂动作进行练习。

（六）华尔兹

华尔兹是常用的舞步之一，其特点是优美、流畅、轻盈，在三拍或四拍的节奏中完成，包括向前华尔兹、向后华尔兹、向侧华尔兹及华尔兹转体等。

1. 动作方法

（1）向前华尔兹。第一拍，左脚向前做一次弹簧步，重心落至左腿上，身体稍左倾，左臂做一次小波浪。第二至三拍，从右脚开始向前做两次足尖步。反方向动作相同。

（2）向后华尔兹。第一拍，左脚向左后方迈一步，身体稍向左转，右臂自然向前摆动，目视前方，左臂自然向后方摆动。第二至三拍，右脚点于左脚后，随之右腿伸直，左脚向后并步。同时，右臂向前做波浪，左臂向侧后做波浪。

（3）向侧华尔兹。第一拍，左脚向左做一个侧弹簧步。第二至三拍，右脚点于左脚后，随之右腿伸直，左脚与右脚并拢，提踵站立。同时，两臂向左做一次侧波浪动作，身体稍左倾，眼看左手。反方向动作相同。

（4）华尔兹转体。第一个三拍：第一拍，左脚向前做弹簧步；第二拍，右脚向前做足尖步，同时向左转体90°；第三拍，右脚做足尖步后并于左脚，向右转体90°，两脚提踵并立。第二个三拍：第一拍，右脚向后退一步，重心移至左脚上；第二拍，右脚向后做一个足尖步，同时向右转体90°；第三拍，左脚并步，同时向右转体90°。以上是华尔兹向左转体，向右转体时动作相同，方向相反。

2.练习要求

（1）在华尔兹前、侧、后练习中，第一拍舞步可稍大些，第二至三拍舞步可稍小些。

（2）先学习华尔兹的脚下动作，待熟练后，再配合手臂动作。

（3）在进行华尔兹转体教学时，应强调出脚及转体的方向。

第五章　体育舞蹈教学之摩登舞技术动作教学

第一节　华尔兹技术动作教学

一、华尔兹的起源与发展

意大利是华尔兹的起源地。到了 12 世纪，奥地利维也纳北部的阿尔卑斯地区、德国南部的巴伐利亚地区流传着一种民间舞蹈，它深受当地农民的喜爱。这种舞蹈主要是由打谷场上的踢腿动作不断演变而成的，这也就是华尔兹的最初形态。

14 世纪，华尔兹的一些代表性动作便在兰特勒舞中出现，这种舞蹈在奥地利、德国等国家比较流行。这种舞蹈的基本姿态是男士将双手放在女士的腰部，女士将双手搭放在男士的肩膀上，并按照逆时针的方向进行旋转，其中包含现代舞中的一些典型动作，如滑步、中速旋转等。

从 17 世纪末期开始，华尔兹进入了一个不断发展的阶段。华尔兹被维也纳列为宫廷舞。华尔兹由于被赋予了平等、自由等新的含义，受到很多法国追求自由者的追捧。到了 18 世纪，华尔兹在欧洲各个国家变得越来越流行，它的出现在给各个阶层的人们带来快乐的同时，也受到了一些反对者的无情抨击，但华尔兹的生命力依然顽强，在越来越多的人心中，华尔兹所具有的艺术根基越扎越牢。

18世纪末期，华尔兹开始在一般性的社交舞会中出现，经过不断的发展，它逐渐成为英国各大舞厅中的主角，受到英国各阶层人士的欢迎和喜爱。与此同时，英国王室也对华尔兹有着非常高的兴趣和热情。维多利亚女王对华尔兹非常喜爱，在她的倡导下，华尔兹在英国流行。

19世纪末，华尔兹被传到了华盛顿，华尔兹舞步也被改成了一步一顿的两步舞，又被称为"两步华尔兹""波士顿华尔兹"。到了20世纪20年代，针对华尔兹的步法、身法和节拍，英国皇家舞蹈教师协会进行了整理和规范，并制定了统一的标准。

二、华尔兹的具体技术动作教学指导

(一) 华尔兹的抱握姿势

1. 闭式舞姿

（1）男士握姿。

①直立，沉肩，立腰，两脚并拢，松膝。

②左手与女士右手掌相对互握，虎口向上，前臂与上臂的夹角约130°，高度置于男士眼睛左侧方向的延长线上。

③右手五指并拢，置于女士左肩胛骨下端，右前臂与女士的左前臂轻轻接触。

④头部自然挺直，目光从女士的右耳方向看出。身体向女士右侧移约半个身位，右髋部与女士右髋部贴靠。

（2）女士握姿。

①直立，沉肩，立腰，两脚并拢，松膝，上体稍后屈25°。

②右手与男士左手相对互握。

③左手放置于男士右肩三角肌线处。

④头部略向左倾斜，目光从男士右耳向前看。

⑤身体稍向男士右侧移约半个身位。

2. 开式舞姿

在闭式舞姿的基础上，男、女舞伴的上身均向外闪开大半部分，面向前方，目光通过相握的手，但男士右髋部与女士右髋部的动作同闭式舞姿一样，仍轻轻接触。

（二）华尔兹的基本舞步

1. 华尔兹前直步

预备姿势：松膝降重心，右腿支撑左腿前出。华尔兹前直步如图5-1所示。

（1）右脚推撑地面，将重心移至左脚经脚跟过渡全掌成支撑，此时重心处于最低点，右腿前出。

（2）左脚推撑地面，将重心移至右脚，前脚掌成支撑，后半拍重心开始上升。

（3）右腿撑伸将左脚拉移靠并右腿，前3/4拍重心升至最高点，后1/4拍松膝降重心。

图5-1 华尔兹前直步

2. 华尔兹后直步

预备姿势：松膝降重心，右腿支撑，左腿后出。华尔兹后直步如图5-2所示。

（1）右脚推撑地面，将重心移至左腿，经前脚掌过渡全掌成支撑，此时重心处于最低点，右腿后出。

（2）左脚推撑地面，将重心移至右腿，前脚掌成支撑，后半拍重心开始上升。

（3）右腿撑伸将左腿拉移靠并右腿，前3/4拍重心升至最高点，后1/4拍松膝降重心。

图5-2 华尔兹后直步

3.华尔兹左转步

华尔兹左转步如图5-3所示。

（1）男士左脚前进，开始左转；女士右脚后退，开始左转。

（2）男士经右脚横步，1～2步转1/4周；女士左脚经右脚横步，1～2步转3/8周，身体稍转。

（3）男士左脚并与右脚2～3步转1/8周；女士右脚并与左脚，身体完成转动。

（4）男士右脚后退4～5步转3/8周；女士左脚前进，继续左转。

（5）男士左脚经右脚横步身体稍转；女士右脚经左脚横步，4～5步转1/4周。

（6）男士右脚并左脚，身体完成转动；女士左脚并右脚，5～6步转1/8周。

（a）男士　　　　　　（b）女士

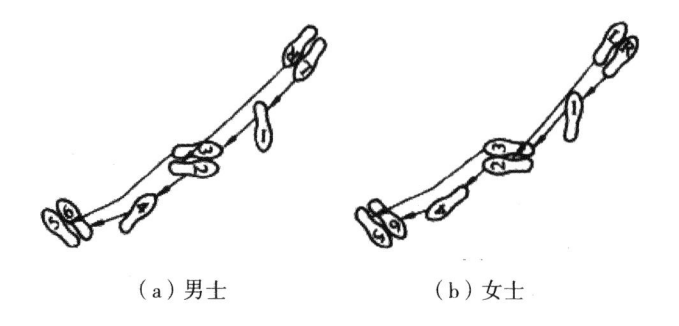

图 5-3　华尔兹左转步

4. 华尔兹右转步

华尔兹右转步如图 5-4 所示。

（1）男士右脚前进开始右转，女士左脚后退开始右转。

（2）男士左脚经右脚横步 1～2 步转 1/4 周；女士右脚经左脚横步 1～2 步转 3/8 周，身体稍转。

（3）男士右脚并与左脚 2～3 步转 1/8 周，女士左脚并与右脚身体完成稍转。

（4）男士左脚后退 4～5 步转 3/8 周，女士右脚前进继续右转。

（5）男士右脚经左脚横步，身体稍转；女士左脚经右脚横步稍前 4～5 步转 1/4 周。

（6）男士左脚并于右脚，女士右脚并于左脚 5～6 步转 1/8 周。

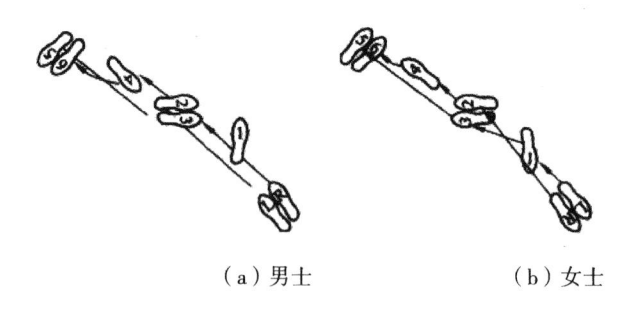

（a）男士　　　　　　（b）女士

图 5-4　华尔兹右转步

5. 华尔兹向右急转

在舞程进行中，华尔兹向右急转共有6步，第1步至第3步做一个右转身，第4步至第6步做一个急速的180°反方向转身。

舞步如图5-5所示。

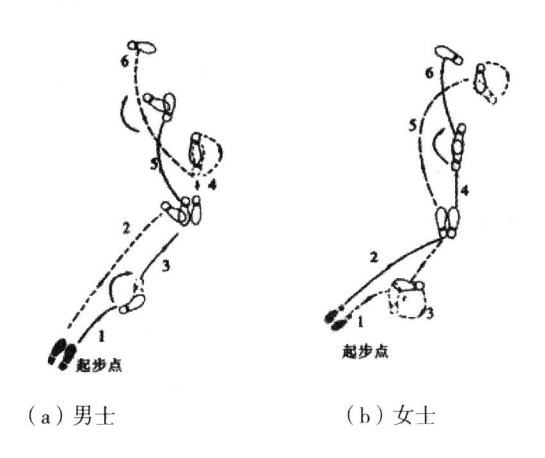

（a）男士　　　　（b）女士

图5-5　华尔兹向右急转

（1）男士右脚向前进1步，用脚掌贴地而转，同时左脚在右脚之后横过配合右脚移动；女士左脚向后退1步，用脚掌贴地移转。

（2）男士左脚在右脚贴地转移时，应顺势自后横过到达合适地点；女士右脚横过左脚之前，再向前伸出。

（3）男士右脚向左脚拍合的时间非常短，右脚几乎一到，左脚就要后退；女士左脚向右脚拍合。

（4）男士左脚向后退1步，用脚掌贴地反方向移转；女士右脚向前伸1步，用脚掌贴地整个身体180°转向。

（5）男士左脚转好，右脚也跟着转好之后，再向前开出1步；女士左脚同时在右脚之后横过，再向前伸到合适地点，仍旧不停地用脚掌贴地面而转。

（6）男士右脚到达合适地点，仍用脚掌贴地而转，左脚则在右脚之后横过，再横向平伸出1步；女士右脚经过左脚旁，向前伸出1步。

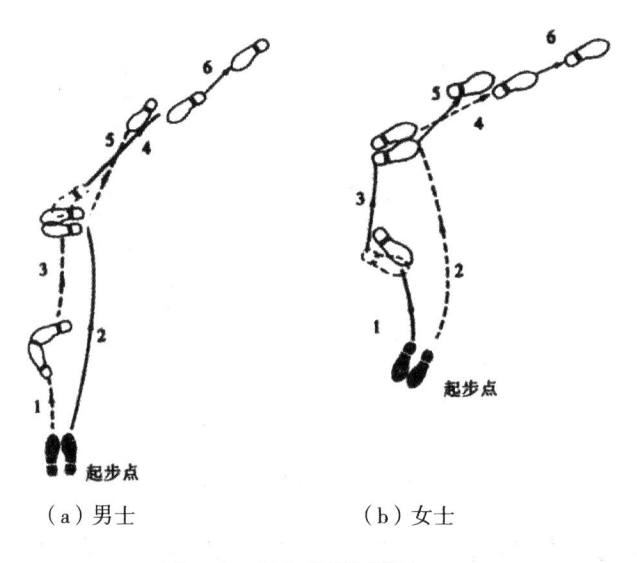

6. 华尔兹后退锁步

华尔兹后退锁步是一种简单的花式舞步，一共6拍，每拍1步，共6步。

舞步如图5-6所示。

(a) 男士　　　　　(b) 女士

图5-6　华尔兹后退锁步

（1）男士左脚向前1步，同时左脚掌贴地而转，整个身体都移转方向；女士右脚向后退1步，用脚掌转移，整个身体一起移转方向。

（2）男士右脚横过左脚后方，再向右移出，到达合适地点；女士左脚横过右脚之前，再向左方移出。

（3）男士左脚向右脚拍合，女士右脚向左脚拍合。

（4）男士右脚后退一大步是直线的后退；女士左脚向前一大步，直线向前。

（5）男士左脚在右脚之后后退，左脚不能后退到超过右脚所在的位置，达到右脚右前方就要停止；女士右脚伸向左脚左后方。

（6）男士右脚后退1步，女士左脚向前伸出1步。

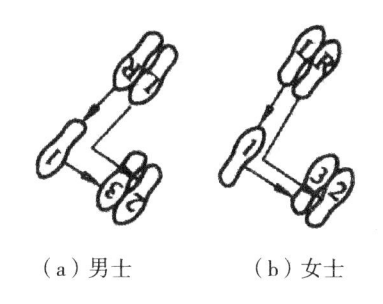

7. 华尔兹右脚并换步

华尔兹右脚并换步 1 小节 3 步。华尔兹右脚并换步指男士而言（如图 5-7 所示）。

（1）男士右脚前进，女士左脚后退。

（2）男士左脚横移并稍向前，女士右脚横移并稍后退。

（3）男士右脚并左脚，女士左脚并右脚。

（a）男士　　（b）女士

图 5-7　华尔兹右脚并换步

8. 华尔兹叉形步

华尔兹叉形步 1 小节 3 步，男士不转体，女士向右转体 1/4 周形成侧行位置开始（如图 5-8 所示）。

（1）男士左脚前进，低位运行；女士右脚后退，低位运行开始左转。

（2）男士右脚横移，到位后重心完全升起；女士左脚横移，右转 1/4 周。

（3）男士高位运行，左脚交叉于右脚后；女士右脚在侧行位置交叉于左脚后，身体完成转动。

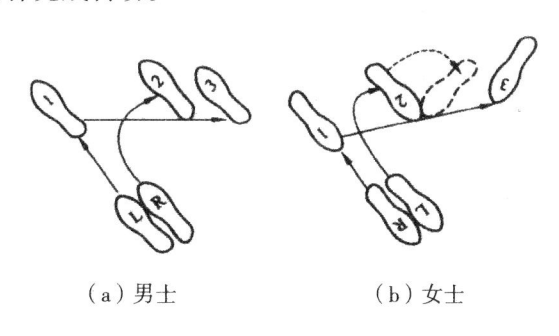

（a）男士　　（b）女士

图 5-8　华尔兹叉形步

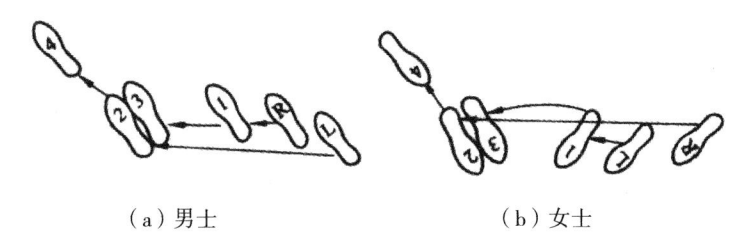

9.华尔兹侧行追步

华尔兹侧行追步1小节4步,男士不转体,女士左转1/4周(如图5-9所示)。

(1)男士右脚沿着舞程线方向前进,女士左脚沿着舞程线方向前进。

(2)男士左脚沿着舞程线方向横移并稍前进,女士右脚在身体左转过程中沿着舞程线方向横移,左转1/8周。

(3)男士右脚沿着舞程线方向重力拖步横移并步,女士左脚在身体左转过程中沿着舞程线方向重力拖步横移并步,左转1/4周。

(4)男士左脚横移,女士右脚横移。

(a)男士　　　　　　　(b)女士

图5-9　华尔兹侧行追步

10.华尔兹扫步

(1)男士左脚前进,着地时先脚跟后脚掌;女士右脚后退,着地时先脚掌后脚跟。

(2)男士右脚横步稍前,着地时用脚掌(全掌);女士左脚斜后退,着地时用脚掌。

(3)男士左脚在右脚后交叉,着地时先脚掌后脚跟,结束时成开式舞姿;女士右脚应在左脚后交叉,着地时先脚跟后脚掌,结束时成开式舞姿。

11.华尔兹右旋转步

华尔兹右旋转步有6步,节奏为1、2、3、1、2、3。

(1)男士右脚前进开始右转,女士左脚后退开始右转。

（2）男士左脚经右脚横步 1～2 步转 1/4 周；女士右脚经左脚横步 1～2 步转 3/8 周，身体稍微转。

（3）男士右脚并与左脚 2～3 步转 1/8 周，女士左脚并与右脚身体完成稍微转。

（4）男士左脚后退，左脚保持在反身动作位置中（轴转）右转 1/2 周过渡到跟掌转；女士右脚前进（轴转）右转 1/2 周。

（5）男士右脚要前进继续右转跟掌；女士左脚后退，并向左侧继续右转跟掌。

（6）男士左脚横步稍微后退，5～6 步转 3/8 周，掌跟；女士右脚经左脚斜进，5～6 步转 3/8 周，掌跟。

第二节　探戈技术动作教学

一、探戈的起源与发展

非洲中西部地区是探戈的起源地，但"探戈"一词并非源于这一地区，而是源于西班牙。探戈最初出现在北非地区，它充满野性，动感十足，北非的吉卜赛人将其带到了西班牙，西班牙式探戈舞至此逐渐形成。探戈得到明显的发展和推广最早是在阿根廷，当地人在跳探戈的过程中融入了本地区的民间舞蹈元素，因此南美特色鲜明，无论是舞蹈形式，还是舞曲风格都是如此。探戈原来是单人舞，随着不断的传播与发展，男女共舞的形式逐渐在阿根廷地区出现。

探戈之所以在阿根廷得到了有效的推广与发展，主要是因为受到了这一地区牧人舞和米隆加舞发展的影响。牧人舞刚劲、粗犷豪迈，是展现南美风情的重要舞蹈形式，人们在探戈中融入了牧人舞的特点。作为一种民俗舞蹈，米隆加舞诙谐、轻快、活泼，在阿根廷十分流行，这一舞蹈形式的风格与特点也渐渐被一些舞蹈爱好者融入探戈中。此外，坎东贝舞（非洲地区）、方丹戈舞（西班牙）等民族舞中的某些元素在探戈中也有反映，这也是探戈具有质朴、纯真艺术魅力的主要原因。此外，音乐节奏奇异、旋律富于变化是探戈曲的主要风格，这一风格的形成主要是受古巴早期的哈巴涅拉舞的影响。

19世纪后期，探戈在意大利流行起来，在当地的一些简陋酒吧中跳探戈的人随处可见，人们在酒吧中大跳探戈主要是为了将生活中的不满情绪发泄出来。一些独特的舞蹈风格和舞者神态促进了探戈固有特色的形成。

探戈因其粗犷、性感，具有原始野性，而受到了非议。探戈在欧洲各国盛行之时，曾遭到教会以及上层社会的严厉抵制。甚至有一些较具影响力的教会，要求在整个欧洲范围内禁止探戈的出现。但这些并不能遏制探戈的发展，探戈展现出了顽强的生命力，就如同被赋予了特殊的力量，慢慢征服了世界。随着不断的发展和完善，探戈中的一些消极内容被去除，探戈日渐展现出高雅气质和贵族风范，它舞步精巧别致，舞姿大方优雅，并融入了许多创新性的步法和技法，逐渐成为社交场上的新宠。

19世纪末到20世纪初，探戈以新的姿态出现在西班牙的社交场上，并形成了西班牙探戈。这时候，西班牙探戈的舞步和动作更加显现出大气、豪迈的特色。伴奏中采用的哈巴涅拉舞曲音乐，节奏更加激昂、铿锵，音乐和舞蹈中多了停顿，更加给人带来多变之感。之后西班牙探戈传到了法国首都巴黎，走进了高雅的咖啡厅，很受人们的青睐，它甚至作为一种艺术形式被搬上了演出的舞台，这使西班牙探戈得到了快速传播。与此同时，探戈出现了多种流派，不同流派间的技法、步法不尽相同。英国皇家舞蹈教师学会对各种流派的探戈进行了收集、整理、加工，使探戈技法和步法更加规范化和统一化，并把探戈列为早期交谊舞之一。这些做法标志着探戈得到了英国统治阶层的广泛认可和接受，并在欧洲贵族阶层风靡一时，探戈成为欧洲正规场合社交舞会上经常演绎的舞蹈。

在 20 世纪初，探戈传入北美洲，自此它的影响力开始波及整个世界。第一次世界大战结束后，探戈进入成熟并稳定发展的时期，在之后的 10 年间，探戈逐渐走向辉煌，一些探戈舞者开始在世界范围内大显身手。

二、探戈的具体技术动作教学指导

（一）探戈二常步

探戈二常步有 2 步，节奏为 S、S。

（1）男士：左脚前进，跟掌。女士：右脚后退，掌跟。

（2）男士：右脚前进，右肩引导，跟掌，左转 1/8 周。女士：左脚后退肩引导，掌跟，左转 1/8 周。

（二）探戈四快步

探戈四快步有 4 步，节奏为 Q、Q、Q、Q。

（1）男士：左脚前进，跟掌。女士：右脚后退，掌跟。

（2）男士：右脚横步稍后，掌跟，1～2 步左转 1/8 周。女士：左脚横步稍前，全脚，1～2 步左转 1/8 周。

（3）男士：左脚后退，掌跟。女士：右脚外侧前进，跟掌。

（4）男士：右脚后退并于左脚，全脚，3～4 步右转 1/8 周。女士：左脚前进并于右脚，重心在左脚，全脚，3～4 步右转 1/8 周。

（三）探戈行进旁步

探戈行进旁步有 3 步，节奏为 Q、Q、S。

（1）男士：左脚前进，跟掌。女士：右脚后退，掌跟。

（2）男士：右脚横步，右肩引导，跟掌。女士：左脚后退，右肩引导，掌跟。

（3）男士：左脚前进，跟掌。女士：右脚后退，掌跟。

（四）探戈侧行右转

探戈侧行右转有4步，节奏为 S、Q、Q、S。

（1）男士：左脚横步侧行，跟掌。女士：右脚在侧行位置下横步，跟掌。

（2）男士：右脚在侧行位置及反身位置交叉前进，跟掌。女士：左脚在侧行位置及反身位置下交叉前进，跟掌。

（3）男士：左脚横步稍前，掌跟，右转3/8周。女士：右脚前进，跟掌，右转1/8周。

（4）男士：右脚前进，跟掌，右转1/4周。女士：左脚横步，掌跟，右转1/4周。

（五）探戈左足摇步

探戈左足摇步有3步，节奏为 Q、Q、S。

（1）男士：重心转移左脚，掌跟。女士：重心转移右脚，跟掌。

（2）男士：重心转移右脚，跟掌。女士：重心转移左脚，掌跟。

（3）男士：左脚后退，掌跟。女士：右脚前进，跟掌。

（六）探戈右摇转步

探戈右摇转步有3步，节奏为 Q、Q、S。

（1）男士：右脚前进，右肩引导，跟掌。女士：左脚后退，右肩引导，掌跟。

（2）男士：左脚向侧并稍后，掌跟。女士：右脚前进，稍向右侧，跟掌。

（3）男士：重心回立右脚，右肩引导，跟掌，1～3步右转1/4周。女士：左脚后退，稍向右侧，左引导，掌跟，1～3步右转1/4周。

（七）探戈开式左转步

探戈开式左转步有6步，节奏为 Q、Q、S、Q、Q、S。

（1）男士：左脚前进，跟掌转，左转1/8周。女士：右脚后退，掌转,左转 1/8 周。

(2)男士:右脚横步,掌跟,左转 1/8 周。女士:左脚横步稍前,掌跟,左转 1/8 周。

(3)男士:左脚后退,掌跟,左转 1/8 周。女士:右脚外侧前进,跟掌,左转 1/8 周。

(4)男士:右脚后退,掌跟,左转 1/8 周。女士:左脚前进,跟掌,左转 1/8 周。

(5)男士:左脚横步稍前,脚内侧,左转 1/8 周。女士:右脚横步稍后,脚内侧,左转 1/8 周。

(6)男士:右脚并于左脚,全脚,左转 1/8 周。女士:左脚并于右脚,全脚,左转 1/8 周。

第三节 狐步舞技术动作教学

一、狐步舞的起源与发展

狐步舞是一种对狐狸走路姿势进行模仿的舞步,又被称为"狐走舞"。狐步舞主要分为两种,一种是慢狐步舞,另一种是快狐步舞。快狐步舞后来经过不断发展成为快步舞,如今提及的狐步舞是指慢狐步舞。

作为一种特色舞蹈,狐步舞是由美国人哈利·福克斯(Harry Fox)创作而成的。哈利·福克斯在 1913 年成为美国齐格菲尔德歌舞团的一名喜剧歌舞明星,他将自己的幽默风趣和设计思想融入舞蹈中,并在纽约电影院的屋顶花园进行表演。这种舞蹈是哈利·福克斯通过观察狐狸跑步时的活泼姿态而获得的创作灵感,他将西迷舞中的一些元素融入其中,使其独具特色。此外,哈利·福克斯还将具有浓厚爵士风格的拉格泰姆舞曲作为舞蹈的伴奏音乐。这种舞蹈在舞步中融合了跑、跳等动作,并且舞蹈中既有轻快的节奏，又有轻柔的韵律。在之后的表演中，这种舞蹈收获了前所未有的成功，人们形象地将其称为"狐步舞"。此后，由于福克斯也有狐狸的含义，人们常常将狐步舞称为"福克斯"，以此来表达对哈利·福克斯的尊敬与纪念。

狐步舞传入英国之后，英国著名的舞蹈家约瑟芬·宾利（Josephine Benninga）将英国的舞蹈风格融入狐步舞之中，将狐步舞演变成带有英式风格的舞蹈。1930年后，英国皇家舞蹈教师学会对狐步舞的舞蹈技法进行了整理和规范，将狐步舞纳入国际标准交谊舞的行列，从而狐步舞成为体育舞蹈的重要组成内容。

我国也在20世纪30年代引进了狐步舞。我国习惯将快步舞称为"快四步"，将布鲁斯称为"慢四步"，又因为狐步舞的节奏比较适中，将其称为"中四步"。

狐步舞自然流畅的特性对其他舞种的发展产生了非常大的影响，很多舞蹈是从狐步舞中不断演化而来的。如美国的吉特巴舞，它产生于20世纪20年代，这种舞蹈的步法就具有狐步舞和爵士舞的成分。

二、狐步舞的具体技术动作教学指导

（一）狐步舞羽毛步

预备姿势：闭式位（男士面向斜中央，女士背向斜中央）。

（1）男士：面向斜中央，右脚向前。女士：背向斜中央，左脚后退。

（2）男士：左脚向前左肩引导准备到舞伴外侧，不转。女士：右脚向后右肩引导，不转。

（3）男士：右脚向前成反身动作位置到舞伴外侧，方位不变。女士：左脚向后成反身动作位置，方位不变。

（二）狐步舞左转步

预备姿势：闭式位（男士面向斜中央，女士背向斜中央）。

（1）男士：面向斜中央，左脚向前，开始转向左，有反身动作。女士：背向斜中央，右脚向后，开始转向左，有反身动作。

（2）男士：右脚向侧，1～2步左转1/4周，背向斜墙。女士：左脚并向右脚（跟转），1～2步左转3/8周，面向舞程线。

（3）男士：左脚向后，2～3步左转1/8周，背向舞程线。女士：右脚向前，不转。

（4）男士：右脚向后，方位不变，继续转向左。女士：左脚向前，方位不变，继续转向左。

（5）男士：左脚向侧稍向前，4～5步左转3/8周，指向斜墙，身体转少些。女士：右脚向侧，4～5步左转1/4周，背向斜墙，身体转少些。

（6）男士：右脚向前成反身动作位置到舞伴外侧，不转动，结束于面向斜墙。女士：左脚向后成反身动作位置，5～6步左转1/8周，结束于背向斜墙。

（三）狐步舞三步

预备姿势：闭式位（男士面向斜墙，女士背向斜墙）。

（1）男士：面向斜墙，左脚向前，有反身动作。女士：背向斜墙，右脚后退，有反身动作。

（2）男士：右脚向前。女士：左脚向后。

（3）男士：左脚向前。女士：右脚向后。

（四）狐步舞右转步

预备姿势：闭式位（男士面向斜墙，女士背向斜墙）。

（1）男士：面向斜墙，右脚向前，开始转向右，有反身动作。女士：背向斜墙，左脚向后，开始转向右，有反身动作。

（2）男士：左脚向侧，1～2步右转1/4周，背向斜中央。女士：右脚并向左脚，1～2步右转3/8周，面向舞程线。

（3）男士：右脚向后，2～3步右转1/8周，背向舞程线。女士：左脚向前，不转。

（4）男士：左脚向后，方位不变，继续转向右，有反身动作。女士：右脚向前，方位不变，继续转向右，有反身动作。

（5）男士：右脚向侧小步，4～5步右转3/8周，面向斜中央。女士：左脚向侧右脚刷向左脚，4～5步右转3/8周，背向斜中央。

（6）男士：左脚向前，不转动，方位不变，有反身动作。女士：右脚刷步经过左脚向后，不转动，方位不变，有反身动作。

（五）狐步舞换向步

预备姿势：闭式位（男士面向斜墙，女士背向斜墙）。

（1）男士：面向斜墙，左脚向前，开始转向左，有反身动作。女士：背向斜墙，右脚向后，开始转向左，有反身动作。

（2）男士：右脚斜向前，右肩引导左脚并向右脚，稍向前无重力，1～2步左转1/4周，结束时面向斜中央。女士：左脚斜向后左肩引导右脚并向左脚，稍向后无重力，1～2步左转1/4周，结束时背向斜中央。

（3）男士：左脚向前成反身动作位置，不转。女士：右脚向后成反身动作位置，不转。

（六）狐步舞右扭转步

预备姿势：闭式位（男士面向斜墙，女士背向斜墙）。

（1）男士：面向斜墙，右脚前进，开始向右转。女士：背向斜墙，左脚后退，开始向右转。

（2）男士：左脚向侧，1～2步右转1/4周，背向斜中央。女士：右脚并左脚（脚跟运转），1～2步右转3/8周，面向舞程线。

（3）男士：右脚交叉于左脚后面，2～3步右转1/8周，背向舞程线。女士：左脚前进左肩引导，向舞伴外侧移动，几乎面向斜墙，继续转动。

（4）男士：双脚扭转结束时右脚小步向侧，侧向拉步，4～5步右转1/2周，结束在面向舞程线位置。女士：在反身动作位置外侧右脚前进，2～4步向右转1/8周，面向斜墙，左脚向侧右脚刷步，4～5步右转3/8周，背向舞程线。

（5）男士：左脚向侧并稍前进，5～6步左转1/8周，指向斜中央。女士：右脚向侧，方位不变，身体稍向左转。

（6）男士：在反身动作位置外侧右脚前进，身体不转动，面向斜中央结束。女士：在反身动作位置外侧左脚后退，6～7步左转1/8周，结束在背向斜中央位置。

（七）狐步舞左转波纹步

预备姿势：闭式位（男士面向斜中央，女士背向斜中央）。

（1）男士：面向斜中央，左脚前进，开始向左转。女士：背向斜中央，右脚后退，开始向左转。

（2）男士：右脚向侧，1～2步左转1/4周，背向斜墙。女士：左脚并右脚（脚跟运转），1～2步左转1/4周，面向斜墙。

（3）男士：左脚后退，2～3步左转1/8周，背向舞程线。女士：右脚前进，不转动。

（4）男士：右脚后退，背向舞程线，继续左转。女士：左脚前进，面向斜中央，继续左转。

（5）男士：左脚后退，4～6步左转1/8周，背向斜中央。女士：右脚前进，4～6步左转3/8周，面向中线。

（6）男士：右脚后退，方位不变。女士：左脚前进。

（7）男士：左脚后退，方位不变，身体开始向右转。女士：右脚前进，身体开始向右转。

（8）男士：右脚小步向侧，7～8步右转1/8周，背向斜墙。女士：左脚向侧，右脚刷步向左脚，7～8步右转3/8周，面向斜墙。

（9）男士：左脚前进，不转动。女士：右脚刷步经左脚后退，不转动。

（八）狐步舞迂回步

预备姿势：闭式位（男士逆舞程线面向斜中央，女士背向舞程线之斜中央）。

（1）男士：面向斜中央，左脚前进，开始向左转。女士：背向舞程线之斜中央，右脚后退，开始向左转。

（2）男士：右脚向侧，1~2步左转1/8周，背向舞程线。女士：左脚向侧，1~2步间左转1/4周，指向斜中央。

（3）男士：在反身位置中左脚后退，2~3步左转1/8周，背向斜中央。女士：在反身位置中右脚前进，方位不变，不转动。

（4）男士：右脚后退，方位不变，继续左转。女士：左脚前进，方位不变，继续左转。

（5）男士：左脚向侧并稍前进，4~6步左转1/4周，指向斜墙。女士：右脚向侧，4~5步左转1/8周，背向斜墙。

（6）男士：在反身动作位置中右脚前进，不转动。女士：在反身动作位置中左脚后退，5~6步左转1/8周，身体稍转，背向斜墙。

第四节　快步舞技术动作教学

一、快步舞的起源与发展

快步舞因步子很快而得名，又因其具有轻快灵巧、活泼欢跳的风格特点而有"欢快舞"之称。快步舞将芭蕾舞中的一些小跳动作融合在内，因而显得更加轻快灵巧，更具技巧性和艺术魅力。快步舞起源于英国，最早是土风舞，以后逐渐演变。快步舞与波尔卡、查尔斯顿舞有着密切的联系。

快步舞是摩登舞中的一种，快步舞动作轻快活泼，富于跳跃性，舞步圆滑流利，奔放灵活，快速多变，令人目不暇接，极富魅力，能引导人们进入欢快活跃的气氛中去，使人们尽情地享受快步舞所带来的欢乐，显露青春活力，给人们以美的愉悦。

波尔卡是捷克民族舞蹈，早在1825年就有记载，后来传到法国首都巴黎，著名的舞蹈家采拉利乌斯（Zaira Leal）把它带进沙龙，1840年公开露面，到1844年就风靡世界，在欧洲舞坛上和华尔兹媲美。20世纪初期快步舞得到发展。1924年，英国皇家舞蹈教师协会公开发表慢狐步舞与快步舞，从此快步舞才从狐步舞中脱离出来。快步舞吸收狐步舞的动作，后引入芭蕾的动作，使舞蹈动作更显轻快灵巧。

早期快步舞吸收了狐步舞动作，音乐4/4拍，每分钟50小节，基本节奏是慢、慢、快、快（S、S、Q、Q），慢、快、快、慢（S、Q、Q、S），风格特点是轻快活泼，富于激情，舞步洒脱自由，饱含动力感和表现力。[①]

第一次世界大战时期，快步舞在纽约郊区得到了长足发展，起初只在加勒比和非洲地区有人跳，后来，在美国的音乐厅初次登场就立即在舞厅里流行起来。狐步舞和快步舞有着相同的起源，20世纪20年代，一些乐队将慢狐步舞演奏得很快，因此引起很多人的抱怨。后来发展成为两种不同的舞，慢狐步舞的拍子被减慢了下来，而快步舞则变成了狐步舞的快版本，每分钟48小节。查尔斯顿舞对快步舞的发展有着深远的影响。

二、快步舞的具体技术动作教学指导

（一）快步舞走步

从静止姿势开始，始终感觉身体的移动应比脚早一点。整个快步舞走步动作过程中双膝应自然松弛，腿只在处于最大步幅时才是直的。即

[①] 张向阳，张兆才.大学体育教程[M].长春：吉林大学出版社，2012：261.

使此时膝盖也并非僵直的。在动力脚越过主力脚的瞬间，两膝应是最松弛的。脚踝和脚背要保持松弛，如果双脚踝僵硬而无弹性，步子就迈不大。双脚保持正直，每次交替运行时内侧（从脚尖到脚跟）几乎是紧挨着相擦而过。女士容易犯的错误是左脚后迈时不是正直向后，而是稍偏向左，这会把部分重心移到男士的右臂，明显地给人以沉重感。

（二）快步舞四分之一转

快步舞四分之一转属于行进中舞步型。它是快步舞中的基本舞步，主要包括"滑步转"，向右转 1/4 周，接向左的简易转，即"脚跟轴转"。

快步舞四分之一转，男士一般开始和结束于面对墙成对角。女士和男士位置正好相反。

（1）男士：右脚要向前，与墙成对角，向右转身。女士：左脚要向后，与墙成对角，向右转身。

（2）男士：左脚沿舞程线向旁迈出，身体面对墙。女士：右脚沿舞程线向旁迈出，身体背对墙。

（3）男士：继续旋转，右脚并上左脚。女士：左脚并上右脚，面对中间成角度。

（4）男士：左脚向旁并稍微向后迈出，身体背对墙成对角。女士：右脚成角度向前迈出。

（5）男士：右脚向后，与中间成对角，身体转向左。女士：左脚向前，与中间成对角，身体转向左。

（6）男士：左脚靠向右脚，两脚跟并拢，左脚尖与墙成对角。女士：右脚向旁迈出，身体背对墙。

（7）男士：左脚掌稍加用力，依靠右脚跟的转动使右脚向左脚并拢成平行位置。女士：继续旋转，左脚并向右脚。

（8）男士：左脚向前，与墙成对角。女士：右脚向后，与墙成对角。

（三）快步舞行进滑步

快步舞行进滑步是快步舞中具有魅力的动作，常被用来修饰四分之一转。当男士想在四分之一转后接一个顺转舞步型，就常常用这个舞步来过渡；如果想在四分之一转后接一个反向舞步型，必须用它来结束四分之一转的动势。在开始时，男士要面对墙成对角，女士背对墙成对角。舞步1～4步做四分之一转，速度顺序为慢、快、快、慢。结束在与中间成对角，然后连接以下动作。

（1）男士：右脚向后，与中间成对角，向左转身。女士：左脚向前，与中间成对角，向左转身。

（2）男士：左脚沿舞程线向旁迈出，身体面对墙。女士：右脚沿舞程线向旁迈出，身体面对中间。

（3）男士：右脚并上左脚。女士：左脚并上右脚。

（4）男士：左脚向旁，稍微向前迈出。女士：右脚向旁，稍微向后迈出。

（5）男士：右脚向前，舞伴向内与墙成对角。女士：左脚向后，舞伴向外与墙成对角。

（四）快步舞顺转

快步舞顺转是处在角落时有用的舞步型，包括"滑步转"和一种称为"曳步"的跟转以及"擦步"。在开始时，男士面对舞程线或面对墙成对角。女士与男士相反位。

（1）男士：右脚向前，向右转身。女士：左脚向后，向右转身。

（2）男士：左脚向旁迈出，跨越舞程线。女士：右脚向旁迈出，跨越舞程线。

（3）男士：继续左脚掌上的旋转，右脚并上左脚。女士：左脚并上右脚。

（4）男士：左脚向后，沿舞程线向下迈出，身体转向右。女士：右脚向前，沿舞程线向下迈出，身体转向右。

（5）男士：向后牵拉右脚至左脚，同时在左脚跟上向右转身，舞步结束时把身体重心移至右脚。女士：左脚向旁迈出。

（6）男士：左脚向前。女士：右脚擦左脚而过，然后向后迈出。

（五）快步舞滑步反转

快步舞滑步反转包括一个向前或向后的"滑步转"接快步舞四分之一转的最后4步。在开始时，男士面对舞程线，或面对中间成对角。结束在面对墙成对角。女士的位置与男士相反。

（1）男士：左脚要前迈，向左转身。女士：右脚后迈，向左转身。

（2）男士：右脚向旁迈出跨越舞程线。女士：左脚向旁迈出跨越舞程线。

（3）男士：继续右脚掌上的旋转，左脚并上右脚。女士：右脚并上左脚。

（4）男士：右脚沿舞程线后迈，向左转身。女士：左脚前迈，向左转身。

（5）男士：左脚并上右脚，在右脚跟上向左转身。女士：右脚沿同一舞程线迈出旁步。

（6）男士：结束在面对墙成对角。女士：左脚并上右脚，顺势旋转使后背与墙成对角。

（7）男士：左脚前迈，与墙成对角。女士：右脚后迈，与墙成对角。

第五节 维也纳华尔兹技术动作教学

一、维也纳华尔兹的起源与发展

维也纳华尔兹的起源可以追溯到12至13世纪，一种名叫"Nachtanz"的舞蹈。维也纳华尔兹起源于巴伐利亚，以前被称为"German"。

1770年出现了第一支华尔兹舞曲，到了1775年，这种舞蹈传入了巴黎，后来经历了一段时间的发展而逐步流行起来。英格兰人直到1816年才接受了这种舞蹈。

之后，维也纳华尔兹作为摩登舞的一种，得到了世界各国的认同和接受，并开始流行起来，各项赛事的举办也进一步推动了维也纳华尔兹的发展。

二、维也纳华尔兹的具体技术动作教学指导

（一）维也纳华尔兹1/4转身

维也纳华尔兹1/4转身如图5-10所示。

（1）男士：右脚前进向右转身。女士：左脚后退向右转身。

（2）男士：左脚小步继续右转。女士：右脚后退。

（3）男士：右脚并左脚（舞程线改变，由面对右角变为背向左角）。女士：左脚并右脚。

（4）男士：左脚后退。女士：右脚前进向左转身。

（5）男士：右脚后退靠近左脚。女士：左脚前进靠近右脚。

（6）男士：右脚靠在左脚上面，但重心仍在左脚上。女士：左脚靠在右脚上。

（7）男士：右脚后退向左转身。女士：左脚傍步。

（8）男士：左脚靠着右脚，右脚用脚跟向左转身。女士：右脚傍步。

（9）男士：由背向左角变为面对右角。女士：左脚并右脚。

（10）男士：左脚前进。女士：右脚后退。

（11）男士：右脚前进靠拢左脚。女士：左脚后退靠拢右脚。

（12）男士：右脚靠在左脚上，重心仍在左脚上。女士：左脚靠在右脚上。

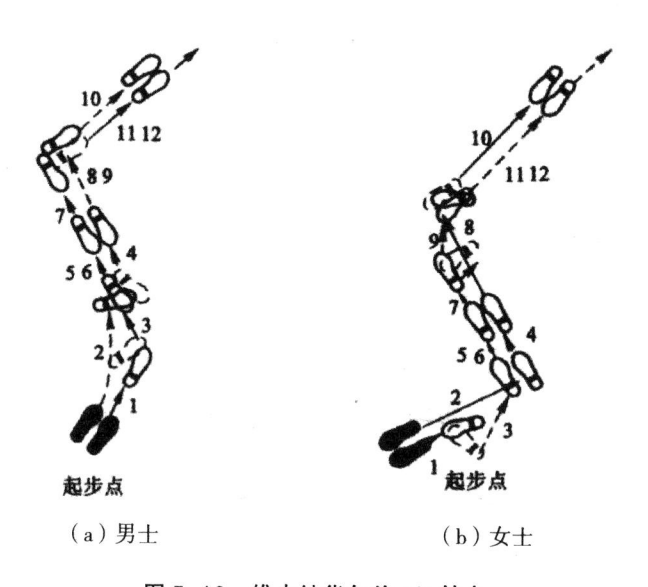

(a) 男士　　　　(b) 女士

图 5-10　维也纳华尔兹 1/4 转身

（二）维也纳华尔兹踌躇步

维也纳华尔兹踌躇步如图 5-11 所示。

（1）男士：右脚前进。女士：左脚后退。

（2）男士：左脚前进并右脚，左脚在右脚之后约半脚位。女士：右脚后退靠拢左脚。

（3）男士：左脚靠在右脚上，但身体重心仍在右脚上。女士：右脚靠在左脚上。

（4）男士：左脚前进。女士：右脚后退。

（5）男士：右脚前进靠拢左脚，右脚在左脚之后约半脚位。女士：左脚后退靠拢右脚。

（6）男士：右脚靠在左脚上，但身体重心仍在左脚上。女士：左脚靠在右脚上。

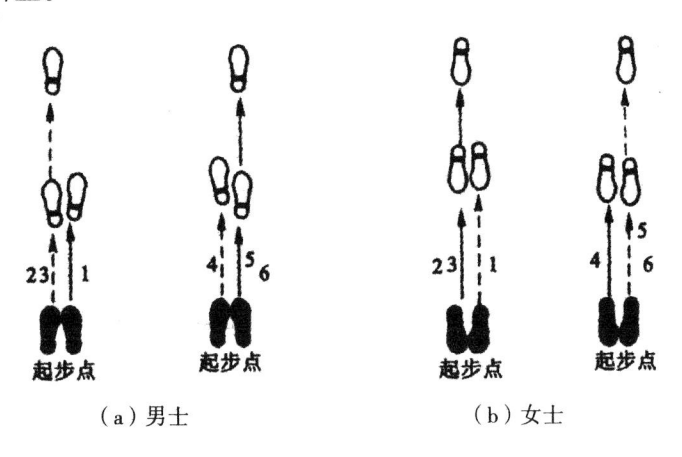

（a）男士　　　（b）女士

图 5-11　维也纳华尔兹跨踏步

（三）维也纳华尔兹 180° 右转

维也纳华尔兹 180° 右转如图 5-12 所示。

（1）男士：右脚前进向右转身。女士：左脚后退向右转身。

（2）男士：左脚小步傍步右转。女士：右脚并左脚，用左脚跟向右转身（脚跟轴转）。

（3）男士：右脚并左脚（背向舞程线）。女士：右脚并左脚，用左脚跟向右转身（脚跟轴转）。

（4）男士：左脚后退向右转身。女士：右脚前进向右转身。

（5）男士：右脚并左脚，用左脚跟向右转身（脚跟轴转）。女士：同男士第 2 步、第 3 步。

（6）同第 5 步。

（a）男士　　　　　（b）女士

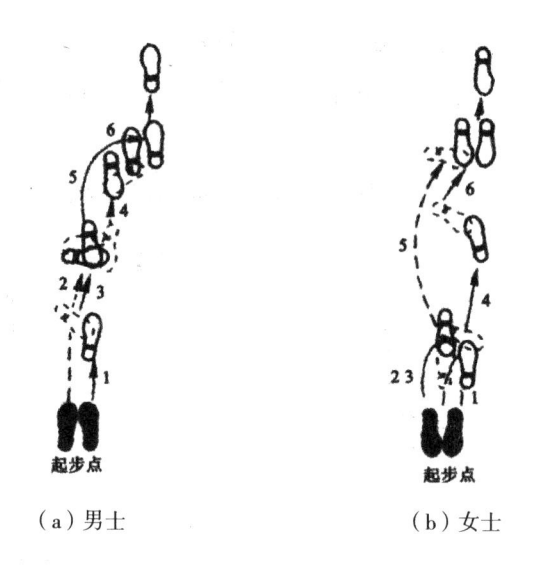

图 5-12　维也纳华尔兹 180° 右转

（四）维也纳华尔兹交叉左转

维也纳华尔兹交叉左转如图 5-13 所示。

（1）男士：左脚前进，向左转身。女士：右脚后退，向左转身。

（2）男士：右脚傍步继续左转。女士：同男士第 5 步。

（3）男士：左脚交叉在右脚的前面（背向舞程线）。女士：同男士第 6 步。

（4）男士：右脚后退，向左转身。女士：左脚前进，向左转身。

（5）男士：左脚并右脚，身体重心仍在右脚上，用右脚脚跟向左转 180°。女士：同男士第 2 步、第 3 步。

（6）同第 5 步。

(a)男士　　　　　(b)女士

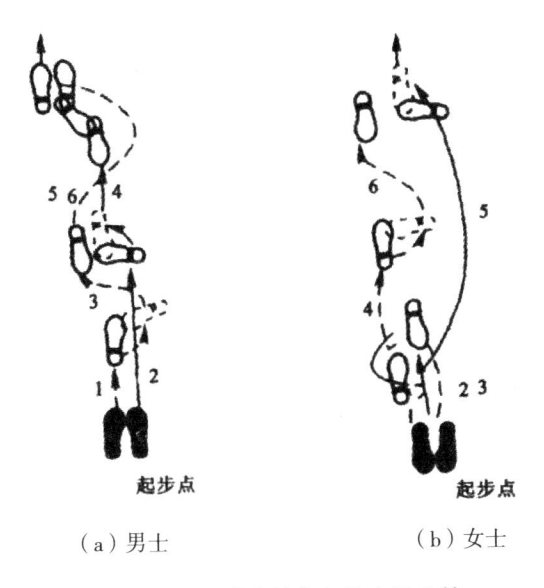

图 5-13　维也纳华尔兹交叉左转

(五) 维也纳华尔兹左转

维也纳华尔兹左转如图 5-14 所示。

(1) 男士：左脚前进，向左转身。女士：右脚后退，向左转身。

(2) 男士：右脚傍步继续左转。女士：同男士第 5 步。

(3) 男士：左脚并右脚（背向舞程线）。女士：同男士第 6 步。

(4) 男士：右脚后退，向左转身。女士：左脚前进，向左转身。

(5) 男士：左脚并右脚，身体重心在左脚上，用右脚脚跟向左转 135°。女士：同男士第 3 步、第 4 步。

(6) 同第 5 步。

(a) 男士　　　　　　　　(b) 女士

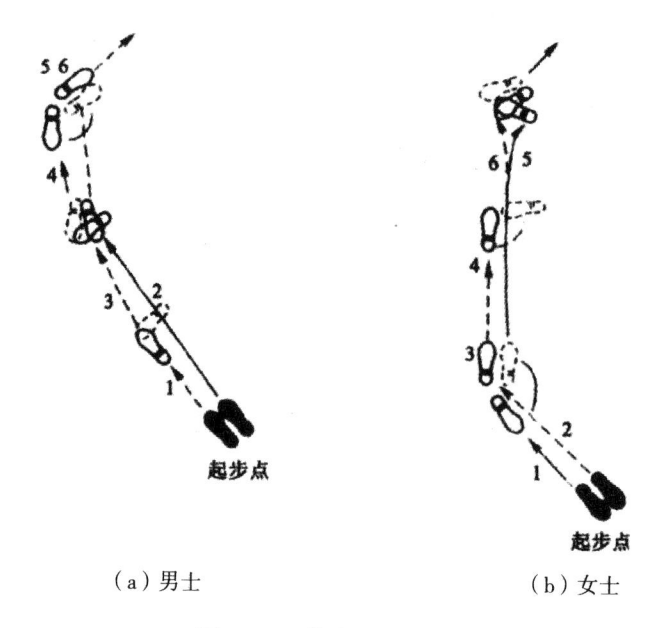

图 5-14　维也纳华尔兹左转

(六) 维也纳华尔兹右转

维也纳华尔兹右转如图 5-15 所示。

（1）男士：右脚前进，向右转身。女士：左脚后退，向右转身。

（2）男士：左脚傍步继续右转。女士：同男士第 4 步。

（3）男士：右脚并左脚（背向舞程线）。女士：同男士第 5 步。

（4）男士：左脚后退，向右转身。女士：同男士第 1 步。

（5）男士：右脚并左脚，身体重心仍在左脚上，用左脚脚跟向右转身。女士：同男士第 2 步、第 3 步。

（6）同第 5 步。

第五章 体育舞蹈教学之摩登舞技术动作教学

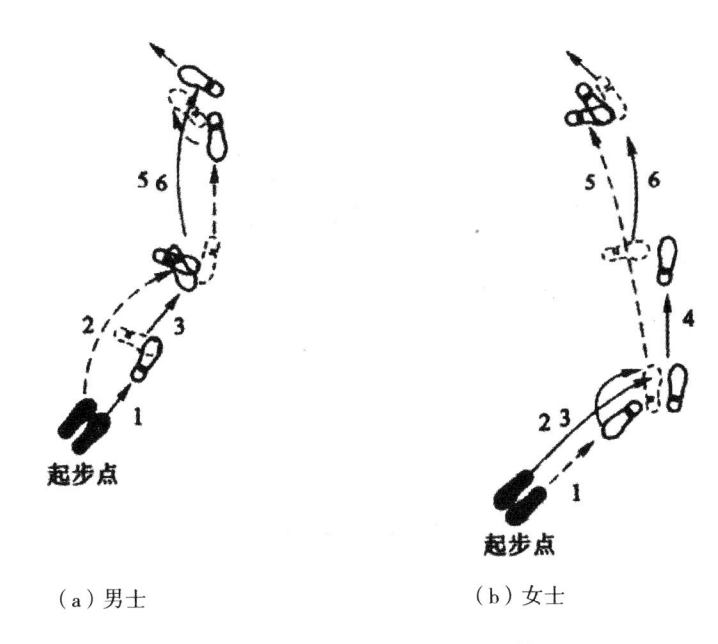

(a) 男士　　　　　　　　　　(b) 女士

图 5-15　维也纳华尔兹右转

第六章 体育舞蹈教学之拉丁舞技术动作教学

第一节 伦巴舞技术动作教学

一、伦巴舞的起源与发展

伦巴舞被誉为"拉丁之魂",起源于古巴。非洲流行的一种民族舞蹈与美洲的民间舞蹈相结合,并经过民间舞蹈爱好者多年艺术加工与提炼,最终在古巴获得了较大的发展,在20世纪初形成了一种独立的舞蹈形式,即伦巴舞。

伦巴舞是一种表现男女之间浪漫情感的舞蹈,它产生之后迅速风行于欧洲各国,并在世界各地受到许多舞蹈爱好者的欢迎。

伦巴舞是一种典型的拉丁舞,具有舒展优美、婀娜多姿、柔媚抒情的风格。在舞蹈过程中,舞者以轻松柔和的髋部动作和人体曲线美表现爱情的浪漫。

伦巴舞属于非行进式的舞蹈,在舞蹈动作上,不强调大幅度的移位,动作有序,舞步婀娜多姿,基本步法的特点是臂、胯、膝、足配合。一脚先是柔和地弯曲使脚踝直提起趾尖沿地面向前进,再将重心前移,掌踏下后全脚着地,膝盖伸直,胯向后摆转,另一脚则膝部放松准备第2

步行进，动作韵律自然流畅地通过脚、腿、臀、胯，避免动作的夸张和用力。伦巴舞的胯部动作是通过身体拉伸后的自然放胯，而非左右摆动，做胯部动作时，重心脚踏下后，脚跟用力伸至"超伸"，胯部经旁后压转，并注意胯部、脚步、音乐的配合。伦巴舞的舞曲节奏独特鲜明，使用拉丁美洲打击乐器，给人以轻松、甜美之感。伦巴舞音乐缠绵深情，再配以柔美的动作，整个舞蹈充满了浪漫的情调。

二、伦巴舞的具体技术动作教学指导

（一）伦巴舞基本动作

基本动作就是伦巴舞基本的舞步，是其他舞步学练的基础，基本动作如图6-1所示。

（1）男士左足前进，胯左后摆转（前脚掌平面）；女士右足后退，胯右后摆转（重心脚外展）。

（2）男士重心后移至右足，胯右后摆转；女士重心前移至左足，胯左后摆转。

（3）男士左足横步稍后，胯经前向左后摆转；女士右足横步稍前，胯经前向右后摆转。

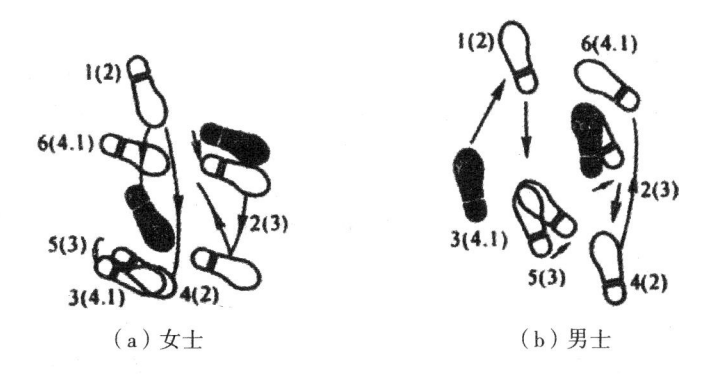

（a）女士　　　　　（b）男士

图6-1　伦巴舞基本动作

（二）伦巴舞扇形步

伦巴舞扇形步是男女士的一种特殊舞姿，节拍1小节3步（如图6-2所示）。

（1）男士右脚后退；女士左脚前进，准备向左转。

（2）男士重心前移至左脚，右手带领女士左转；女士上右脚准备左转，右脚后退。

（3）男士右脚横步与女士分离，左手握女士右手；女士左脚后退与男士分离。男士重心移至右脚，右胯摆出；女士重心移至左脚，右胯摆转。

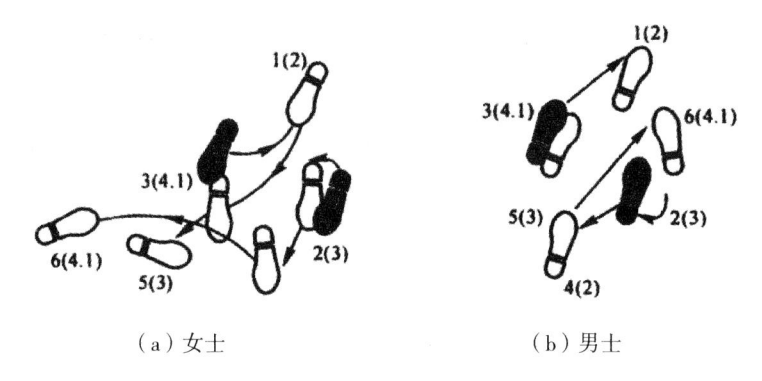

（a）女士　　　　（b）男士

图6-2　伦巴舞扇形步

（三）伦巴舞曲棍步

伦巴舞曲棍步节拍为2小节6步，从扇形舞姿准备，具体动作如下（如图6-3所示）。

（1）男士左脚前进；女士右脚收并左脚，拧胯，重心移至右脚收腹上提，两脚相夹。

（2）男士重心后移至后脚，收腹上展；女士左脚前进，手臂打开。

（3）男士左脚并右脚，左手拇指向下锁住女士；女士右脚前进，靠近男士左侧，手臂前上。

（4）男士右脚后退，稍向右转25°，手指相接；女士左脚向左前斜出 25° 前进，准备左转。

（5）男士重心前移至左脚，身体不变；女士右脚横步稍前，左转 5/8 周与男士相对位。

（6）男士右脚前进，从第 4 步至第 6 步共转 1/8 周；女士左脚后退，从第 4 步至第 6 步共转 5/8 周。

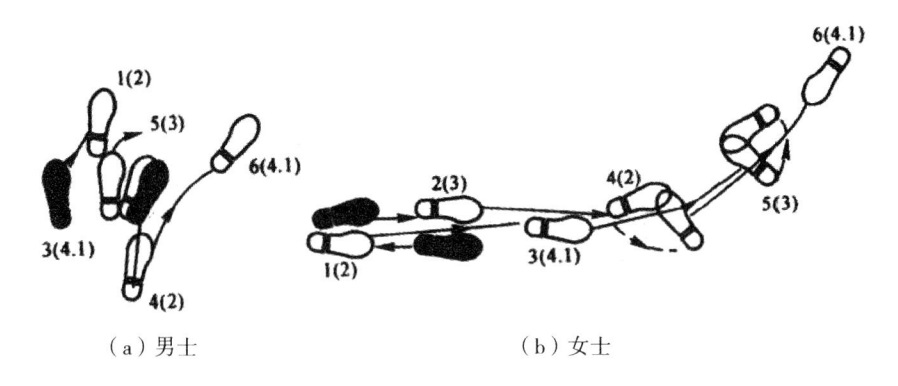

（a）男士　　　　　　　（b）女士

图 6-3　伦巴舞曲棍步

（四）伦巴舞纽约步

伦巴舞纽约步共 6 步，从闭式舞姿开始，节奏为快、快、慢、快、快、慢。具体动作如下。

（1）男士右转 1/4 周，左脚前进，左肩并肩位；女士左转 1/4 周，右脚前进，左肩并肩位。

（2）男士重心后移至右脚，胯向右后摆转；女士重心后移至左脚，胯向左后摆转。

（3）男士左脚横步，左转 1/4 周；女士右脚横步，右转 1/4 周。

（4）男士左转 1/4 周，右脚前进，右肩并肩位；女士右转 1/4 周，左脚前进，右肩并肩位。

（5）男士重心后移至左脚，胯向左后摆转；女士重心后移至右脚，胯向右后摆转。

（6）男士右脚横步，右转 1/4 周；女士左脚横步，左转 1/4 周。

(五) 伦巴舞右陀螺转

伦巴舞右陀螺转是一种原地旋转舞步，节奏为 2 小节 6 步（如图 6-4 所示）。

（1）男士左脚前进由开式合为闭式，肩对肩；女士右脚后退。

（2）男士重心移至右脚（右脚背步），女士重心移至左脚。

（3）男士左脚横步引带女士；女士右脚向男士双脚中间前进，成闭式舞姿。

（4）男士右脚掌踏在左脚跟后面右转；女士左脚横步，走直线。

（5）男士左脚横步（保持力度）；女士右脚交叉踏在左脚前，脚尖外开。

（6）男士右脚并脚（两腿保持吸力）；女士左脚横步，步距不要过大，注意右脚、拧胯。

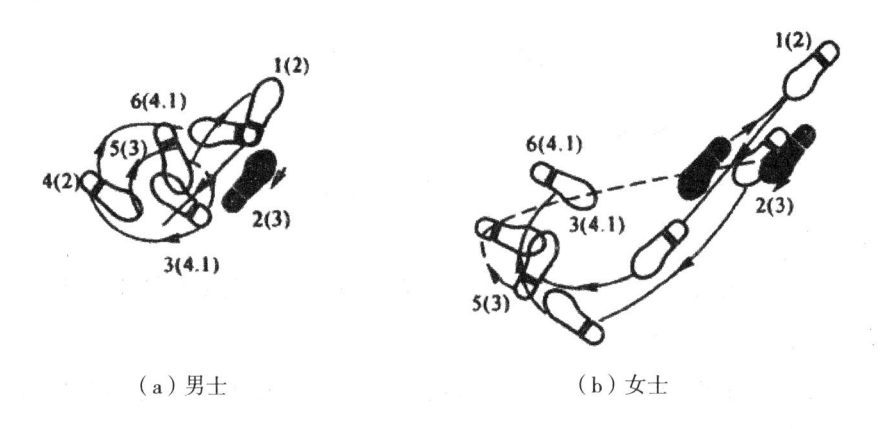

(a) 男士　　　　　　　(b) 女士

图 6-4　伦巴舞右陀螺转

(六) 伦巴舞右分展步

伦巴舞右分展步的舞步节拍为 1 小节 3 步，具体动作如图 6-5 所示。

（1）男士左脚横步稍前，右手扶着女士；女士右脚后退，转 1/2 周。

（2）男士重心移至右脚；女士重心移至左脚，向左转 1/4 周。

（3）男士左脚并右脚；女士右脚横步，向左转与男士合成闭式舞姿。

(a)女士　　　　　　　　　　　(b)男士

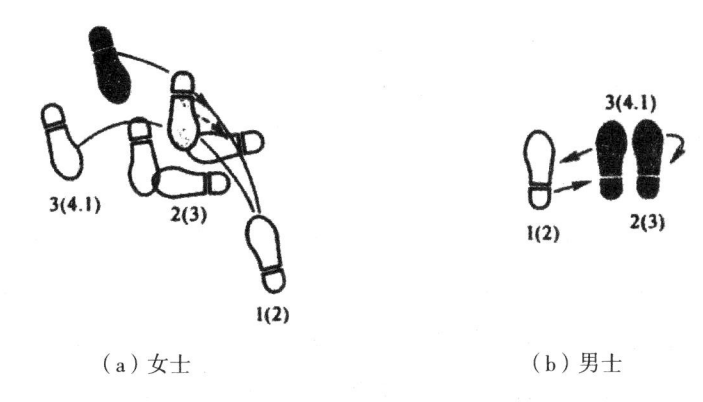

图 6-5　伦巴舞右分展步

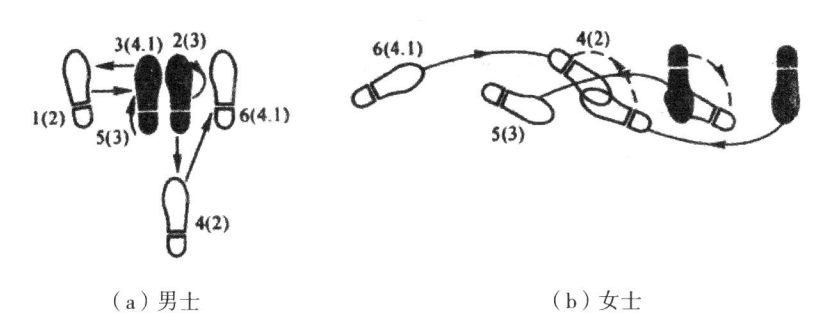

（七）伦巴舞闭式扭胯转

伦巴舞闭式扭胯转的前 3 步是右分展步，从第 4 步开始闭式扭胯转（如图 6-6 所示）。

（1）男士在右分展步后，左脚横步，立腰；女士在右分展步的最后用力右转，拧胯右转 1/4 周。

（2）男士重心前移至右脚；女士右脚前进准备左转，展示腿形美。

（3）男士右脚重心，略左转（半拍）；女士左转，以右脚掌为轴成面对男士舞姿（一拍）。

（4）男士左脚并在右脚旁，成扇形步；女士并脚，这一步应有划腿的动作。

(a)男士　　　　　　　　　　　(b)女士

图 6-6　伦巴舞闭式扭胯转

（八）伦巴舞阿莱曼娜

伦巴舞阿莱曼娜的节拍为 2 小节 6 步（如图 6-7 所示）。

（1）男士从扇位开始，左脚前进半移重心；女士右脚掌向左脚并步，脚跟踏下拧胯。

（2）男士重心后移至右脚，退步要小；女士左脚前进，展示腿形美。

（3）男士左脚并右脚，手过头成 30°；女士右脚前进靠近男士，不要超过男士领带线，在后半拍时略向右转（男士引带，眼对视）。

（4）男士右脚后退，步子要小些；女士以右脚为轴，向男士左臂下转 1/4 周，左脚在前。

（5）男士重心移至左脚；女士左脚为轴，继续右转 1/4 周，右脚前进。

（6）男士右脚并左脚，重心转换清楚；女士左脚前进，右转 1/4 周成闭式。

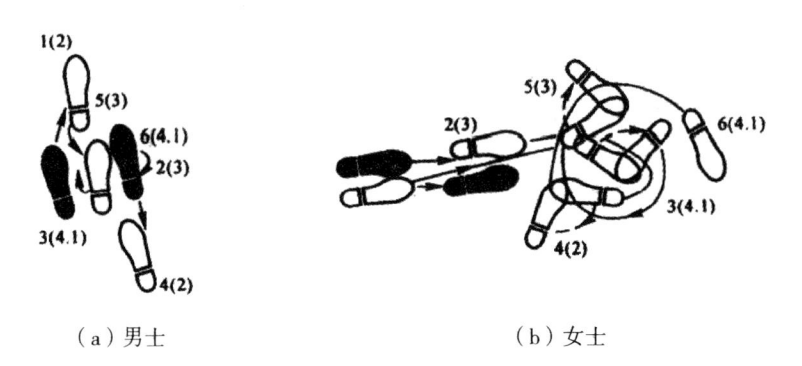

（a）男士　　　　　　　（b）女士

图 6-7　伦巴舞阿莱曼娜

第二节 桑巴舞技术动作教学

一、桑巴舞的起源与发展

桑巴舞起源于非洲，之后随着人口的迁移传入拉丁美洲，最早流行于巴西的萨尔瓦多一带。但在之后的发展过程中，桑巴舞舞蹈中的礼仪特点逐渐消失，成为一种具有自由风格的舞厅舞蹈。这种舞蹈特点此后一直延续，最终在巴西形成了桑巴舞。

1948年，桑巴舞在欧洲广泛流行，1956年正式在国际上流行开来。由于桑巴舞在巴西生根发芽，融入了巴西民族文化，并发展成为巴西的民族舞，所以每逢巴西狂欢节，都要举行盛大的桑巴舞游行。目前，桑巴舞已经成为大众化的巴西文化表达形式。

桑巴舞姿态富有动感，舞蹈动作具有弹跳性，舞步弹跳瞬间，重心用跖脚完成。桑巴舞的足部动作完全由脚掌来完成，脚掌应该是平面踏地，脚跟不着地，随着足部的弹动所产生的上下起伏的落差由膝关节和髋部吸收，髋部韵律丰富。

桑巴舞属于游走型的舞蹈，舞步摇曳多变，既有前后的运动，又有左右的摆动。在舞蹈过程中，舞者需要不停地游走、移位，因此律动感极强，富有活力。桑巴舞的音乐为4/4拍或2/4拍，每分钟51小节左右，音乐热烈，充满激情，积极向上。

二、桑巴舞的具体技术动作教学指导

（一）桑巴舞原地桑巴步

从闭式舞姿开始，桑巴舞原地桑巴步动作如图6-8所示。

（1）男士左脚前进小步，女士右脚前进小步。

（2）男士右脚后退，伸直后掌，重心半移至右脚；女士左脚后退，伸直后掌，重心半移至左脚。

（3）男士左脚向右脚方向后拖一步，女士右脚向左脚方向后拖一步。

（4）男士右脚前进小步，女士左脚前进小步。

（5）男士左脚后退，腿伸直后撑，重心半移至左脚；女士右脚后退，腿伸直后撑，重心半移至右脚。

（6）男士右脚向左脚方向后拖一小步，女士左脚向右脚方向后拖一小步。

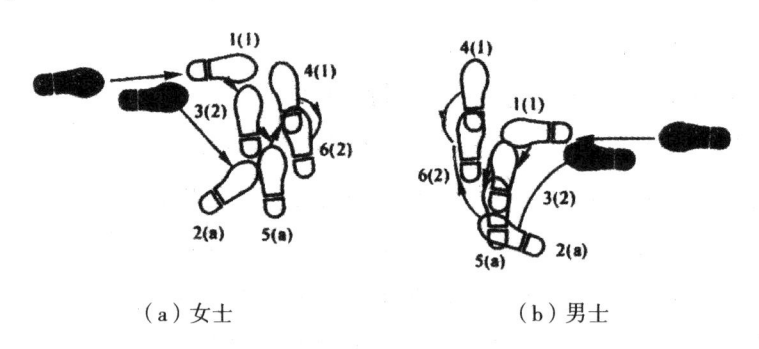

（a）女士　　　　　　（b）男士

图6-8　桑巴舞原地桑巴步

（二）桑巴舞左进基本步

由闭式舞姿开始，左脚进步，桑巴舞左进基本步动作如图6-9所示。

（1）男士左脚前进，膝稍弯，手臂高度与目平；女士右脚后退，膝稍弯。

（2）男士右脚掌并左脚，膝稍伸直；女士左脚掌并右脚，膝稍伸直。

（3）男士重心移至左脚，膝稍弯；女士重心移至右脚，膝稍弯。

（4）男士重心不变，膝稍直；女士重心不变，膝稍直。

（5）男士右脚后退，膝稍弯；女士左脚前进，膝稍弯。

（6）男士左脚掌并右脚，膝稍弯；女士右脚掌并左脚，膝稍弯。

（7）男士重心移至右脚，膝稍弯；女士重心移至左脚，膝稍弯。

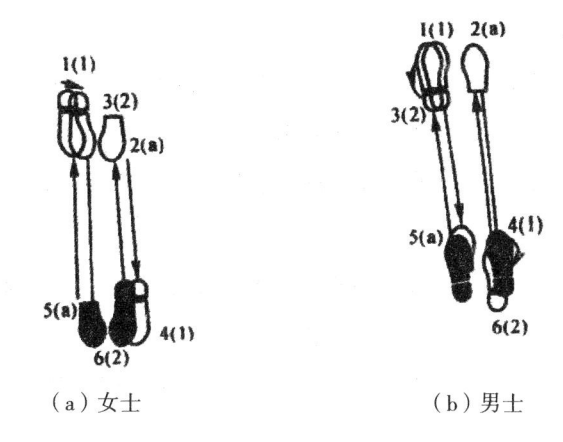

第六章 体育舞蹈教学之拉丁舞技术动作教学

（a）女士　　　　　（b）男士

图 6-9　桑巴舞左进基本步

（三）桑巴舞右进基本步

由闭式舞姿开始，右脚进步，桑巴舞右进基本步动作如图 6-10 所示。

（1）男士左脚后退，膝稍弯；女士右脚前进，膝稍弯。

（2）男士右脚掌并左脚，膝稍伸直；女士右脚前进，膝稍伸直。

（3）男士重心移至左脚，女士重心移至右脚。

（4）男士右脚前进，膝稍弯；女士左脚前进，膝稍弯。

（5）男士左脚掌并右脚，膝稍直；女士右脚掌并左脚，膝稍直。

（6）男士重心移至右脚，膝稍弯；女士重心移至左脚，膝稍直。

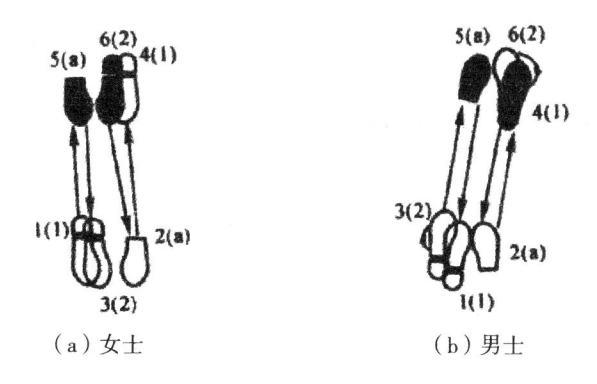

（a）女士　　　　　（b）男士

图 6-10　桑巴舞右进基本步

（四）桑巴舞叉形步

桑巴舞叉形步，即一脚叉在另一脚后的舞步动作，如图 6-11 所示。

（1）男士左脚横步，女士右脚横步。

（2）男士右脚尖点踏在左脚跟后交叉点，女士左脚尖点踏在右脚跟后交叉点。

（3）男士重心移至左脚，膝稍弯；女士重心移至右脚，膝稍弯。

（4）男士右脚横步，女士左脚横步。

（5）男士左脚尖点踏在右脚跟后交叉点，女士右脚尖点踏在左脚跟后交叉点。

（6）男士重心移回右脚，女士重心移回左脚。

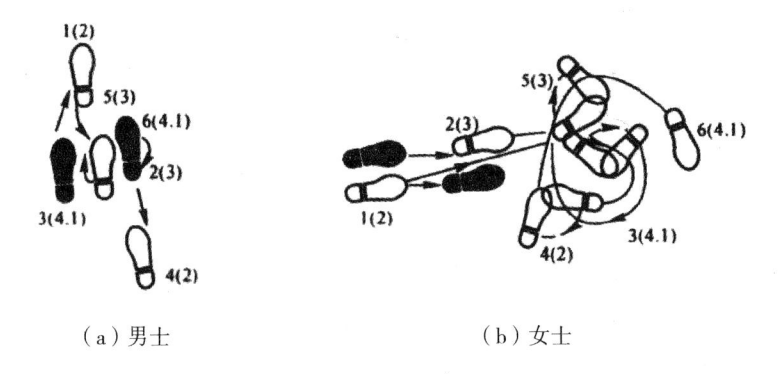

（a）男士　　　　　　（b）女士

图 6-11　桑巴舞叉形步

（五）桑巴舞旁步

桑巴舞旁步动作如图 6-12 所示。

（1）男士右脚前进，女士左脚前进。

（2）男士左脚向旁横步，重心移一半，右转 1/4 周；女士右脚向旁横步，重心移一半，左转 1/4 周。

（3）男士右脚向左拖退一小步，女士左脚向右拖退一小步。

(a) 女士　　　　　　　(b) 男士

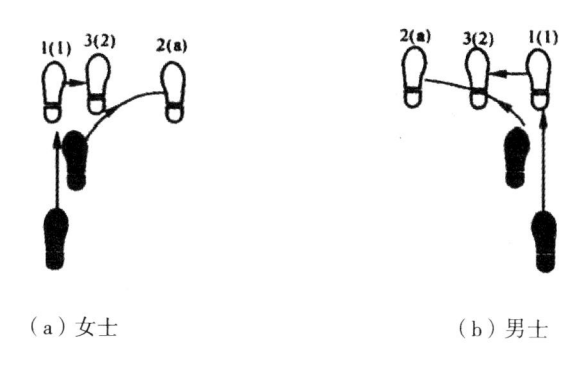

图 6-12　桑巴舞旁步

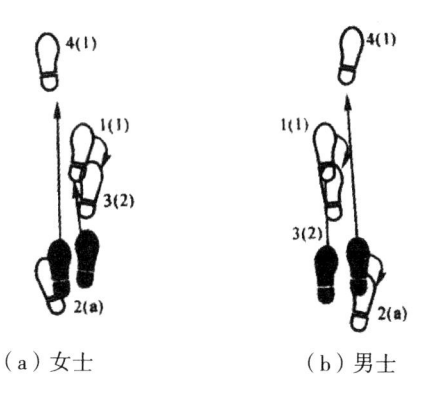

（六）P.P. 舞姿的桑巴走步

P.P. 舞姿的桑巴走步技术动作如图 6-13 所示。

（1）男士右脚前进（脚掌平进），女士左脚前进（脚掌平进）。

（2）男士左脚脚尖向后退，左腿伸直后撑；女士右脚脚尖向后退，右腿伸直后撑。

（3）男士右脚向后拖退一小步，女士左脚向后拖退一小步。

（4）男士左脚前进，女士右脚前进（脚掌平进）。

（5）男士右脚脚尖向后退，右腿伸直后撑；女士左脚脚尖向后退，左腿伸直后撑。

（6）男士左脚稍向后拖一小步，女士右脚稍向后拖一小步。

(a) 女士　　　　　　　(b) 男士

图 6-13　P.P. 舞姿的桑巴走步

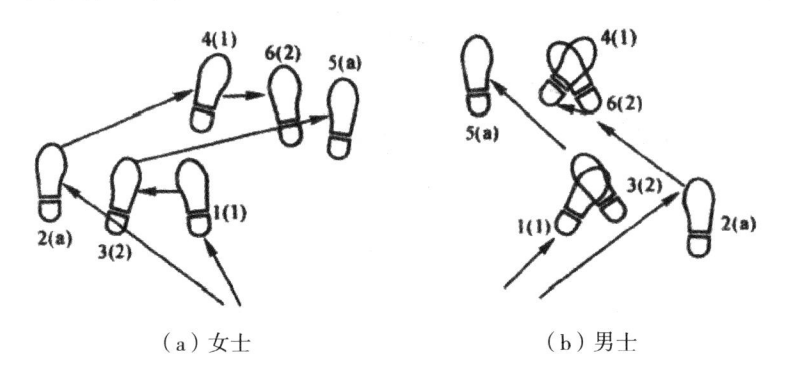

(七) 桑巴舞影子位点滑步

桑巴舞影子位点滑步从 P.P. 舞姿开始，动作如图 6-14 所示。

（1）男士左脚前进，左转准备；女士右脚前进，右转准备。

（2）男士右脚向旁横步，重心移一半，向左转；女士左脚向旁横步，重心移一半，向右转。

（3）男士重心移至左脚，1～3 步共左转 1/4 周；女士重心移至右脚，1～3 步共右转 1/4 周。

（4）男士右脚前进，右转准备；女士左脚前进，左转准备，此时舞伴正处于交叠姿态。

（5）男士左脚向旁横步，重心移一半右转；女士右脚向旁横步，重心移一半左转。

（6）男士重心移至右脚，1～3 步共转 1/4 周；女士重心移至左脚，1～3 步共转 1/4 周。

（a）女士　　　　　（b）男士

图 6-14　桑巴舞影子位点滑步

第三节　斗牛舞技术动作教学

一、斗牛舞的起源与发展

斗牛舞是拉丁舞的一种，源于法国，盛行于西班牙，是模仿西班牙斗牛士动作的一种舞蹈。男舞者如斗牛士般气宇轩昂、刚劲威猛。没有胯部的扭动动作，脚步干净利落，进行曲式的舞曲给人一种勇往直前的大无畏气概。女舞者红色披肩，英姿飒爽，舞姿迷人。斗牛舞是从斗牛运动演变而来的，包含着西班牙人对自由的渴望，对勇敢者的崇拜及对爱情和幸福生活的追求。

斗牛舞据西班牙斗牛场面创作而成。"paso doble"是西班牙文，意思是"两步"，斗牛舞是一种两步舞，它的音乐为2/4拍，速度每分钟62小节左右。斗牛舞的特点是音乐雄壮、舞姿豪放、步伐强悍振奋。跳斗牛舞的时候，男女双方扮演不同的角色，男舞者象征身手矫健的斗牛士，而女舞者象征斗牛士用以激怒公牛的红色斗篷，所以女舞者有相当大的跳跃、旋转动作，男女动作都相当舒展、激烈，和音乐配合非常一致。在斗牛舞中，男舞者（斗牛士）的角色比其他任何舞中的男性角色都重要，因此斗牛舞也被称为"男人的舞蹈"。

二、斗牛舞的具体技术动作教学指导

（一）斗牛舞基本动作

由站立闭式舞姿开始，斗牛舞基本动作如图6-15所示。

（1）男士右脚前进，女士左脚后退。

（2）男士左脚前进，女士右脚后退。以上动作反复做，共跳8步形成向左行进的弧线。

（a）女士　　　　　　（b）男士

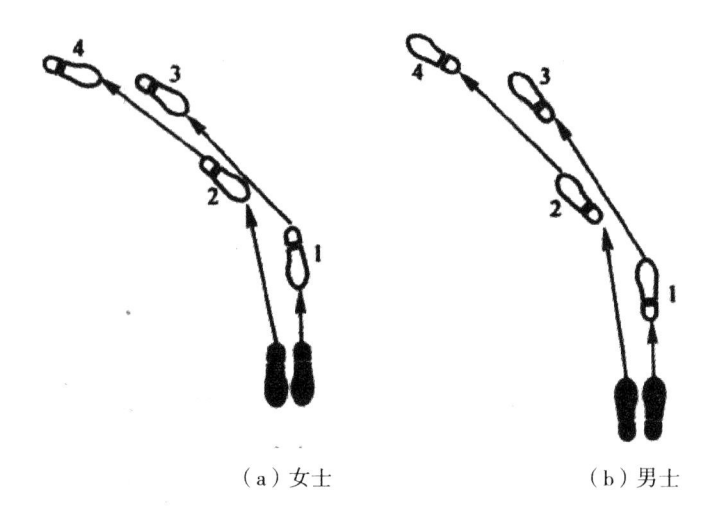

图 6-15　斗牛舞基本动作

（二）斗牛舞突刺换步

（1）男士右脚原地跺步，女士左脚原地跺步。

（2）男士左脚向旁迈步，左转 1/8 周成 P.P. 位；女士右脚向旁迈步，右转 1/8 周成 P.P. 位。

（3）男士右脚在 P.P. 位上前伸，脚尖外缘点步，无重心；女士左脚在 P.P. 位上前伸，脚尖外缘点步，无重心。

（4）男士右脚回向左脚并步，右转 1/8 周成闭式；女士左脚回向右脚并步，左转 1/8 周成闭式。

（5）男士左脚后退，左转 1/8 周，成 P.P. 倒步；女士右脚后退，右转 1/8 周，成 P.P. 倒步。

（6）男士右脚向左脚并步，右转 1/8 周成闭式；女士左脚向右脚并步，左转 1/8 周成闭式。

（三）斗牛舞右追步

由站立闭式舞姿开始，男士面对中央，女士背对中央，如图 6-16 所示。

（1）男士右脚掌向右横步，女士左脚掌向左横步。

（2）男士左脚并右脚，女士右脚并左脚。3～4步反复1～2步的动作，一般连续跳4步即可。

（a）女士　　　　　　　　（b）男士

图6-16　斗牛舞右追步

（四）斗牛舞左追步

斗牛舞左追步，也称左并合步，由站立闭式舞姿开始，男士面对墙壁，女士背对墙壁，如图6-17所示。

（1）男士右脚掌原地踏步，女士左脚掌原地踏步。

（2）男士左脚横步，女士右脚横步。

（3）男士右脚并左脚，女士左脚并右脚。

（4）男士左脚横步，女士右脚横步。

（a）女士　　　　　　　　（b）男士

图6-17　斗牛舞左追步

（五）斗牛舞改进步

由站立闭式舞姿开始，开始时男士面对中央，结束时男士背对舞程线，如图6-18所示。

（1）男士右脚原地跺步，女士左脚原地跺步。

（2）男士左脚前进一大步，左手轻推女士，后半拍时左转1/4周；

女士右脚后退一大步，后半拍时左转 1/4 周。

（3）男士右脚向旁大步滑出，屈膝成大弓步，左脚直腿旁伸，左臂向外划弧旁伸，与腰同高，身向左倾斜。女士由男士带领做相反的动作。

（4）男士左脚收回并步，女士右脚收回并步。

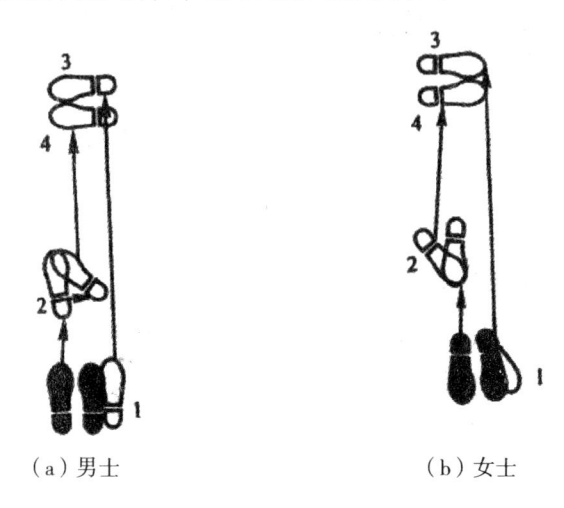

（a）男士　　　　　　　　（b）女士

图 6-18　斗牛舞攻进步

（六）斗牛舞推离步

由站立闭式舞姿开始，如图 6-19 所示。

（1）男士右脚原地踩步，左手下放至腰部；女士左脚原地踩步，右手下放至腰部。

（2）男士左脚前进一大步，左手前推女士（不放开手），右手放开，使其后退；女士右脚借男士推势后退一大步，膝稍弯。

（3）男士右脚向左脚并步；女士左脚小步后退，渐渐直膝。

（4）男士左脚原地踏步与女士成开式舞姿；女士右脚向左脚并步，直膝。

（5）男士右脚原地踏步，女士左脚前进小步。

（6）男士左脚原地踏步，女士右脚前进小步。

（7）男士右脚原地踏步，女士左脚前进小步。

（8）男士左脚原地踏步，女士右脚前进小步。

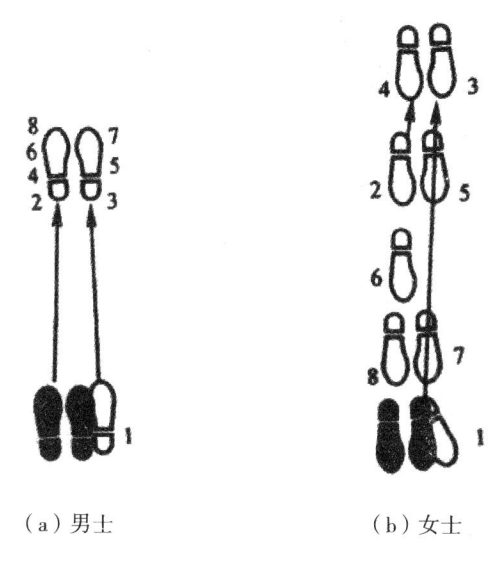

(a) 男士　　　　　　(b) 女士

图 6-19　斗牛舞推离步

（七）斗牛舞变位十六步

由站立闭式舞姿开始，男士面对墙壁，如图 6-20 所示。

（1）男士右脚原地跺步，左手向旁平打开，头右转；女士左脚原地跺步，右手与男士相握向旁打开，头右转。

（2）男士左脚向旁迈步，同时左转 1/4 周成 P.P. 位；女士右脚旁步，左转 1/4 周成 P.P. 位。

（3）男士右脚 P.P. 位前进，女士左脚 P.P. 位前进。

（4）男士左脚 3/8 周，左脚横步成闭式；女士右脚前进，成闭式。

（5）男士右脚后退，右肩引导；女士左脚前进，左肩引导。

（6）男士左脚后退，女士右脚前进外侧步。

（7）男士右脚并左脚，右转 1/4 周成 P.P. 位；女士左脚横步，右转 3/8 周成 P.P. 位。

（8）男士左脚原地踏步，女士右脚重心前移，9～16 步同前第 5 步动作（变位8步），但注意，9～10步男士仍原地踏步。

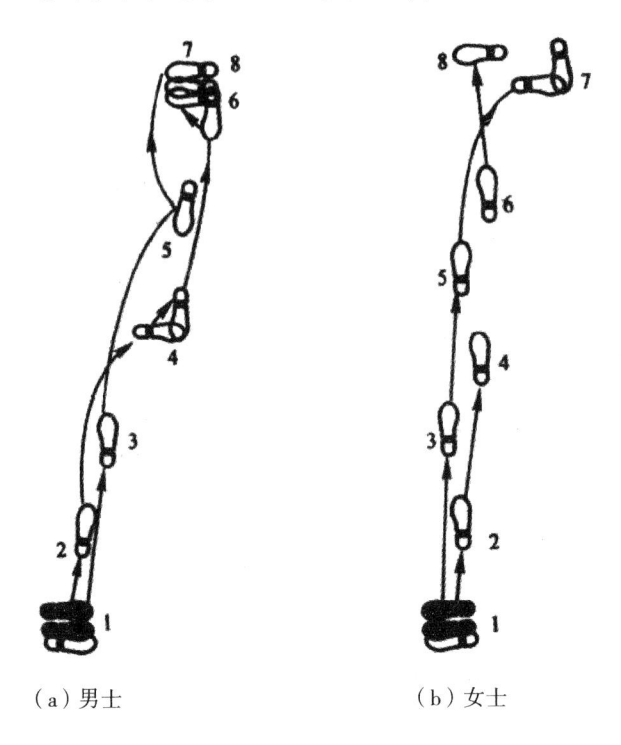

(a) 男士　　　　(b) 女士

图6-20　斗牛舞变位十六步

第四节　牛仔舞技术动作教学

一、牛仔舞的起源与发展

牛仔舞，又称为捷舞，是拉丁舞项目之一，用J表示。牛仔舞原是美国西部牛仔跳的一种踢踏舞，盛行于20世纪二三十年代。在第二次世界大战期间，美国士兵将牛仔舞带到了英国，由于战争的影响，人们及时行乐的情绪高涨，牛仔舞因此得到了发展。

牛仔舞起源于美国，是由一种叫"吉特巴"的舞蹈发展而来的。牛仔舞剔除了"吉特巴"中的难度动作，增加了一些技巧。最早对牛仔舞进行记载的是伦敦舞蹈教师维克多·西尔维斯特（Victor Silvester）于1944年在欧洲出版的一本介绍牛仔舞的书。波普、摇滚、美国摇摆舞都对牛仔舞有一定的影响。牛仔舞是一种节奏快、耗体力的舞蹈。在比赛中牛仔舞之所以被安排在最后出场，是因为运动员要让观众觉得，他们比赛到最后还能很投入地迎接新的挑战。

20世纪50年代爵士乐的流行，促进了牛仔舞的进一步完善。

二、牛仔舞的具体技术动作教学指导

（一）牛仔舞右向左换位

牛仔舞右向左换位从基本握持舞姿开始，动作如图6-21所示。

（1）倒步摇摆的1～3步。

（2）倒步摇摆的第4步。

（3）男士左脚斜前进，左臂上抬带女士转身；女士左脚横步准备向右做臂下转。

（4）男士右脚向左脚半并步，引导女士继续转；女士右脚向左脚半并步，快速右转。

（5）男士右脚向右小横步；女士左脚横步稍前，右转完毕时已到男士的左面位置。

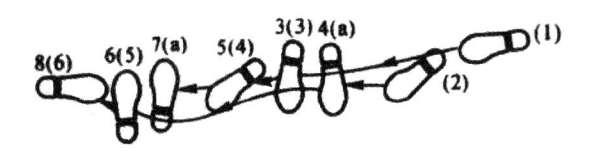

（a）女士

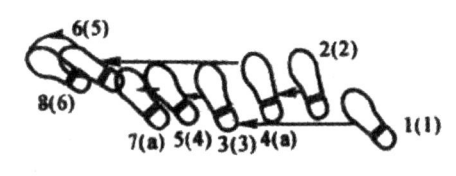

(b) 男士

图 6-21 牛仔舞右向左换位

（二）牛仔舞左向右换位

牛仔舞左向右换位的动作如图 6-22 所示。

（1）男士左脚后退，女士右脚后退。

（2）男士右脚原地踏一步，女士左脚原地踏一步。

（3）男士左脚掌横踏，左手抬起准备带女士转身；女士右脚前进准备左转。

（4）男士右脚向左脚半并步，带女士左转；女士左脚向右脚半并步，准备左转。

（5）男士左脚横步，女士右脚为轴，后半拍时快速向左转身，与男士相对。

（6）男士右脚前进，女士左脚后退。

（7）男士左脚向右脚半并步，女士右脚向左脚半并步。

（8）男士右脚前进，女士左脚后退。

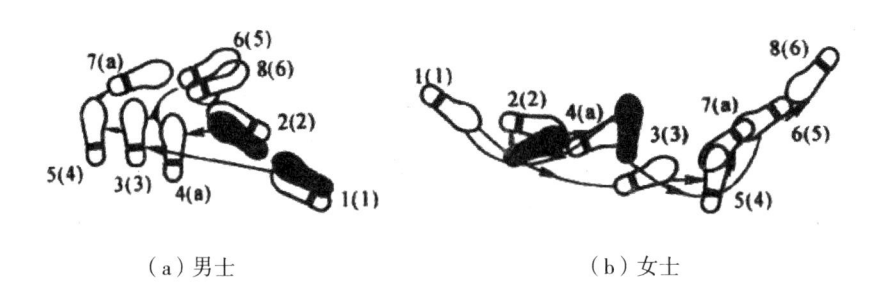

(a) 男士　　　　　　　　(b) 女士

图 6-22 牛仔舞左向右换位

（三）牛仔舞连步摇摆

牛仔舞连步摇摆是从开式舞姿到闭式舞姿的连接步，如图 6-23 所示。

（1）男士左脚后退，女士右脚后退。

（2）男士右脚原地踏一步，女士左脚原地踏一步。

（3）男士左脚前进，女士右脚前进。

（4）男士右脚向左脚半并步，女士左脚向右脚半并步。

（5）男士左脚前进，女士右脚前进，都成闭式。

（6）男士右脚横步，女士左脚横步。

（7）男士左脚向右脚半并步，女士右脚向左脚半并步。

（8）男士右脚横步，女士左脚横步。

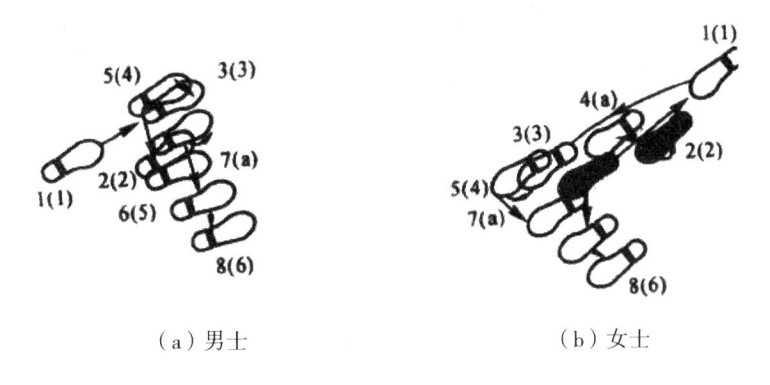

（a）男士　　　　　（b）女士

图 6-23　牛仔舞连步摇摆

（四）牛仔舞连步绕转

牛仔舞连步绕转也是由开式舞姿到闭式舞姿的一个连接步，伴有绕转动作，如图 6-24 所示。

（1）男士左脚后退，女士右脚后退。

（2）男士右脚原地踏一步，女士左脚原地踏一步。

（3）男士左脚进一小步，女士右脚进一小步。

（4）男士右脚向左脚半并步，女士左脚向旁小横步。

（5）男士左脚斜前进，女士右脚向男士双脚间前进，两人合成闭式舞姿。

（6）男士右脚掌交叉踏在左脚后，女士左脚向男士右侧前进。

（7）男士左脚横步，女士右脚向男士双脚间前进。

（8）男士右脚小横步，女士左脚横步。

（9）男士左脚向右脚半并步，女士右脚向左脚半并步。

（10）男士右脚横步，女士左脚横步。

图 6-24 中，1～5 步是连步，6～10 步是绕转，结束时是闭式舞姿。

（a）女士　　　　　　（b）男士

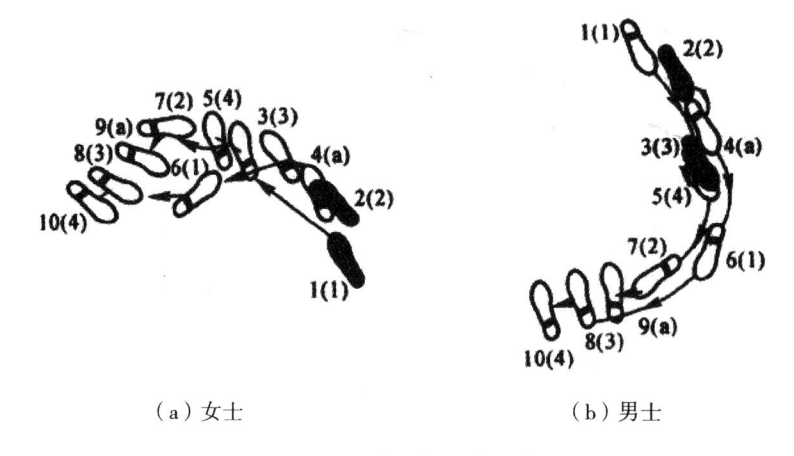

图 6-24　牛仔舞连步绕转

（五）牛仔舞美式疾转

牛仔舞美式疾转的动作如图 6-25 所示。

（1）男士左脚后退，女士右脚后退。

（2）男士右脚原地踏一步，女士左脚原地踏一步。

（3）男士左脚进一小步，女士右脚前进。

（4）男士右脚向左脚半并步，女士左脚向右脚后退一小步。

（5）男士左脚前进，右手腕推女士手，使其在后半拍时旋转；女士右脚前进，脚掌为轴，在后半拍时快速右转1/2周。

（6）男士右脚小横步，女士左脚横步，继续右转1/2周。

（7）男士左脚向右脚半并步，女士右脚向左脚半并步。

（8）男士右脚横步，女士左脚横步。

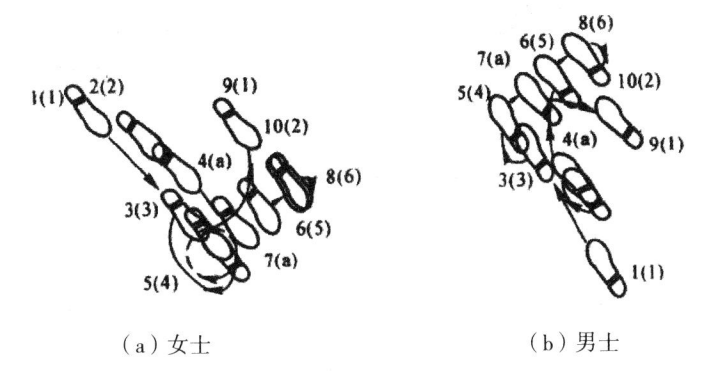

(a) 女士　　　　　　(b) 男士

图 6-25　牛仔舞美式疾转

（六）牛仔舞倒步抛掷

牛仔舞倒步抛掷由男士推动女士，使女士经过自己的身前再向另一方向甩开，如图 6-26 所示。

（1）男士右脚前进，女士左脚前进。

（2）男士左脚横步，右手轻推女士，左手向外带领将女士从身前向左边甩出；女士右脚横退，左转。

（3）男士右脚向左脚半并步，女士左脚经男士身前向前进。

（4）男士左脚横步，女士右脚横步。

（5）男士右脚原地踏一步，女士左脚原地踏一步。

（6）男士左脚后退，女士右脚后退。

（7）男士右脚前进，女士左脚前进。

（8）男士左脚向右脚半并步，女士右脚向左脚半并步。

（a）男士　　　　　　　　　（b）女士

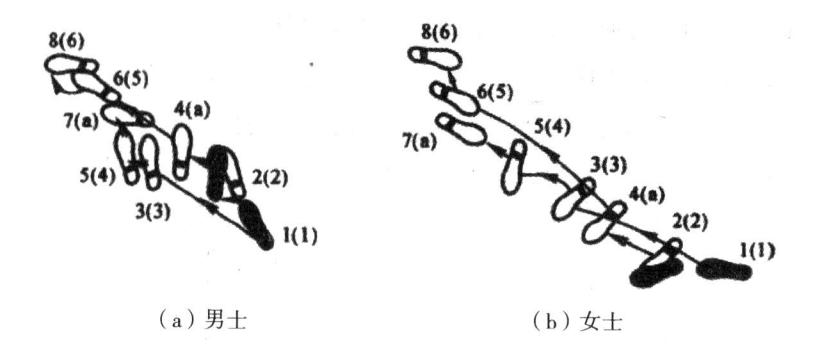

图 6-26　牛仔舞倒步抛掷

（七）牛仔舞倒步摇摆

牛仔舞倒步摇摆是牛仔舞的基本舞步，牛仔舞的其他许多舞步都是在此基础上发展而来的。对于牛仔舞倒步摇摆必须反复练习以达到熟练程度，动作如图 6-27 所示。

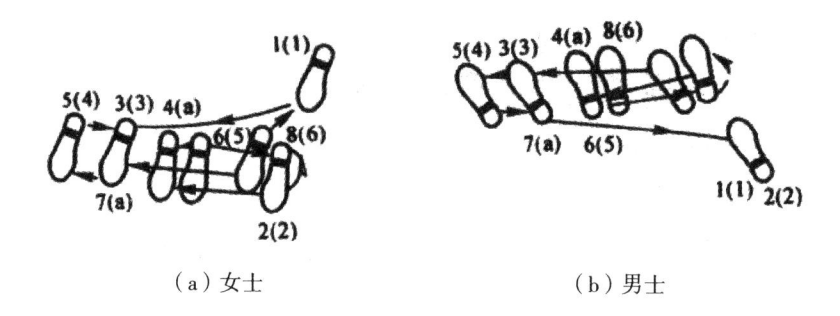

（a）女士　　　　　　　　　（b）男士

图 6-27　牛仔舞倒步摇摆

（八）牛仔舞鸡行步

牛仔舞鸡行步的动作如图 6-28 所示。

（1）男士左脚后退；女士右脚前进，脚尖外开。

（2）男士右脚后退；女士右脚掌向左拧，左脚前进，脚尖外开。

（3）男士左脚后退，女士同第 1 步。

（4）男士右脚后退，女士同第 2 步。

(5)男士左脚后退，女士同第1步。

(6)男士右脚后退，女士左脚向男士前进。

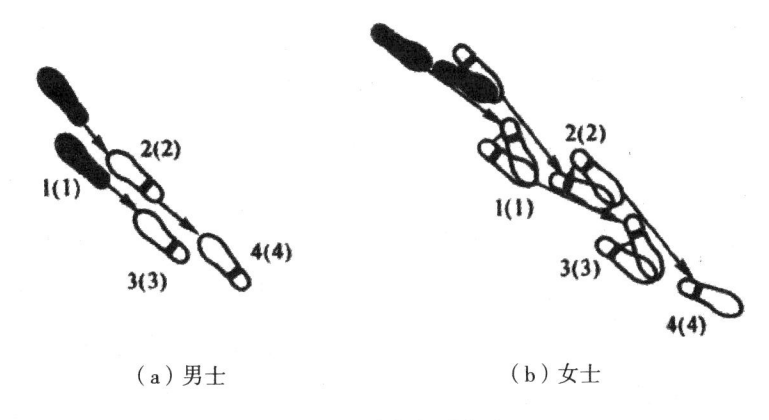

(a)男士　　　　　　　(b)女士

图6-28　牛仔舞鸡行步

第五节　恰恰舞技术动作教学

一、恰恰舞的起源与发展

恰恰舞原名"恰恰恰"，也有的译作"喳喳喳"，是拉丁舞项目之一，用C表示，也是受舞蹈爱好者欢迎的一项拉丁健身交谊舞。恰恰舞的命名有多种说法，可能是模仿跳追并步时鞋子摩擦地板发出的声响"Cha-Cha-Cha"而命名的，也可能"Cha-Cha-Cha"是指伴歌者以唱歌的形式唱出或奏出"恰恰恰"的声音。恰恰舞的起源也有多种说法，如起源于古巴，或是非洲人创编的舞蹈，后在古巴得到发展，或是起源于墨西哥。一般认为，恰恰舞是由加勒比海北部岛国古巴的海地移民创造的一种名叫"曼波"的舞蹈改进发展而来的。这并不是说"曼波"是由海地移民带到古巴的土风舞，因为在海地并没有一种叫"曼波"的舞蹈。

由古巴的海地移民创造的"曼波"舞最初是模仿企鹅走路的姿态创编的一种舞蹈，但它在伦巴舞扭动髋部的基本动作上，加上前后舞步，伴奏引入古巴当地的沙锤和手鼓，融合爵士摇摆乐风，一种空前性感的全新舞蹈就此诞生。"曼波"原本是一种乡村舞，20世纪40年代（约1943年）古巴艺术家佩雷斯·普拉多（Perez Prado）把"曼波"舞带到了古巴首都哈瓦那，哈瓦那的夜总会很快就满是"曼波"的摇曳舞姿了。第二次世界大战后，"曼波"登陆美国，随后漂洋过海，在欧洲大陆引领了潮流。

恰恰舞是由"曼波"舞改进而来的，可以说"曼波"舞是恰恰舞的前身。"曼波"舞的舞者在跳"曼波"舞的过程中戏剧性地加了一个跳跃步伐，与之配套的音乐也在第二小节的第一个音符后添加了一个切分音，成为三联音的形式，这一小小的改动得到了大家的喜爱，从而创造出现今风靡世界的一个新的舞种——恰恰舞，简称"恰恰"。

二、恰恰舞的具体技术动作教学指导

（一）恰恰舞基本动作

初学者学练恰恰舞的基本动作可先不加胯部动作（如图6-29、图6-30所示）。

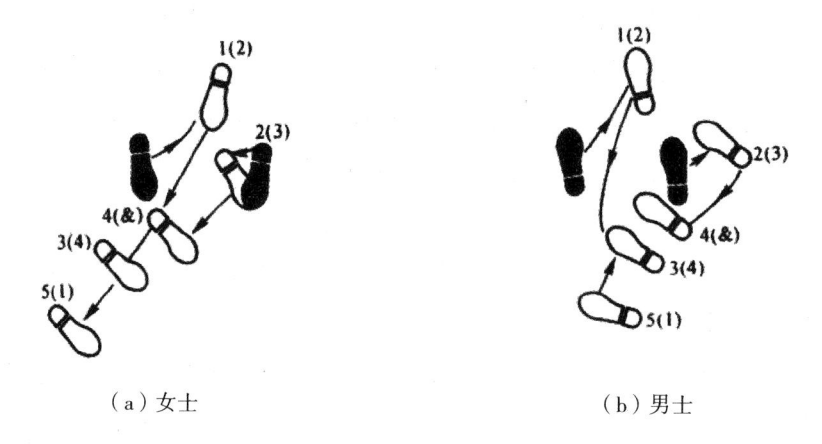

（a）女士　　　　　　　　　（b）男士

图6-29　恰恰舞基本动作（1）

（a）女士　　　　　　　　　　（b）男士

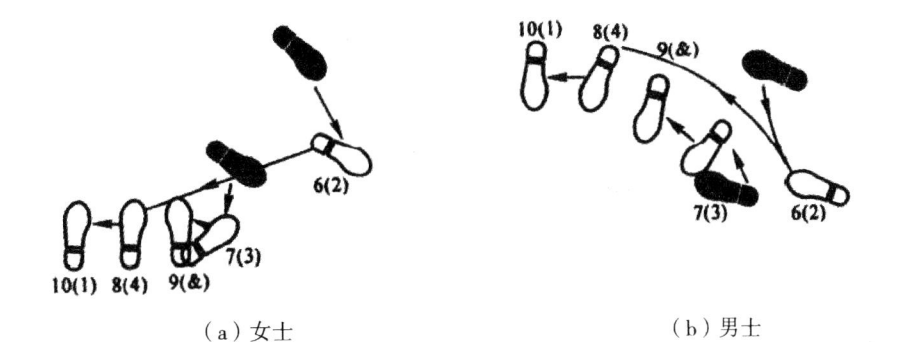

图 6-30　恰恰舞基本动作（2）

（1）男士左脚前进，先移重心不必出胯；女士右脚后退，步子稍小些，身体上展。

（2）男士重心移回右脚，两腿间有相互的吸力；女士重心移回左脚。

（3）男士左脚横步，注意手臂与腿部动作一致；女士右脚横步。

（4）男士右脚向左脚并步，抬脚跟双膝稍弯；女士左脚向右脚并步，抬脚跟双膝稍弯。

（5）男士左脚横步，直膝；女士右脚横步，直膝。

（6）男士右脚后退，女士左脚前进。

（7）男士左脚原地踏一步，女士右脚原地踏一步。

（8）男士右脚横步，女士左脚横步。

（9）男士左脚向右并步，抬脚跟双膝稍弯；女士右脚向左并步，抬脚跟双膝稍弯。

（10）男士右脚横步，直膝；女士左脚横步，直膝。

（二）恰恰舞扇形步

恰恰舞扇形步从闭式舞姿开始，两人同时打开扇形位（如图 6-31 所示）。

（a）女士

（b）男士

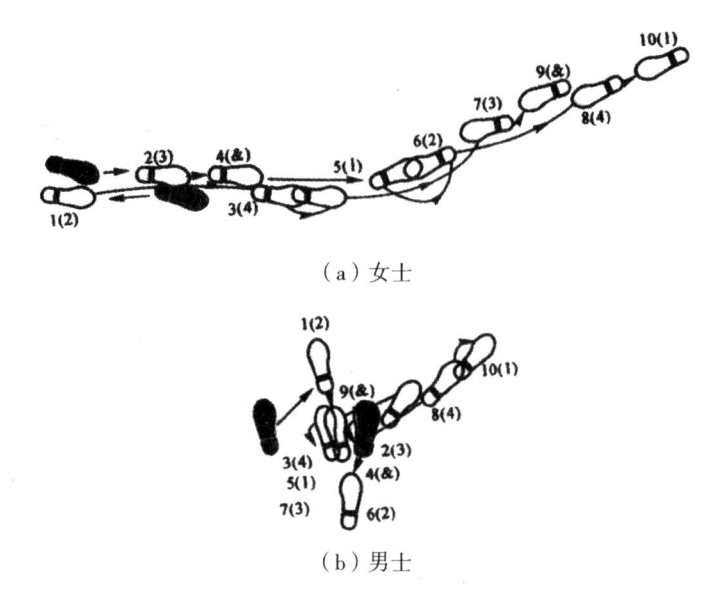

图 6-31 恰恰舞扇形步

（1）手臂握持正确，运步过程中，男士、女士的手要有一定的张力和拉力。

（2）同做基本步的前半部分，在合并步时，向左移转 1/8 周，节奏 3 退步要小些，重心不需要全落在后脚，女士后退时应在男士拉力下上展。

（3）横步动作尽可能小，作为一小节的结束拍，可稍作休息，为下一步的展示做准备。

（4）上身与下身的感受保持一致，动作与音乐感受保持一致，根据音乐来决定步子的大小和轻重。

（5）男士引导的手臂向上准备做扇形步引导，身体有返身动作。

（6）男士右脚后退，右转 1/8 周；女士左脚前进，准备左转。

（7）男士左脚原地踏一步，身体左转 1/4 周；女士右脚横步稍后，左转。

（8）男士右脚横步，女士左脚后退。

（9）男士左脚并右脚，手臂在胸前向外展；女士右脚并左脚。

（10）男士右脚横步，稍前，打开成扇形步；女士左脚横步，稍前，体会男士引导的张力。

（三）恰恰舞曲棍步

恰恰舞曲棍步由扇形位开始，具体动作如下。

（1）男士左脚前进；女士右脚向左脚并步，右脚掌、脚跟用力踏下，拧胯，左脚跟抬起，重心在右脚。

（2）男士右脚原地踏一步，女士左脚前进。

（3）男士左脚后拉，女士右脚前进。

（4）男士左脚并右脚，左脚后点步；女士左脚掌踏在右脚后，注意手臂配合。

（5）男士左脚向右脚并步，手臂动作不宜过大；女士右脚前进。

（6）男士右脚后退，略向右转；女士左脚前进注意出脚的速度要快，步子要尽可能小些。

（7）男士左脚原地踏步并向右转，与前一步共转1/8周，左手带领女士在后半拍向左转；女士右脚前进，后半拍左转1/2周。

（8）男士右脚踏步；女士左脚踏步，稍后，继续左转，共转5/8周。

（9）男士左脚掌并在右脚跟后，女士右脚后退交叉在左脚前。

（10）男士右脚前进，直膝；女士左脚后退，直膝。

（四）恰恰舞纽约步

恰恰舞纽约步具体动作如图6-32所示。

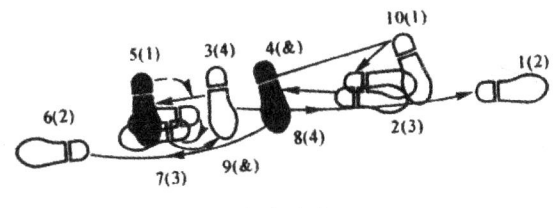

（a）女士

（b）男士

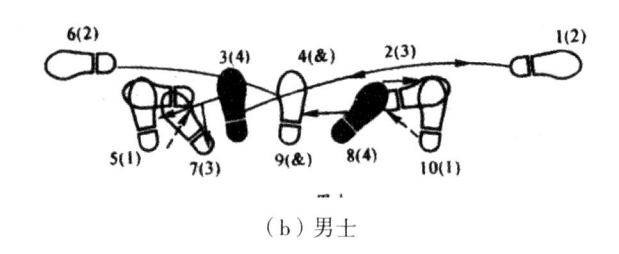

图 6-32　恰恰舞纽约步

（1）男士右转 1/4 周，左脚前进，左肩并肩位；女士左转 1/4 周，右脚前进，右肩并肩位。

（2）男士右脚原地踏一步，后半拍准备左转；女士左脚原地踏一步，后半拍准备右转。

（3）男士左转 1/4 周，左脚横步；女士右转 1/4 周，右脚横步。

（4）男士右脚并左脚，女士左脚并右脚。

（5）男士左脚横步，直膝，准备左转；女士右脚横步，直膝，准备右转。

（6）男士左转 1/4 周，右脚前进，右肩并肩位；女士右转 1/4 周，左脚前进，右肩并肩位。

（7）男士左脚原地踏一步，后半拍准备右转；女士右脚原地踏一步，后半拍准备左转。

（8）男士右转 1/4 周，右脚横步；女士左转 1/4 周，左脚横步。

（9）男士左脚并右脚，女士右脚并左脚。

（10）男士右脚横步，直膝；女士左脚横步，直膝。

（五）恰恰舞右陀螺转

恰恰舞右陀螺转由闭式舞姿开始，动作如图 6-33 所示。

(a) 男士　　　　　　　　(b) 女士

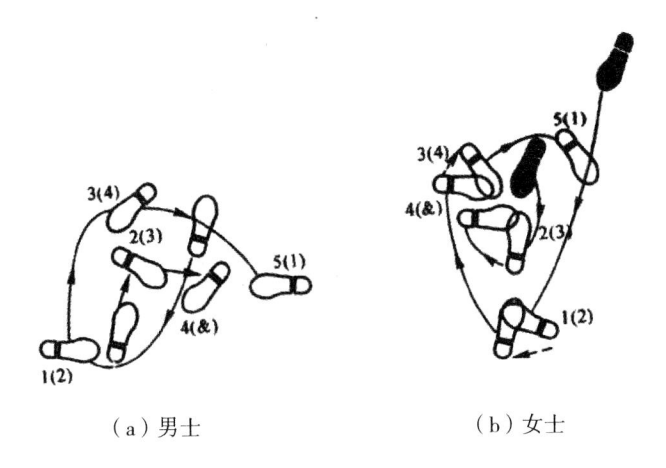

图 6-33　恰恰舞右陀螺转

（1）男士右脚掌踏在左脚后，脚尖向外，左脚掌向右转；女士左脚掌横步向右转。

（2）男士左脚横步，继续右转；女士右脚在左脚前交叉，继续右转。

（3）男士动作同第 2 步，继续右转；女士动作同第 2 步，继续右转。

（4）男士动作同第 3 步，继续右转；女士动作同第 3 步，继续右转。

（5）男士右脚横步，右转 1 周完毕；女士动作同第 2 步，右转 1 周完毕。

（六）恰恰舞点转

恰恰舞点转过程中，男女舞伴应协调配合，同时转，如图 6-34 所示。

（1）男士右脚进左脚前交叉，脚跟离地，双脚掌为轴左转，转时重心偏右，有肩引导；女士左脚进右脚前交叉，脚跟离地，双脚掌为轴右转，重心偏向左脚，注意视点转换。

（2）男士继续左转，重心在左脚；女士继续右转，重心在右脚。

（3）男士左转 1 周完成与女士相对，右脚横步；女士右转 1 周完成与男士相对，左脚横步。

（4）男士左脚并右脚，女士右脚并左脚。

（5）男士右脚横步；女士左脚横步，腿部超伸后放松形成一个自然的胯部动作。

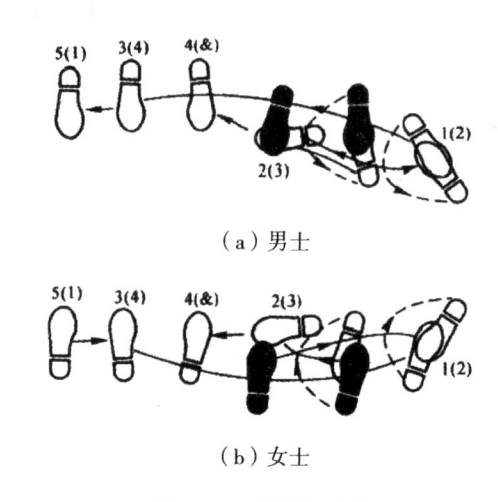

(a) 男士

(b) 女士

图 6-34 恰恰舞点转

（七）恰恰舞闭式扭胯转

恰恰舞闭式扭胯转由闭式舞姿开始，结束于扇形位，如图 6-35 所示。

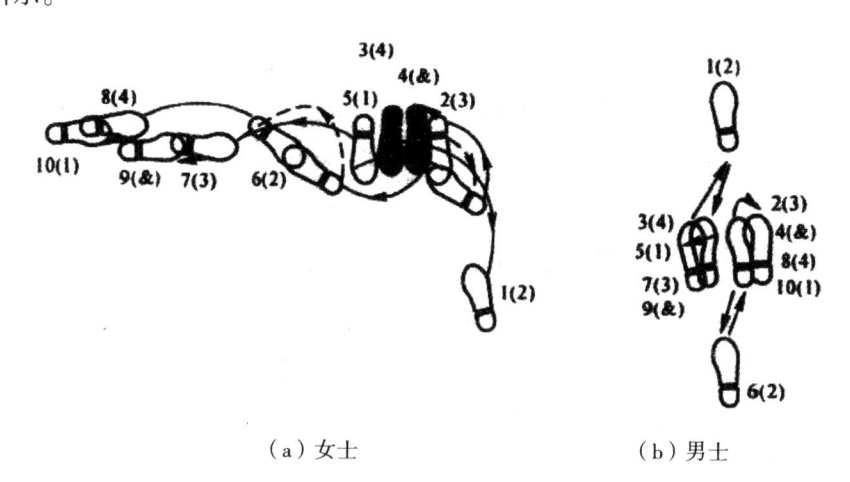

(a) 女士　　　　(b) 男士

图 6-35 恰恰舞闭式扭胯转

（1）男士左脚向旁稍前打开分展式；女士右脚后退，左脚掌为轴右转1/2周。

（2）男士右脚原地踏一步；女士左脚原地踏一步，准备左转。

（3）男士左脚并右脚；女士左脚掌为轴扭胯，左转1/4周，右脚向男士外侧前进一小步。

（4）男士右脚原地踏一步，女士左脚并右脚。

（5）男士左脚横步，略前，左转1/8周；女士扭胯右转1/8周，右脚横步略前。

（6）男士右脚后退，带女士转身；女士左脚前进，左转1/8周。

（7）男士右脚原地踏一步，左转1/8周；女士右脚横步稍后，继续转1/4周。

（8）男士右脚横步；女士左转1/4周，左脚后退。

（9）男士左脚并右脚；女士右脚向后退，在左脚前交叉。

（10）男士右脚横步稍前，打开成扇形步；女士左脚横步稍前，打开成扇形步，从第7步至第10步共转3/8周。

（八）恰恰舞阿莱曼娜

恰恰舞阿莱曼娜是在扇形步的基础上开始的，女士在男士臂下右转1圈的动作。

（1）男士左脚前进；女士右脚向左脚并步，右脚掌、脚跟用力踏下，拧胯，左脚跟抬起，重心在右脚。

（2）男士右脚原地踏1步，女士左脚前进。

（3）男士左脚横步，女士右脚前进。

（4）男士右脚并左脚；女士左脚掌踏在右脚后，膝稍弯。

（5）男士左脚横步；女士右脚向男士两脚间前进，准备右转。

（6）男士右脚后退右转1/8周；女士拧胯，右脚带动左脚前进，右转1/4周。

（7）男士左脚重心；女士左脚重心，拧胯，带动右脚前进，继续右转。

（8）男士右脚小步向前；女士左脚前进，继续右转，直到男士右侧。

（9）男士左脚小步向右脚后并步，脚尖外开；女士右脚踏在左脚后。

（10）男士右脚小步向前进；女士左脚稍前进，向右转1/8周，与男士成闭式舞姿。

第七章 多元化的体育舞蹈教学模式

第一节 PBL 教学模式

一、PBL 教学模式概述

(一) PBL 教学模式理论依据

1. 建构主义学习理论

建构主义学习理论是著名心理学家皮亚杰（Piaget）在20世纪80年代提出的。[1]建构主义学习理论提倡，学习知识不只是由教师向学生的单向传授，也需要教师引导学生思考问题，在组织学生进行活动过程中促进学生知识水平的提升，重视学生的主动学习。对于教师来说，该理论的核心内容就在于教师教学不只是将知识传授于学生，也需要建构出一个相对民主宽松的教学环境，调动学生解决问题的积极性，激发学生兴趣。[2]因此教师不仅是知识的传授者，也是教学过程的设计者、教学活动的组织者、学生学习的引导者。根据这项理论，学生需要主动地对知识

---

[1] 皮亚杰.发生认识论原理[M].王宪钿，译.北京：商务印书馆，2011：62-70.
[2] 吴楠.建构主义教学观对教学改革的启发[J].辽宁科技学院学报，2005（4）：69-70.

进行建构,在学习新知识时,学生需要从以往的学习经验中形成对新问题的某种解释或推理,这不是凭空想象出来的,而是在原有知识基础上形成的。对新知识的建构也体现在小组合作学习过程中,由于每个人对事物的理解不同,他们通过小组明确分工、团结协作解决问题,可得到丰富的知识。

2.人本主义学习理论

20世纪五六十年代,人本主义学习理论开始逐渐发展起来,该理论是在马斯洛(Maslow)和罗杰斯(Rogers)等人的相关理论的基础上发展形成的一种学习理论。学习者是人,是有能力学习的,只是有的时候需要有人指点他们,教师就是帮助学习者顺利学习的人,所以该理论主张把"教师"这个词改成"学习的促进者"。[1]人本主义学习理论强调不再以教师为中心进行非指导性教学,推崇以个人为中心进行学习,改变了以往以学科为中心的片面性。人本主义学习理论注重学生学习的情感因素,需要在教学过程中创造出有利于激发学生主动学习、培养自主探究能力的情景环境与真实问题,从而使得学生潜力得到充分发挥。

3.情境学习理论

情境学习理论是20世纪90年代继行为学习理论和认知学习理论之后提出的重要研究方向。情境学习理论认为,知识具有情境性,人们应该基于情境来习得知识。与言语传授的学习方式相比,情境学习能够让人们在一种真实而自然的情境中,潜移默化地习得大量的内隐知识,又在现实环境中自然而然地运用这些显性知识和内隐知识。[2]情境学习理论强调情境与知识的相互作用,将知识问题以情境的形式呈现出来,注重学和用的结合,体现在学生借助于具体角色的真实扮演,进行其所模拟的角色所要做的相关工作,和同学进行有效互动,进而确保学习知识的

---

[1] 黄宇星.信息技术环境下教师角色与能力结构分析[J].福建师范大学学报(哲学社会科学版),2003(6):122-125.

[2] 陈秋怡.情境学习理论文献综述[J].基础教育研究,2016(19):38-41,63.

价值性上，所以创设学习情境时需要考虑了学生的真实年龄、性别、知识储备等条件后，再实施相关的问题教学。

（二）PBL教学模式概念及特征

1.PBL教学模式概念

问题为导向的学习（problem-based learning，PBL）是一种基于问题解决和学生参与的教学模式，旨在培养学生的自主学习、批判性思维和解决问题的能力。该模式强调学生在真实世界中面临的问题，通过小组合作、自主探究和实践活动来促进学习。

（1）PBL教学模式以问题为导向。在PBL中，教师提出一个开放性问题或挑战，激发学生的好奇心和求知欲。这个问题通常是与现实生活相关的，能够引发学生思考和探索。问题的引入使学生认识到他们需要获取新的知识和技能来解决问题，从而激发他们的学习动机。

（2）PBL教学模式以学生为中心。学生在PBL中扮演主导角色，他们负责自主学习和解决问题的过程。教师的角色是充当指导者和资源提供者，引导学生的学习进程，不是简单地传授知识。学生通过小组讨论、合作探究和实践活动，自主构建知识框架、发展技能和培养解决问题的能力。

（3）PBL教学模式强调学生之间的合作与交流。学生通常以小组形式工作，共同探讨和解决问题。通过合作，他们可以分享不同的观点、经验和专业知识，相互激发思维和创意。这种合作和交流过程培养了学生的团队合作、沟通和领导能力。

（4）PBL教学模式还注重学生的实践和应用能力。学生通过解决实际问题，将所学知识和技能应用到实际情境中。他们通过实践活动、案例研究和现场调查等方式获得实际经验，加深对知识的理解。这种实践和应用能力的培养使学生能够更好地应对未来的挑战。

2.PBL 教学模式特征

（1）明确主题，以问题为导向。教师根据教学目标和教学大纲构建教学框架，在构建的教学框架下明确教学主题，将系统完整的情境问题形式呈现给学生。问题情境是 PBL 教学模式的核心环节，在学生学习过程中起引导作用，问题情境设计的难易程度会直接影响学生的学习效果。教师在设计问题情境时应考虑到学生现有知识水平，这就要求教师在问题选取上有一定的把握，要明确主题，使学生容易理解，要将复杂的问题简单化、清晰化。设计问题的难度要有递进的关系，做到由浅入深、循序渐进，具有层次性，同时问题的提出要对学生的思维能力具有一定挑战性。问题情境可以将某个技术动作设计成教学案例，通过视频、图片、网络等多种形式表现出来，做到问题具有开放性。问题情境的设计要具有前后关联性，体育舞蹈动作之间在某个技术环节中往往存在一定的关联，在设计问题时要将问题前后联系起来，帮助学生在解决问题过程中回忆起多个知识点，使学生在原有知识认知的基础上进行不断分析与总结，不断进行自我思考、再思考的重复过程，能清楚认识到自我知识水平不足之处。这样，学生在问题情境中可以很好地丰富学习手段与方法，提高创新思维与解决问题能力。

（2）以学生为主体，小组合作学习。传统教学模式注重教师授课，学生被动接受知识，而 PBL 教学模式则强调学生是信息加工的主体，学生是问题的解决者、知识的建构者，学习过程中学生是主动控制者而非教师，在 PBL 教学模式下学生必须承担主动探索问题的责任。在教学过程中，教师只起引导帮助作用，教师可以根据情境问题难易程度及学生学习情况进行适当的提示，帮助学生适应 PBL 教学模式的学习方式。因此，在教学过程中以学生为中心是 PBL 教学模式的主要特征。PBL 教学模式是一种典型依靠团队协作学习的教学模式，由于教师将学习内容转变成问题情境在学习时存在一定难度，学生较难独自完成，问题往往无法解决，依靠小组合作学习可以很好地解决个人能力不足的问题。小组合作学习可以集思广益、发挥群体作用，有利于解决问题，推动学习任务的完成。在学习活动中，由于学生思维逻辑不同、看待问题的角度不同，学生可以通过小组合作分工、协商讨论及制订学习计划，也可以选择互联网、图书馆、请教教师等多种方式解决问题，收集资料提出的解决方案也相对多样化，有利于学生对问题有清晰认识，从而形成个人知识体系。

（3）多元化评价方式。PBL教学模式采用一种多角度、多方面的以知识与能力发展并重的多元化评价方式。多元评价方式将打破以学期末技能测试成绩为主的考评现状。多元化评价方式分为评价内容多元化、评价形式多元化两部分。评价内容多元化从单角度的技能水平评价，如动作标准度、组合完成度、表现力等方面，增强课上合作沟通能力、发现解决问题能力，从多角度对整个学习过程进行评价，旨在提高学生在课堂中的主体参与度及知识掌握程度，激发学生学习兴趣及促进学生与他人交流合作。评价形式多元化是由单一的教师评定到实现学生自评、生生互评、师生互评等多种评价形式相结合，目的是在教学过程中提高学生对知识的认知程度、对动作技能的掌握程度，促进师生之间的互动关系。

二、PBL教学模式构建设计

（一）PBL教学模式教学目标

教学目标也是教学预期，即教师的教授目标，也是学生的学习目标。课程教学内容的安排、教学组织形式的选择、教学评价标准的制定都要围绕教学目标来设定，因此要想构建PBL教学模式下的高校体育舞蹈课程，首先需要明确的就是教学目标。PBL教学模式更加重视学生主体地位，强调学生学习的主动性、解决问题的自主性，要让学生直接参与到教学过程中去。PBL教学模式强调学生的"学与运用"，这不仅要体现在课中，在课前、课后对学生也要提出具体要求，这与传统教学模式存在一定差异。设定的教学目标难度过大就会影响教学进度，难度过小则难以引起学生的学习兴趣。因此，为了使教学目标在实际教学中便于实现，教学目标的设定要难度适中，以保证教学目标的基本实现和课程教学的有序进行。表 7-1 为 PBL 教学模式的教学目标。

表 7-1　PBL 教学模式的教学目标

教学目标	对应培养
了解高校体育教学目标、体育促进健康基本知识、体育舞蹈运行文化	学习体育促进健康的知识点，体育舞蹈起源、发展
掌握运用体育舞蹈的基本动作技术（以恰恰舞为例）	（1）恰恰舞基本动作； （2）恰恰舞规定组合动作； （3）创编组合和进行实践与展示，参加与组织班级小型竞赛
提高分析解决问题能力、合作沟通能力	（1）布置课前预习作业； （2）辅助工具的运用； （3）小组合作学习； （4）课后作业
发展体能	各项身体素质达到《国家学生体质健康标准（2014 年修订）》的要求
促进心理健康，提高社会适应能力，培养终身体育意识	轮流担任组长，扮演不同角色

（二）PBL 教学模式教学内容——以恰恰舞为例

1. 理论内容

（1）体育与身体健康。

（2）体育舞蹈运动概述。

（3）体育舞蹈竞赛规则、裁判法、竞赛组织。

2. 实践内容

（1）恰恰舞基本动作。原地换重心、时间步、方形步、纽约步、手接手步、定点转步、前进恰恰锁步、后退恰恰锁步、四分之一转步。

（2）恰恰舞单人铜牌组合。中国体育舞蹈联合会单人铜牌考级组合（原地换重心—快速原地换重心—原地换重心接追步—前进后退锁步—方形步—基本动作步接四分之一转—手接手—原地换重心—快速原地换重心—原地换重心接追步—前进后退锁步—方形步—基本动作步接四分之一转—手接手—谢礼）。

（三）PBL教学模式辅助工具选用

1. 微信 APP

PBL 教学模式不同于其他教学模式，需在课前由教师提前向学生提出本节课学习内容及问题，所以需要运用网络媒体进行辅助教学。微信是大学生现阶段必不可少的互联网应用软件，支持群聊，可即时发送和接收语音文字、传输视频图像，应用方便。一方面，学生在课前或课后用手机登录微信查看微信群中教师布置的问题，观看教师发送的视频、课堂录制视频等，方便快捷、节省时间，学生也可以关注体育舞蹈微信公众号，查看体育舞蹈相关信息。另一方面，一些高校已经实现了教室、宿舍、食堂网络全覆盖，这就给微信的使用提供了客观条件上的可行性。

2. 抖音短视频 APP

抖音短视频是以 15 秒到 5 分钟的短片形式将视频内容呈现出来的 APP 应用软件。抖音短视频 APP 活跃度高、观众基数大，这也为体育舞蹈的宣传提供了便利，各大体育舞蹈协会、著名运动员、知名讲师等纷纷注册账号，通过记录国内外各大体育舞蹈赛事精彩瞬间、技术动作示范讲解、练习日常并以短视频形式进行分享，以供他人日常观赏与学习。抖音短视频 APP 操作便利，在搜索栏中输入"体育舞蹈""恰恰舞"等相关信息后，会出现与搜索信息相匹配的用户与视频，可以根据喜好对用户、视频进行关注，后台会推送关注用户分享的视频，方便查阅。综上所述，抖音短视频 APP 具有活跃度高、实用性强、操作便利等特点，有利于学生课前对教师所提出的问题进行搜索，课后对课上未能解决的问题或未能掌握的技术动作进行二次学习。

3. 应用策略

（1）"预"——课前准备。课堂教学的课前阶段是教师准备、学生预习的阶段。教师根据教学目标、教学大纲在课前确定教学内容，设计教学方案，通过微信公众号、抖音短视频 APP 收集整理教学视频。具体操作是教师将相关视频及理论内容在新课一周前上传至微信群，发布学习任务，要求个人或小组在课余期间通过手机观看视频进行预习。

（2）"看"——学习知识。在以往学习中，教师在课堂上直接传授知识，对于较难的知识点，学生可能无法理解，跟不上教师的教学节奏，导致在学习中出错，影响学习质量。引入微信 APP 可以解决此问题，在微信群中既有动作讲解视频也有动作步伐文字，使学生对每个动作都能有清晰的了解与认识。学生在课后也可以反复观看查阅，加深印象。

（3）"查"——查找问题、解决问题。"查"具有两个意思，一是在微信公众号、抖音短视频 APP 中查找解决问题的方法，如在队形编排上，学生根据已有学习经验无法编出新颖的队形变化，可以通过自行查阅，找到有关视频进行学习解决问题。二是学生每节课后找到教师拍摄的课堂视频进行自查，对比教师提出的意见，找出自己存在的不足，有利于自己学习水平的提高。

（4）"馈"——课后交流评价。一方面，课后教师会将各小组课堂展示视频传入微信群中，对每组的展示做出评价，指出不足，便于学生思考，起到帮助学生改正提高的作用。同时，学生可以进一步向教师提出疑问，通过教师的解答以及课堂表现来反思本节课的学习情况。另一方面，便于教师布置、收集课后作业。学生按照教师布置的练习作业进行录制并上传至微信群，有利于教师浏览、检查。

第七章　多元化的体育舞蹈教学模式

（四）PBL 教学模式教学流程

1. 课前

体育舞蹈运动具有特殊性，教师需要对理论知识与技术动作分别设计学习任务，为学生开展自主学习做好充足准备。课前教师在进行前期准备时，要根据教学目标及教学重难点，设计教学任务。为了激发学生学习兴趣，教师要通过微信群发放有观赏价值、表现力较强的视频，引导学生观看视频引出学习问题。在教师发布学习任务后，学生个人或以小组为单位进行课前预习，各小组应集思广益、主动讨论，组内根据计划进行分工，通过微信公众号、抖音短视频 APP 进行查找或向教师请教等方法，寻找解决问题的方案，为课上组内实践学习提供必要前提。

2. 课中

课中分为教师引导、小组合作学习、展示比赛三个环节。首先，教师询问各小组课前预习情况，根据学生课前预习的具体情况，教师进行相应程度的动作示范与讲解。通过该环节，学生可以更加清楚地了解技术动作的规范性与动作的重难点，促进下一学习环节中技术动作的掌握与理解。其次，各小组根据课前的预习成果与教师示范讲解后的理解，带着需要解决的问题进行小组合作学习。小组合作学习环节是学生主体学习阶段，根据教师设定的问题情境与任务进入组内合作学习，各小组自行确定本节课学练方案，组长按步骤带领组员进行学练，在练习过程中组员相互交流，在练习中发现问题，围绕要解决的问题进行讨论，在练习中验证问题是否已得到解决，如有组内无法解决的问题可以与教师交流。在该环节中，教师应对每组学练情况进行关注，教师可以流动观察，单独对小组需要解决的问题、疑点进行指导与讲解，引导学生边练习边思考，这样可以达到分层教学、节约时间的目的。最后，各小组汇报或进行小型竞赛展示学习成果，教师进行评价总结。成果展示或比赛后，各小组以投票的形式进行组与组互评，选出本节课展示最好的一组，各小组进行组内学生互评选出本节课组内表现最好的一位同学，借此来提高学生之间的竞争意识与合作意识。

3. 课后

课后教师将课上小组展示、比赛的视频发送到微信群中，对各小组的视频中的表现进行点评，指出优缺点，与学生一起互动沟通，共同解决学习过程中遇到的问题。教师在线布置课后作业，督促学生在规定时间内将练习视频传入微信群，对学生反馈的练习视频进行评价，指出优缺点。

（五）PBL 教学模式评价设计

教学评价在某种意义上是对学生学习过程中表现的呈现，是教学过程中不可或缺的重要一环，它服务于学生知识储备的不断构建以及促进学生学习的有效进行。评价不能仅限于结果，更要注重评价学生构建知识的过程。为了使 PBL 教学模式在体育舞蹈选项课教学中可以良性发展，得到高效检验和有效评价，在结合国内有关教学评价研究成果后，本书依据不同分类标准，将 PBL 教学模式评价类型分为针对评价对象、评价内容、评价方式、评价阶段、评价作用，一种多角度、多方面的，知识与能力发展并重的评价方法。这不仅能对学生课堂学习进行实际的判定，还能从整体上对学生在发现问题、解决问题，以及资料收集、实践探究方面进行综合性评价，旨在提高学生在课堂中的主体参与性及知识掌握程度，促进教学相长，促进教师和学生之间的互动，具体见表 7-2。

表 7-2 PBL 教学模式评价分类表

分类标准	类型构成
评价对象	学生、小组、教师
评价内容	技能评价、情感评价、态度评价、能力评价、知识评价
评价方式	线上评价、线下评价
评价阶段	课前评价、课中评价、课后评价
评价作用	形成性评价、总结性评价、诊断性评价

第七章　多元化的体育舞蹈教学模式

1.PBL 教学模式评价方式

PBL 教学模式评价方式分为线上评价和线下评价，评价的主体都是教师与学生。线上评价的主要工具是微信 APP，课前教师依据教学目标将事先设计好的问题与视频发布到微信群，课后将学生课后作业传入微信群，教师根据学生自行汇报预习成果和课后视频回收结果进行评价，对学生未解决的问题进行解答，或指出动作练习时存在的不足，进行诊断性评价。学生在得到教师评价后，根据教师对问题的解答和动作纠正进行自评、自省，对问题和动作产生新的认识与理解，通过在线与教师沟通交流进一步学习的过程事实上就是一个形成性评价的过程。线上评价不仅有利于教师督促学生主动学习，也有利于教师对学生学习情况进行监督。线下评价主要是在课堂中完成的，在课中阶段，教师选择集体或个别进行评价更为灵活，教师可以看实际教学情况而定，这样使教师讲解与示范时间减少，增加学生参与探究和实践活动的时间。在课中阶段，教师可以针对某一小组或某一位同学的动作学习进行评价，便于收集大部分同学容易出错的知识点。这有利于教师对本节课做出总结性评价。在下课前发放评价表，教师、学生对本节课的学习情况进行评价，实现对课堂学习情况的综合评价。

2.PBL 教学模式评价标准

评价标准是决定教学评价设计是否合理的因素之一，在制定评价标准时需要考虑到学生的个体差异，评价标准的构成要符合教学目标与学生的学习情况。本书研究的 PBL 教学模式评价标准由课堂学习、课前后作业、技能测试三部分构成，每部分都占相应的百分比。其中课堂学习评价由教师评价、组内互评、学生自评组成，这说明了对人性化评价的高度重视。教师与学生作为评价主体共同参与多种评价，能够很好地反映学生课堂学习和技能掌握的实际情况，最终形成综合性的评价。具体见表 7-3。

表 7-3 PBL 教学模式评分标准表

评价构成	评分要求
课堂学习（40%）	为了更好地对课堂学习情况进行评价，每堂课后评价对象各自填写评价表，本课堂学习总分＝教师评价（40%）+组内互评（30%）+学生自评（30%）
课前后作业（20%）	课前作业以视频预习、搜索问题相关资料为主，教师根据课上展示、提问回答正确情况进行打分；课后作业以技术动作练习为主，教师根据动作完成程度、完成质量进行打分
技能测试（40%）	技能测试由规定单人组合、小组自编组合两部分成绩组成；评分标准以体育舞蹈课教学大纲中技能考试评价标准为主

三、PBL 教学模式案例应用设计

本书以恰恰舞方形步、规定组合、自编组合为例介绍案例设计。方形步的重心移动动作需要依靠膝、踝关节的屈和伸的转换，身体中段收紧快速完成，需要特别注意的是具有横向、纵向移动的步子，对学生重心的稳定性和脚步的速度要求较高，掌握较为困难。这也使方形步在恰恰舞基本步中具有代表性，因此将方形步作为案例之一。规定组合采用的是恰恰舞单人铜牌组合，由 37 小节、8 个舞步组成，就要求学生在保持动作标准、音乐节奏正确前提下，不出错一次性完成组合动作，这对学生基础能力提出了较高的要求，也是检验学生恰恰舞基础能力的手段之一。自编组合要求在规定的课时内小组通过合作在规定音乐中进行 50 小节的组合创编，必须满足队形变换、动作编排等要求，这能充分展示学生的合作沟通能力、创新能力。

（一）方形步案例设计

1. 学情分析

从知识基础角度来看，学生已经知道原地换重心、左右恰恰追步的技术要领，也初步掌握了两个舞步的步伐、脚法、拍值；从思维水平角度来看，学生学习完原地换重心、时间步后对恰恰舞产生了浓厚的学习兴趣，逐渐理解动作之间的贯通性，同时具备了一定的构建思想，但学生探究问题的能力及合作沟通能力有待加强；从认知角度来看，学生在跳舞时习惯于向一个方向移动，不擅长向多个方向移动，这与人的身体以及思维的惯性有关，对于初学者来说这种惯性的影响较大。

2. 问题情境设计

课前教师将本节课学习内容——方形步视频传到微信群中并公布课前预习问题，观看视频结合已学动作对比方形步：方形步包含了哪几个动作？方形步每个步伐的节奏、拍值是什么？方形步向前2&3、向后2&3拍值动作接横向移动时怎么衔接？教师要求各小组提前通过微信公众号或者抖音短视频APP等相关平台收集资料，对恰恰舞方形步具有初步了解。课中教师先对恰恰舞方形步进行无音乐伴奏下的动作示范与讲解，提示此步的动作重难点，引导学生建立正确动作表象。之后，教师交代本节课学习内容，引出问题：向前方形步，切克动作如何保持身体平衡，身体重心在什么位置？向后方形步后退时重心在什么位置、该拍值脚法是什么？教师宣布进入小组合作学习环节。经过20分钟的小组学习后，教师叫停各组并进行有音乐伴奏下恰恰舞方形步的动作示范，引出下一个问题：恰恰舞音乐节奏较快与无伴奏练习相比，需要改变什么才能做到动作标准并且膝盖伸直、绷脚背？各小组带着问题进入下一阶段的合作学习，该阶段教师循环播放音乐，各小组自行跟随音乐进行完整动作练习。

3. 学习要求

（1）每个小组根据问题课前进行资料的收集与整理，课中小组合作探究问题、解决问题。

（2）在小组合作环节，教师会进行巡视与提供帮助，小组应将无法解决的问题主动与教师进行交流解惑。

（3）本节课结束前以小组为单位进行展示或以比赛形式汇报学习成果。

（4）对自己、小组成员学习情况及其他小组展示情况进行评价。

（二）规定组合案例设计

1. 学情分析

从知识基础角度来看，学生已经知道所有恰恰舞基本动作的技术要领，也熟练掌握了各个动作的步伐、脚法、拍值；从思维水平角度来看，学生对恰恰舞学习积极性较高，已理解动作之间的贯通性、相似性，同时具备了一定的构建思想，学生探究问题的能力及合作沟通能力得到了有效加强；从认知角度来看，学生对恰恰舞已有深入的了解，对单个动作具有一定的理解，但不擅长将多个动作组合起来，容易忘记动作顺序。

2. 问题情境设计

课前教师将本节课学习内容规定组合视频传到微信群中并公布课前预习问题：规定组合包含了哪些动作？每个动作有几个音乐小节？起舞和谢礼动作要领、拍值是什么？要求各小组根据本节课要解决的问题，提前通过微信公众号或者抖音短视频 APP 等相关平台进行资料收集。课中教师先对规定组合进行无音乐伴奏下的动作示范与讲解，引导学生建立正确动作表象，教师交代本节课学习内容，引出问题：动作之间的衔接该怎么处理？教师宣布进入小组合作学习环节。经过 20 分钟的小组学习后，教师叫停各组并进行有音乐伴奏下恰恰舞规定组合示范，前半节课各组按照问题进行合作学习，后半节课教师循环播放音乐，各小组自行随音乐进行完整动作练习。

3. 学习要求

（1）每个小组根据问题课前进行资料的收集与整理，课中小组合作探究问题、解决问题。

（2）在小组合作环节，教师会进行巡视与提供帮助，小组应将无法解决的问题主动与教师进行交流解惑。

（3）本节课结束前以小组为单位进行展示或以比赛形式汇报学习成果。

（4）对自己、小组成员学习情况及其他小组展示情况进行评价。

（三）自编组合案例

1. 学情分析

从知识基础角度来看，学生已经掌握了所有基础动作以及规定组合，具备了较好的基础能力；从思维水平角度来看，学生具有较强的解决问题能力及有较强的合作意识，思维活跃并勇于接受挑战；从认知角度来看，学生实现了认识的"现有发展水平"上升到认识"潜在发展水平"，同时能够完成自我知识的构建与自我能力的超越与发展。

2. 问题情境设计

课前教师将本节课学习内容规定组合视频传到微信群中并公布课前预习问题：认真观察两个视频，注意视频中运用哪些队形变化？怎样编排能使组合美观？要求各小组根据本节课要解决的问题，提前通过微信公众号或者抖音短视频APP等相关平台进行资料收集。课中教师先把编排组合资料进行解读后，交代本节课学习问题：编排组合要注意哪些地方？在变换队形时怎么保持队伍整齐？教师提示注意事项后宣布进行各小组自编环节，前半节课各组按照问题进行合作学习，后半节课教师循环播放音乐，各小组自行随音乐进行完整动作练习。

3. 学习要求

（1）每个小组根据问题课前进行资料的收集与整理，课中小组合作探究问题、解决问题。

（2）在小组合作环节，教师会进行巡视与提供帮助，小组应将无法解决的问题主动与教师进行交流解惑。

（3）本节课结束前以小组为单位进行展示或以比赛形式汇报学习成果。

（4）对自己、小组成员学习情况及其他小组展示情况进行评价。

第二节 个性化教学模式

一、体育舞蹈的个性特征及其体现

(一)体育舞蹈的竞技性的突出特征及体现

体育舞蹈不仅是风格独特、难度大的舞种,也是国际性的比赛项目,它与很多竞技体育项目一样,需要运动员在规定的条件下完成动作,展示自己的才华,得到评委认同。因此,将体育舞蹈说成一种竞技项目一点也不为过。世界舞蹈及体育舞蹈理事会(WDDSC)每年都会举办国际标准舞等不同项目的比赛。在体育舞蹈的部分,每年都有世界各地的运动员齐聚一堂参加盛事。近些年,随着竞技水平的提高,体育舞蹈的难度也不断增大,动作越来越新颖、独特,技巧也越来越创新。中国体育舞蹈联合会每年也会举办各种大大小小的比赛,随着参与人数的不断增多、参赛者技术水平的不断提高,中国的体育舞蹈也在竞赛中取得各种创新。

(二)体育舞蹈独有的风格特征及体现

体育舞蹈之所以难度较大,是因为它是多种舞蹈的总和,它既要有现代舞的典雅含蓄和表现力,又要有民族舞、芭蕾舞的基本训练功底,还要有爵士舞、机械舞中的爆发力。体育舞蹈又有自己独特的一面,从审美的角度看,体育舞蹈要刚柔并济、动静结合,男士和女士必须做到相互承托,才能相得益彰,动作上要错落有致,静止并非绝对的静止,而是身体无限延伸,才会给人连绵不断、行云流水的感觉。

(三)体育舞蹈的配合默契的特征及体现

体育舞蹈需要男女两个人搭配舞蹈才能完成技术动作,因此要求双方结成舞伴，相互配合默契，不仅要做到动作协调一致，往更高的要求上看，还需要双方在形象气质、舞蹈风格、表现力上充分搭配。摩登舞基本以男士引带为主，女士需要跟随，舞伴之间不仅要相互熟悉对方的力量程度、发力方式、习惯动作，还要相互之间有信息传递，能够做出灵敏的反应。因此男女舞伴需要在长时间的配合和磨合中找到共同点，达到生理和心理的一致，这样才会有密切合作。

（四）体育舞蹈的技术规范的特征及体现

体育舞蹈早期是由民间舞和宫廷舞转化而来的，是由英国皇家舞蹈学院进行编排、综合改进形成的一套具有自身完整系统的规范性舞蹈。在比赛中，技术规范主要体现在：不论是拉丁舞还是摩登舞，技术结构需要严格、完整；每种舞蹈的手势、站位、步伐、造型都必须按照严格的技术规格完成；场地的设置、灯光的配合、运动员的服饰妆容也都有严格的规定。因此可以说，体育舞蹈是严格规范的舞蹈项群。

二、构建体育舞蹈个性化教学模式应把握的教学原则

（一）因材施教原则

所谓因材施教，就是教师要从学生的实际情况出发，使学生的知识水平和接受能力能够适应教学的深度、广度和进度，同时要考虑到学生的个性特点和个性差异，使每个人的潜能得到最大限度的发挥。因此，了解学生个性特点是因材施教的基础。在体育舞蹈课堂上，教师可先根据学生的大致情况，做好体育舞蹈的知识普及，再根据学生的不同情况，对态度积极、勤学好问的学生给予个别辅导，对于精力不集中的学生可以用暗示、提问的方式培养他们的自控能力。

（二）教学相长原则

所谓教学相长，就是教与学两个方面相互影响、相互促进，都能够得到提高。陶行知在《教学做合一》中提到："做先生的，应该一面教一

面学,并不是贩买些知识来,就可以终身卖不尽的。"在师生共同生活中,教师必须力求进步。很多好学的学生往往在学问上和修养上经常以教师为目标,与教师竞赛,这就需要教师也不断提高自己的知识水平、技能水平、修养造诣,在学问和修养上给予学生帮助和促进。为人师表就需要勉励自己,知道自己有不足的地方就要及时补上,更好地完善自己,也便于根据学生个性安排不同的教学方法和内容,使自己清楚如何合理教育学生。

(三)系统性原则

任何教学模式都应该有一套系统化、结构化的方法和策略体系,教学模式是对该教学活动系统的各个方面进行综合考量、整体规划的结果,是对整个教学活动的完整反映。捷克教育家夸美纽斯(Komenský)在《大教学论》中强调:"秩序是把一切事物教给一切人们的教学艺术的主导原则。"因此,在构建体育舞蹈教学模式的同时应注重总体的把握,按年级、按阶段逐步有效地提高学生对专项技能的把握程度。在教学活动的不同环节,不宜等量齐观,要突出重点,带动一般,以简驭繁,举一反三。对教学原则、教学内容、教学目标、教学方法、指导思想、组织形式、教学评估等教学活动的各个项目进行全面设计,使其中的各要素相互配合,形成一个优化组合的完整的教与学活动系统。

(四)有效性原则

有效性原则要求教师在体育舞蹈课程设计中,注重课堂效率,能让学生在最短的时间内学到最多的知识。学习使学生获得发展,使学生的知识、技能、能力得到提高。体育舞蹈课程时间是有限的,摩登舞和拉丁舞包含十个舞种,要想使学生在有限的时间里学到最多,完全掌握显然难度较大,可以根据培养目标和计划在内容设置上予以区分,因地制宜、因人而异优化课程内容,使学生在技能以及知识水平上得到有效提高。

三、体育舞蹈个性化教学模式的选择与构建

(一) 影响教师选择个性化教学模式的因素

不同的教师,在不同的教学实施背景下,会依照个人的教学习惯来选择不同的教学方法。对于教师的个性化教学方法,可以将以下几方面作为切入点来进行研究。

1. 教学风格

教学风格一般是指教师在教学时所采取的一贯的方式、方法,主要表现在教学语言、教学内容的组织安排上。对于体育舞蹈这种偏重于技术性的课程来讲,教师的风格特点对学生的学习影响颇为深刻。

语言是人类重要的交流工具,在课堂上,教师向学生传授技能的主要途径便是语言。口传,即口头传递的方式,也是教师教学的重要方式。体育舞蹈教师用言语表达,配合动作示范传授给学生技术特征、动作要领、身体感觉以及对音乐的理解等。教师的语言特点在一定程度上体现着教师的教学风格特点。例如,教师有的语言幽默诙谐,有的语言严肃刻板,有的语言丰富多彩,有的语言简洁利落。教师可以将不同的语言特点用在不同时期的教学过程中。而在"身授"过程中,教师除了示范舞蹈的动态形象之外,还有重要的一点便是教师本人的形象。教师本人形象也是影响学生学习的因素。例如,在课堂中,教师的衣着发饰,教师的习惯舞蹈动作,都会给学生留下深刻的印象。学生在初步的学习中会模仿教师的穿着打扮,靠近教师所有的那种"范儿"。那么教师应为人师表,一方面要坚持上舞蹈进修课,坚持练功,保持较好的形体和体力,保持舞蹈所需要的协调性,另一方面要努力提高自己的思想境界、理论素质和文化修养。

2. 教学态度

对于学生来说,教师的教学态度是影响其学习的重要因素。教师对学生知根知底,善于启发,教育因此具有极强的针对性。教师要立足现

实，洞悉学生心理，循循善诱，采用启发引导的教育方法对于贯彻实施新课程改革具有重要的启示意义。体育舞蹈教师动作示范准确、优美，学生就会很快地领会动作要领，在学习时就会感兴趣，练习认真。反之，教师讲解含糊不清、啰唆重复、示范动作不准确、不优美甚至有失误，就会影响学生学习的积极性。因此教师在上课前应仔细备课，对每次课堂练习要有充分的准备，合理安排每次课堂的运动量，练习密度要均匀，教学方法、手段也要根据学生的情况不断改进，这样会对学生产生很强的吸引力。教师要放低自己的姿态，真正把每一名学生当作自己的朋友。体育舞蹈教师要有开放的教学理念，不管是在教学内容还是在教学方法的设计上，都应该以开放的胸怀尽量让学生百花齐放，百家争鸣，用公正、严谨、亲切、开放的教学态度接近、鼓励和引导学生，让学生在和谐的教与学的环境中成长并获取知识。

3. 技术特长

体育舞蹈一共包括十个舞种，每一舞种都有自己不同的风格。如华尔兹，要展现高贵、优雅与柔和的气质，而探戈需要展现刚柔并济、与舞伴的对抗和协调，在拉丁舞中，伦巴需要缠绵、柔美的延伸，恰恰舞需要速度与力量的爆发。教师也有自己的特长，不是每位教师都能完美演绎每一舞种，有的教师喜欢高贵典雅，有的喜欢苍劲有力，有的擅长内力的延伸，有的擅长短暂的爆发。教师都会对自己擅长的一面多加修饰，因此教师的技术特长是影响教师选择教学方法的重要因素。

4. 年龄、经验差别

在教师队伍当中，年龄的差别也是影响教师选择教学方法的因素。年纪较大的教师喜欢用语言法传授知识，而年轻的教师运用"示范"方法的比较多。在教学经验方面，经验丰富的教师，面对不同的学生和不同的教学环境，教学方法的选择比较多样，而经验不足的教师选择面就比较窄。在这里说明一点，年纪和教学经验不是成正比的，并非年纪较大的教师教学经验就丰富一些，教学经验的丰富程度是通过教师的从教时间、教学经历、个人能力来体现的，不只年龄这一个因素。

5. 教学实施的背景

教学实施的背景可以理解为不同的课程性质。将课程按照性质分类可总结出三种不同的实施条件：一是按教学阶段分类，可分为教学初期、教学中期和教学后期；二是按课程类型分类，可分为新授课，复习课，复习与新授课（综合课），模拟、考核课；三是按授课人数分类，可分为大课和小课。具体如图 7-1 所示。

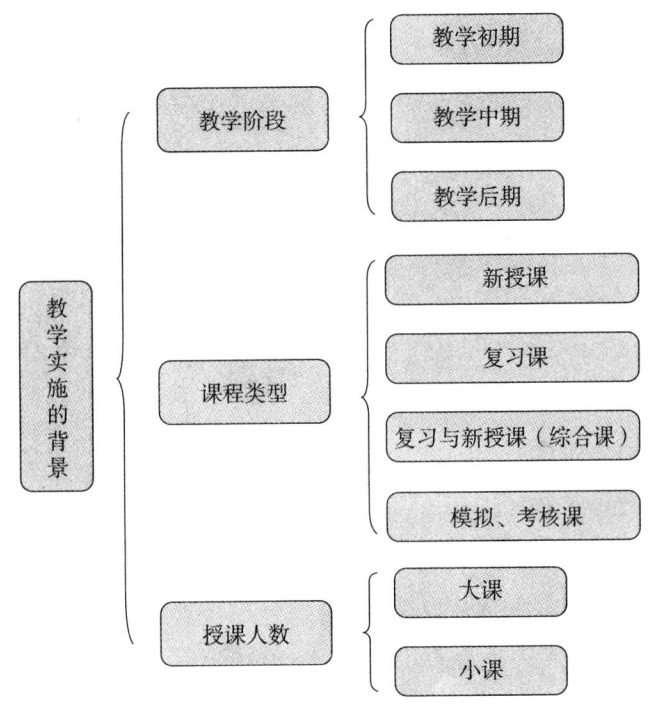

图 7-1 教学实施的背景

教学实施的背景分为三种。其中，教学阶段、课程类型和授课人数这三种性质又可以理解为包含与被包含的关系。例如，将"教学阶段"作为一种广义的背景条件，那么又可在教学初期、中期和后期时将课程类型做分类。课程类型分类后又可将授课人数作为细分的标准。具体如

图 7-2 所示。

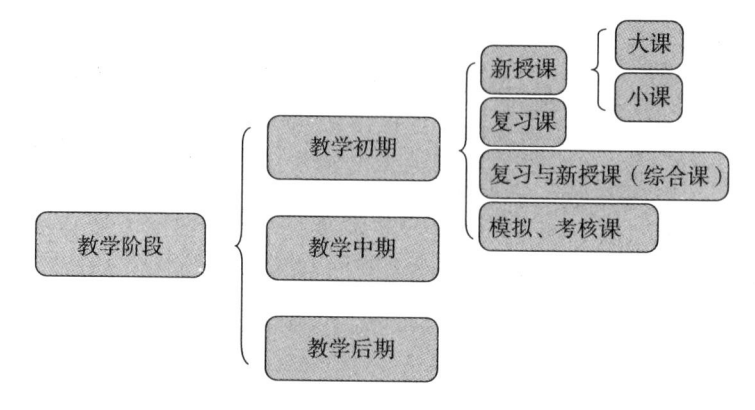

图 7-2 教学实施背景之间的关系

6. 学生的个体差异

学生的个体差异可归纳为以下几点，具体如图 7-3 所示。

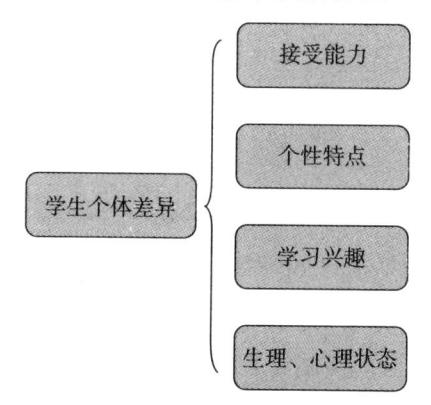

图 7-3 学生的个体差异

教师在选择教学方法时，要着重考虑学生的个体差异。教师要以学生为主体，尊重个体差异，在不同的教学实施背景下尝试构建分层的个性化教学模式。

（二）以学生为主体，构建分层的个性化教学模式

构建分层的个性化教学模式的基本环节如图 7-4 所示。先把握明确的教学指导思想，以人为本，把学生放在主体位置上，设定教学目标，再通过教学实施的不同背景，选择不同的教学方法，从而研究出分层教学的个性化教学模式。这种教学模式注重的是最大限度关注和尊重学生的个性差异，可借助先进的教学手段和方法，研究出符合学生个性的培养模式。

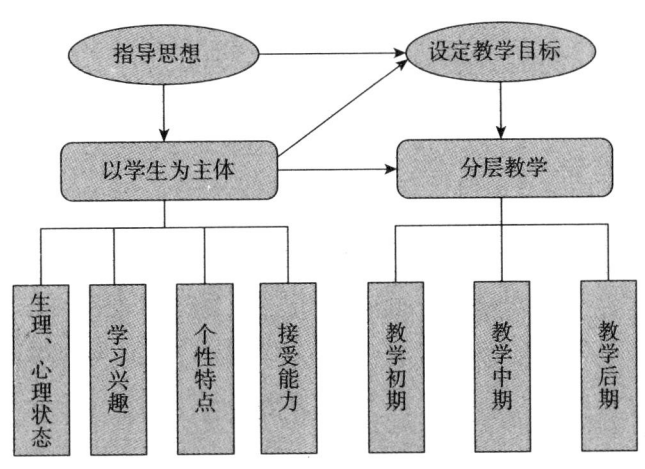

图 7-4 以学生为主体的分层的个性化教学模式基本环节

1. 针对初期阶段

（1）对于基本功的训练。在教学的初期阶段，体育舞蹈教师都会选择以语言法或者直观法来引导学生。如摩登舞基本的架型，技术的首要元素是正确的身体姿势，两人的身体皆应感觉到延伸。一开始，两人各自重心皆应在脚的前部，男士身体挺直，女士身体从足部产生柔和的向上弓形弧线，这个弧度应将她的腰与臀部带向男士的中间，且上身从中线形成向外展的弧度。女士的臀部必须向上且向前延展，良好控制的女性身体弧线代表着优雅的女性美，过度夸张的弓状会降低优雅度。此时，教师应选择直观法中的示范法，将正确的握持姿势演示给学生看，并且配合语言法，必要时搭配直观法中的图示法，将两人的握持方法和身体位置讲述给学生。握持完成时，效果应该是强调男士的气概及女士的柔和，男士的手臂虽是放松的，但看起来是支撑的，同时女士的手臂要像丝巾般轻柔，唯有轻柔，才能在不破坏男士的手臂及背部线条下，完成两人相关位置的变化。有的学生在练习握持姿势时，会有一些误区，例如男士会挺腹部，男士刻意将手肘抬高，女士双肩上提，女士的臀部过分外翘等。这些错误都会影响摩登舞架型的美感。此时，教师就要依照学生的个别情况，为每对学生进行个别辅导，纠正学生的错误，给他们以正确的引导。

（2）对于等级规定套路的学习。体育舞蹈十支舞的等级规定套路是基本组合性套路，是经过体育舞蹈专家精心设计，通过国际体育舞蹈组织认可，由体育舞蹈官方规定的具有权威性和科学性的组合套路。对于学习初期的学生，每段组合对每一个具体的技术动作都有严格的要求和标准，细致到步法名称、节奏、脚法、步位、方向、旋转角度和双人位置关系等。等级规定套路的学习是学生从基本舞步学习阶段跨越到成套动作学习阶段最有效的教学过渡阶段。因此，教师应该详细、细致地选择套路组合。学习等级规定套路能使学生逐渐熟悉和适应双人配合，了解基本步在套路中的运用方法和规律，形成一定的知识积累，为套路的学习做好铺垫；也能让教师在学生演绎相同的套路动作时，发现学生的个别问题，从而更准确地针对个别问题进行辅导。

2. 针对中期阶段

（1）自主编排花样表演性套路。体育舞蹈是由无数个被加工过的身体动作组合而成的，是一个时间性和空间性的非周期运动项目。从一个最基本、最简单的动作，到几个动作的连接，从一个组合到完整的成套动作的形成，都是在同类动作的重复、发展、变化和不同类动作的配合、衔接、交替中呈现的。体育舞蹈的编排设计体现在动作流畅新颖、表演者运用自如上。由于体育舞蹈的十个舞种风格迥异，整个动作设计要体现舞种的基本风韵，并且有一定的技术难度。教师在教学中可以教授片段性的组合，在学习优秀运动员的动作、积累一定素材的前提下，使学生充分发挥想象力，运用自身掌握的技术结合教师的启发进行动作创编，提高学生对舞蹈的认识，更重要的是启发学生结合自身条件以及自己的表现风格进行改编，形成自己的表演风格。

在学生学习的中期阶段，教师可根据学生的学习情况，编排一些由简到繁的成套动作。此时教师运用较多的是直观法中的示范法或者练习法，侧重点在于练习法，对于学习中期阶段的学生来说，当在基本技术掌握差不多的时候，教师可适当放宽对他们整体的训练，而用更多的自主学习时间代替大班授课形式，将小课形式逐步引入学生的学习过程中，让学生更了解自己的优缺点，让每位学生都能准确地扬长避短，针对问题，各个击破，更有效率地学习。对于整体学生的学习中期阶段，教师还应该把握新授课与复习课的区别，教师可衔接学习初期继续进行基本功的复习课，而新动作的教授、套路的编排设计等便成为学习中期阶段的新授课。教师只有在此时做好时间上的合理安排，才能顺利完成教学任务。

（2）教学实习。探索法在此时运用较多，教学实习强调就业体验式实习。可通过就业体验式实习来完善和充实教学内容，这样就避免了纯理论教学或纯技术教学的枯燥无味，避免了出现理论与实践的脱节。在提高学生对体育舞蹈专业的意识和兴趣的同时，又能培养学生的自主自律的意识和能力，培养学生的创造力和勇于挑战的精神，培养学生的务实能力。实习也是检验学生知识、能力的重要一环。通过实习学生能将体育舞蹈专业学以致用，发现自身的不足，从而进行有针对性的学习。

（3）观摩及比赛。教师运用竞赛法，创造学生亲临比赛现场的机会，观摩或者参与，能够使学生近距离感受竞赛的氛围，这不仅是对其理论学习的实践，也是对其技能学习的考验，可使学生提高对比赛的兴趣。参与比赛能使学生的技能得到检验，也能以赛带练，促进学生学习技术，提高学生对专项技术的运用能力。

（4）表演经历。表演实践是学生能力的检验，能使学生获得一定舞台经验。表演需要根据不同情境而设计不同的主题和内容，这就需要学生进行舞蹈创编。这个过程能充分锻炼学生对于体育舞蹈创编理论知识与体育舞蹈基本技术技能相结合的实际运用能力，较全面地培养学生的专业综合素质。表演经历分为校内表演和校外表演。

3. 针对后期阶段

（1）技术考核。①考核内容。有单人技术动作考核和双人技术动作考核两部分。单人技术动作考核以基本技术为核心，主要考查伦巴舞、恰恰舞、华尔兹、探戈四支舞蹈的基本步和等级规定组合。双人技术动作考核以十个舞种的表演性成套动作为考核内容，考查基本技术的运用。②考核标准。一是基本技术。各种步伐的方向，脚与地板接触步位准确，脚步时间值准确，运动过程中姿态准确漂亮，舞伴之间体现出平衡和稳定。二是音乐表现力。对不同的舞种节奏清晰，对音乐风格有较好的理解，能跳出音乐的境界。三是体育舞蹈舞种风格体现。能细致区别各种不同舞种风格、韵味上的差别，能有个人风格体现。四是临场表现。能保持良好的状态，表现出舞者的气质、风度、仪表的总体形象。

（2）技术提高。教师在教学的后期阶段，除了对学生的学习成果做考核之外，还要对学生的技术"趁热打铁"。在体育舞蹈这种技术性的项目里，比赛是检验技术的最好方法。教师在上课时可对学生进行模拟比赛，从中发现学生的技术弱点，为提高技术水平提供参考。

发展个性、培养兴趣和养成运动习惯是终身体育、健康体育追求的目标，因此个性发展问题不容忽视。为发展和培养学生的个性，教师应该加强各个方面的学习和研究。特别是体育舞蹈教学，更应加强教师技能的培训和促进教师继续学习，使教师认真面对教学和实践，这是体育舞蹈个性化教学模式构建的关键问题。因此，在编排教材和选择教法以及组织形式上，要把因材施教原则与教学相长原则结合起来，在充分考虑学生的兴趣特征、个性需求的前提下，遵循教学目标与任务的要求，以学科发展来迎合学生个性发展，以学生个性发展来促进学科发展。

第三节 翻转课堂教学模式

一、高校体育舞蹈应用"翻转课堂"的SWOT分析

(一)优势(Strengths)

1. 学习平台网络化

信息化环境的建设,为更好地改善教学提供了契机。传统的体育舞蹈教学平台属于物理平台,依靠学校提供的练习场所实施课堂教学。而翻转课堂的实施,实质上建立在信息技术飞快发展的基础上,需要网络环境和数字化学习资源,或者说依靠网络化平台的支撑。课前教师通过网络化平台提前上传制作好的体育舞蹈教学视频,学生则通过手机、计算机从网络上下载这些教学视频,更清晰、更直观地学习和领会体育舞蹈的动作要领和特征。同时将课堂上的互动交流拓展到网络空间,师生交互的方式更加实时化、连续化和信息化。对于有条件的高校,甚至可以建立本校网络化的学习管理系统,作为实施翻转课堂教学的基础性平台。该平台不仅可以展示教学资源,还可以动态记录学生的学习过程数据。教师通过过程学习数据的分析,可以提前掌握学生学习状况,较传统体育舞蹈课前预习情况而言,无疑有很大的进步,可以促使教师改进课堂教学方式,提出更有针对性的策略,为学生提供个性化服务。网络化平台本身又具有开放性,大学生可以借此拓展体育舞蹈课外信息,这与大学生对现代信息技术的需求高度契合,对培养学生学习兴趣,提高教学效率作用明显。

2. 学习安排自主化

体育舞蹈教学和高校其他体育教学一样,教学模式开始部分讲专业

理论知识，然后进行动作示范，再由学生进行练习，教师巡回辅导。这种固定的教学方法，强调以教师为中心，在教学过程中，更多追求的是学生在体育舞蹈练习形式上的统一性，注重讲授体育舞蹈技能，片面强调体育舞蹈的健身价值，没有充分展示体育舞蹈特有的魅力，较少顾及大学生学习体育舞蹈追求时尚、增进社会交往、开拓艺术视野、塑造个性美的初衷，忽视学生个性化需求。如乐感较差但又想学习体育舞蹈的初学者，需要花大量时间从音乐欣赏、基本舞步等体艺基础开始，循序渐进地开展练习。翻转课堂教学的实施，很好地改变了这种状况，使大学生可以根据自身情况，自行掌控学习进度。一是自由规划时间学习教学视频，大学生可以较轻松地投入学习之中；二是自由掌握学习的进度，做到自主掌握学习节奏，如对比较复杂的舞步，可以通过对体育舞蹈视频的重播、慢放、暂停等功能的使用，实现对该动作有针对性的重复学习，直至掌握，避免了课堂教学中出现学得快的嫌教得慢、学得慢的怕赶不上的"两极分化"局面；三是自主拓展学习内容，实现独立探索，满足大学生个性化需求。[①]如一些活泼好动的男生想了解如何学习恰恰舞、牛仔舞等幅度大、节奏快的舞蹈，可以通过网络平台获取相关教学资源，实现对体育舞蹈信息的课外拓展，丰富自己的知识。通过上述自主实践的安排，大学生实现了"我的学习我做主"，最终学习自主性增强，参与感提升，获得感更大，彰显了学生主体性的原则。

3. 教学过程互动化

传统的体育舞蹈教学模式实行大班制，再加上强调规范统一性，不允许学生之间过多交流，基本上都是教师讲解，属于典型的单向灌输。不认真听课或听不懂的学生，只能简单模仿旁边同学的动作。从教学实施流程来说，传统的体育教学知识传授在课堂上由教师来完成，而知识

---

① 郭小莉.普通高校体育舞蹈应用"翻转课堂"的SWOT分析[J].黄山学院学报，2016，18（3）：79-82.

第七章 多元化的体育舞蹈教学模式

内化则主要依靠学生课后完成。翻转课堂则将知识传授阶段前置到课前，主要由学生自主安排，而在课堂上实现知识内化。翻转课堂知识内化最主要的途径就是建立互动机制，包括师生之间、生生之间的互动。师生之间建立个性化的沟通互动，对于体育舞蹈学习来说尤其重要。如学生在练习拉丁舞的原地基本律动动作时，因要进行大量的重复练习心生厌烦，而教师适时对其开展个性化的沟通互动，无疑会提升学生的信心和动力。在学生之间成立若干小组，便于学生在集体练习时相互交流，这样既能巩固学生所学的舞蹈知识与技能，又能提高彼此鉴赏舞蹈美的能力，甚至可以临时创造出一些新颖、别致的舞蹈动作。此时教师则应以一个欣赏者、鼓励者的角色参与其中，再适当组织小组之间的竞争，让学生在欢快的气氛中，展示所学，表现自我，最终实现知识的内化。

(二) 劣势 (Weaknesses)

首先，翻转课堂应用在我国尚处于起步阶段，国外翻转课堂一般认为兴起于 2007 年。我国 2011 年下半年开始在少数学校展开探索，比较知名的有重庆市聚奎中学校、深圳南山实验学校等。翻转课堂在实践中最初多运用于理科，后逐渐扩大至文科，在体育方面的实践探索则较少。如南京工业大学在 2014～2015 学年下学期，体育课堂引进翻转课堂教学模式。总体来说，各个学科对翻转课堂实施尚处于探索阶段，理论上未成体系，实践中也没有明确的成果。由于没有成熟的理论体系予以指导和明确的实践经验可以借鉴，高校体育舞蹈课程实施翻转课堂，只能靠学校、教师和学生一起努力探索，寻找出路。

其次，优质教学视频资源稀缺。体育舞蹈网络化平台的载体主要是教学视频，优质的体育舞蹈教学视频不仅可以使学生欣赏体育舞蹈之美，激发学习兴趣，还可以让学生产生直观印象，通过自发的不断练习实现技能的初步掌握，从而起到知识传递的依托和引导作用。教学视频具有短小精悍、信息明确、针对性强的特点，可以在学生注意力集中的时间范围内，针对一个特定的教学内容，提供清晰明确的教学信息，引导学生在课前更好地参与，自觉接受知识传送。翻转课堂教学模式之所以在2007年后才在美国逐渐流行，一个极大的推动因素是可汗学院的出现。可汗学院实际上是一个可以提供各学科优质教学视频的公益性教育网站。我国目前也有类似的网站，比较知名的是2013年8月由华东师范大学牵头成立的针对中小学的C20慕课（MOOC）联盟和2014年5月上线的中国大学MOOC学习平台。对于教学视频的MOOC资源，教师可以充分吸收借鉴，丰富自己的课程教学内容；学生学习的拓展面可以拓宽，选择性就更大。体育MOOC资源的缺乏，在很大程度上制约了翻转课堂在我国包括高校体育在内的各个学科的应用推广。

（三）机会（Opportunities）

1. 体育教学改革氛围渐浓

体育教学改革是体育学界多年来关注的热点。2014年全国学校体育工作座谈会提出要求，要"扎实抓好学校体育工作，提升学生体质健康水平"。2015年中国共产党中央全面深化改革领导小组（现为中国共产党中央全面深化改革委员会）的重点任务中就包括"学生身心健康促进工程"。体育新课改实际上就是要通过教学方式的创新，教育培养学生成为道德健康、心智健全、人格独立、个性良好的"现代化的人"。高校体育是我国学校体育的最高层次，高校中又有许多推动学校体育改革的中坚力量，这也就决定了高校体育教学改革更愿意尝试或探索新的教学模式，这为翻转课堂在高校体育舞蹈教学的实施创造了良好的氛围。

2. 高校信息环境日益完善

我国《教育信息化十年发展规划（2011—2020年）》指出，"教育信息化的发展要以教育理念创新为先导，以优质教育资源和信息化学习环境建设为基础，以学习方式和教育模式创新为核心"。多年来，各高校都加大了信息化建设的投入，推动了高校数字化校园项目的建设，信息化技术也被运用到高校管理的各个领域，如电子校务工程、电子教务工程、数字化教学、远程教学系统等。高校普遍运用较先进的校园网站门户技术，将校园局域网接入互联网，并提供丰富的信息服务项目，如为大学生宿舍提供网络接入服务，方便学生网上购物等。而当代大学生具有自主自立、接受新生事物快的特点，与此同时，大学生的信息技术水平普遍较高，这些都使得大学生不需要单纯依靠教师的课堂讲解，可以选择通过互联网轻松获取教育资源或下载教师提前上传的教学视频进行学习。

(四) 挑战 (Threats)

1. 教师角色转换面临的挑战

在传统体育舞蹈教学模式中，教师是真正的主导者，学生是被动的知识接受者。在翻转课堂教学模式下，知识的传授在课前完成，课堂上主要是学生知识内化的过程，学生则成为课堂上真正的主体，因此教师的职责需要相应做出调整，由主导变为指导。从主导到指导，虽只有一字之差，但对教师提出很大的挑战，要求高校体育舞蹈教师有效履行指导职责，使学生的主体性尽可能得到最大化的发挥。[①]首先，教师要改变传统的教学思维与习惯，但目前的一些体育教师采取传统的教育教学观念、评价理念等，思想需要进行转变。其次，翻转课堂对体育舞蹈教师的能力也提出了新的挑战。在网络时代背景下，随着大学生获取信息能力的逐渐增强，他们对教师传授的内容越来越觉得平常，甚至开始质疑。这不仅要求教师在专业上做体育舞蹈课程的研究者、设计者和决策者，更要在教学中做课堂的引领者、鼓励者和合作者，因此教师的课程领导能力的提升显得尤为重要和迫切。目前，一些高校体育舞蹈教师对于体育舞蹈的艺术性了解不够，在专业上创编能力不强，在课堂上管理能力较弱，需要获得能力提升。最后，实施翻转课堂，由于没有现成优质的教学视频资源，更多还有待于教师亲自制作。体育舞蹈作为一种优美的

---

① 张金磊. "翻转课堂"教学模式的关键因素探析[J]. 中国远程教育, 2013 (10): 59-61。

人体动态艺术，需有轻快的乐曲相伴，通过舞者优美的舞姿，形象、动态地表演出来，显然这需要较高的视频制作技巧。这对教师的计算机应用水平提出很高的要求。实践中，高校一些体育舞蹈教师只能制作静态的 PPT 教学课件。调查也显示，认为"课堂设计与内容制作所需要的时间与精力"是实施翻转课堂的"巨大挑战"的教师占 84%。[①] 可见高校教师也感到"本领"危机。

2. 学生角色转换面临的挑战

在翻转课堂模式下，学生成为学习的主体，主要体现在课前学生能在不被监督的环境下，自主开展学习、思考。但受传统文化等多因素影响，在校大学生仍习惯或倾向于教师直接告诉其问题所在，而且在经历艰难的高中阶段后，大学生的学习主动性明显变弱。因此在不被监督的翻转课堂环境下，学生能否做到自我控制，从而开展有效的学习、思考以实现知识传输，对翻转课堂的实施有至关重要的作用。我国的部分大学生性格较内敛，不善于沟通，合作意识不强。这也会导致教学过程中的互动化机制运转不畅。如果学生不常参与课堂的合作学习、互助学习和课堂讨论，最终可能会使课堂上的知识内化成为空谈。

二、翻转课堂教学模式在高校体育舞蹈课堂实施的指导思想和教学设计

（一）翻转课堂教学模式在高校体育舞蹈课堂实施的指导思想

课程指导思想是教学设计和教学实施的核心理念，是整个课程的灵魂，对于教学模式的各个要素的设计实施都起着至关重要的作用。对于高校来说，体育舞蹈是实现"健康第一"思想以及素质教育的重要所在。所以翻转课堂教学模式下高校体育舞蹈的有关指导思想，将兼顾当前体

[①] 缪静敏，汪琼.高校翻转课堂：现状、成效与挑战：基于实践一线教师的调查[J]. 开放教育研究，2015，21（5）：74-82.

第七章 多元化的体育舞蹈教学模式

育课程指导思想和翻转课堂目的：坚持"健康第一"的指导思想，提高当代大学生身体素质，引导大学生正确认识体育舞蹈的健身、健心及社会性功能；坚持"快乐体育"的指导思想，激发大学生学习自觉性及积极性，让其在快乐中学习，从学习中获得快乐；坚持"终身体育"的指导思想，在体育舞蹈课程中进行身体和心理的健康教育，深化大学生的锻炼意识，使体育舞蹈成为终身体育的手段；坚持"因材施教"的指导思想，关注大学生的个体差异，积极采用不同方式和措施进行针对性教育，使每位同学都得到最好的发展；坚持"学生主体，教师主导"的指导思想，课堂中坚持以学生为本，教师应该多帮助及引导大学生，转变为学习的帮助者和能力的培养者，并且注重培养学生的综合素质。

翻转课堂下的体育舞蹈课程指导思想更好地呼应了素质教育的要求，明晰了教育教学的指导思想，贯彻落实于教学实际中，优化教学，使学生更好地立足于社会，服务于社会。

（二）翻转课堂教学模式在高校体育舞蹈课堂实施的教学设计

1. 教学目标的设计

教学目标是教学过程中教师、家长希望学生达到的成绩和结果。而教学目标的确定，不仅要钻研教学大纲、分析教材，还要分析学生的特征，如先前经验、学习能力、学习习惯、学习态度等。高校体育舞蹈教学目标为掌握理论、技术以及技能，通过训练增强体质、全面发展、培养良好审美、发展个性。翻转课堂转变知识讲授及知识内化的时间，充分培养了学生自主学习、独立探索和团队合作的能力。翻转课堂下的体育舞蹈课程教学目标，既要实现传统教学目标，也要兼顾翻转课堂模式具备的优势。所以教学目标为通过课前微课等学习资源的自学和教师课堂答疑解惑，掌握基本技术技能，重点提高自主学习能力，发展创造性思维，并拥有终身体育的观念。新课标倡导从三维角度阐述教学目标，根据翻转课堂的特点，翻转课堂教学模式下的高校体育舞蹈课堂的教学目标也应从这三方面进行论述。以恰恰舞为例，教学目标见表 7-4。

表 7-4 教学目标的设定

维度	教学目标
知识与技能	通过课前自学和课堂解疑，使学生能够在音乐伴奏下基本掌握恰恰舞的技术动作，丰富体育舞蹈理论知识
过程与方法	通过课前自学及课堂探究，增强身体素质，形成良好的身体姿态，锻炼学生的自主学习和实践能力
情感态度与价值观	通过翻转课堂体育舞蹈的学习，形成科学审美观，提高艺术素养，培养学生的团队合作精神和终身体育意识，提升学习兴趣

2. 教学流程的设计

翻转课堂的特色之一就是教学流程的翻转，颠倒课上与课下的学习过程，以达到学生知识的内化和能力提高的目的。在设计体育舞蹈翻转课堂的教学流程时，首先，要深入学习目前国内外已存在的较为成熟的翻转课堂教学流程设计方案；其次，要结合体育舞蹈课程特点和自身的体悟。笔者将翻转课堂划分为课下时间和课上时间，从两方面对教学流程进行设计和阐述，具体如图 7-5 所示。

第七章　多元化的体育舞蹈教学模式

```
课下时间                   课上时间
   ↓                        ↓
确定教学目标            自主学习成果展示
   ↓                        ↓
分析课程重难点          创设课堂探究情境
   ↓                        ↓
分析学生特征            学生独立解决问题
   ↓                        ↓
整合教学资源            组内协作探究
   ↓                        ↓
创建微课                学习成果交流展示
   ↓                        ↓
发布微课至微信群        多元化评价
   ↓                        ↓
线上交流答疑            总结与反思
```

图 7-5　教学流程

课下的教学活动包括备课和实施两个阶段。一切设计都应以教学目标为导向。首先，明确教学目标，明确方向。翻转课堂下体育舞蹈教学目标要使学生熟练掌握基本技术技能，更要使学生学会学习，培养舞蹈学科自学以及合作探究能力，提升舞蹈素养和审美能力。其次，分析课程内容和教材，确定重难点。体育舞蹈课程包含摩登舞和拉丁舞，一般分为理论教学、基本步伐教学及组合教学，在教学时应重视突出舞蹈的内在精华和基本功的反复练习，难点在于身体的运用。在分析学生的实际水平及身心发展等特征后，因材施教。最后，整合学习资源，挑选最适合的教学方法。进入微课的创建阶段，微课内容可以是教师自行撰写脚本摄像录制，也可以收集相关素材剪辑创建。微课要根据学生特征、教学目标、学科特点等制作，且要符合微课的设计原则。随后通过微信群组发布微课，发放的时间一般在课前两至三天，这样学生有时间进行自主学习。在自学过程中遇到疑难问题,学生可以在群组中进行反馈和交流。

学生通过自主学习已经在不同程度上完成了知识的学习,课上的时间充分起来,所以课上教学活动的安排至关重要。为督促学习的自主学习,充分了解学习程度,课上首先要进行学习成果的展示,教师以此为基点创设学习情境,将统一的问题进行深度讲解,根据教师讲解,学生独立探索练习。之后分成小组,进行协作探究学习,小组学习的优势就在于学生间的交互性行为增多,融洽关系,培养团结协作精神。此时教师进行流动个性化指导,小组有共同问题时还可以以此为单位进行小型讲座,实现教学的统一化与个性化。体育舞蹈是一个具有艺术性和观赏性的项目,适当的成果展示可以增加学生的兴趣,锻炼学生的表现力。在课堂的末端,教师评价、小组评价、自我评价相结合,在提出表扬的同时指出问题,增强学生学习的信心。

3. 教学内容的设计

教学内容是学习的核心,要依据教学目标、课程特点和学生特征进行设计。在进行翻转课堂下体育舞蹈教学内容设计时,应注重教育性和趣味性相统一、身体素质和技术技能相统一。在教学中,高校学生具有一定的自主学习能力和自我管理能力,如果学生没有舞蹈经历,教学内容应注重基础性、娱乐性和趣味性,要综合以上教学内容的特点,根据高校学生的特征、社会需求和学科需要,进行整理归纳,拟定体育舞蹈教学内容并在具体教学实践中进行验证,按理论知识、基本站姿、基本步伐以及基本步伐组合的顺序循序渐进地进行教学。以恰恰舞为例,具体课时安排见表7-5。

表 7-5　恰恰舞教学内容及课时安排

教学内容	课时安排
理论知识、基本站姿、身体素质	2
原地换重心	2
时间步	2
方形步	4
四分之一转	2
纽约步	2
手接手	2
古巴断步	2
The round chasse、Twist chasse	2
前进锁步	2
恰恰舞组合 1	4
恰恰舞组合 2	6

在翻转课堂中，教学内容根据流程分为微课内容及课堂内容。为了更好地落实教学目标，需要深入剖析教学内容，如哪些内容需要探究式教学方式，哪些内容需要直接讲授，何种内容适合采用何种教学策略是应该思考的问题。通常难度系数较低或中等的内容比较适合自学，可以将其归类到课前微课教学内容之中，如体育舞蹈基本站姿和基本步伐的讲解。同时，在进行微课等课前学习资源的整合时，应遵循简洁性、基础性、学科导向性、易传播性、趣味性的原则。因为有的选修课程的学生舞蹈起点低，所以难度系数较大的内容比较适合教师讲解和群体学习，如体育舞蹈花样组合的学习。

根据教学目标清晰地将内容进行归类，将理论知识、基本站姿、基本步伐、恰恰舞组合归类为微课教学内容，基本步伐的身体运用、双人配合、舞蹈创编部分归类为课堂教学内容，以此培养学生创造性思维和学习能力。

4.教学评价的设计

教学评价是对于教师的教和学生的学进行评价的活动，具有调节、诊断、激励等作用。从当前教学实际来看，传统的教学评价有许多弊端，如主体单一，内容浅显，方法不科学等。所以在提出翻转课堂教学评价的标准时，从评价主体出发，要做到多元化；从评价方法出发，要尽量新颖化；从评价内容出发，要具有多样性，考虑到几方面，如学生学习的主动性、学生知识内化程度、学生团队协作的能力、师生和生生之间的有效互动、学生的积极的情感体验等。

（1）学生的学的教学评价。由于翻转课堂的实施包括课前、课中和课后三个环节，为了使评价与过程一致，所以设定课前教学评价、课中教学评价以及课后教学评价。

课前教学评价，首先，是学生自主学习微课等教学视频并完成附带习题，在课堂开始通过全体或小组展示评定是否基本掌握微课内容，以此进行诊断性评价。其次，是学习能力及学习习惯的评价，主体为教师。在本次翻转课堂应用于体育舞蹈课堂的教学中，在课堂开始进行微课自学动作的全体展示，教师根据动作掌握程度进行评价。

课中教学评价主要针对课堂表现、学习态度及进步程度等使用定性评价，主体为教师、同伴、自己；针对基本技术技能的掌握等使用定量评价，包括基本技术技能展示测试、纸笔测验、身体素质评定。在翻转课堂应用于体育舞蹈课堂的教学中，学生在合作探究后以组为单位进行课堂展示，在课堂末端进行组间互评，+推选出表现最优异的小组和个人后，教师以多采用激励性、发展性评价为原则进行总结评价。

课后教学评价一般使用终结性评价，于课尾或期末对学生整个学期的学习成果如实进行评价。最终成绩重结果，更重过程，对学生进行综合性评定，使学生不只学到基本技术知识，更养成终身体育的意识。以恰恰舞为例，具体评价细则见表7-6。

表 7-6　翻转课堂评价细则

过程考核		体育舞蹈	
内容	序号	考核项目	配分
理论知识	1	体育舞蹈概述	10
	2	恰恰舞起源与发展	
恰恰舞	1	基本形态	50
	2	基本技术	
	3	音乐节奏	
	4	表现力	
身体素质	1	柔韧素质	10
	2	耐力素质	
	3	力量素质	
	4	速度素质	
平时成绩	1	课前练习情况	30
	2	课前自学能力	
	3	出勤率	
	4	合作探究能力	
	5	课堂表现力	
	6	创新能力	
合计			100

（2）教师的教的评价。对教师进行评价的主体包括同行、学生及自我等，主要分为课前课堂资源整合评价和课堂组织情况评价。课前阶段，翻转课堂主要依靠网络平台进行教学，所以对教师教的评价主要是对其教学平台建设和教学视频质量的评价。课中阶段，课堂上较多时间用于自主探究及合作探究，所以对于教师教的评价主要围绕课堂活动的组织、指导过程的因材施教、课堂时间的把控等。

第八章　多视角下的体育舞蹈发展

第一节　艺术审美视角下的体育舞蹈发展

一、体育舞蹈动作富有民族内涵

舞蹈作为我国古老艺术表现形式之一，自古以来就受到文人墨客的歌咏。舞蹈最初的表现形式比较简单，舞者只需跟着节奏做动作来表达情感，大部分动作都是生活的真实写照。在原始社会时期，舞蹈更是各个部落娱乐、消遣必不可少的活动项目。我国青海省西宁市大通回族土族自治县出土的新石器时代的器皿就绘有舞蹈动作，这些舞蹈动作不仅反映了当时的人类有高超的观察能力与动手能力，还反映了当时自然界生物的动作，如其中有一部分是模仿动物的动态特征。随着人类的进化，舞蹈得到了发展，由原来的单纯的动作模仿上升到了节奏、表情、情节的新高度。这个高度体现了舞蹈动作元素与音乐元素的融合。不同种类的节奏配合着不同的舞蹈动作，表达着人们不同的情感，使舞蹈逐渐形成了多样性特点，于是不同种类的舞蹈随之产生。

体育舞蹈是集竞技、健身与审美为一体的项目。具备精湛舞蹈技艺的男女舞者相互配合，将精心组织编排的舞蹈随着音乐展示出来，而所有这一切都需要通过舞者的肢体语言来实现。舞池中的舞者通过舞姿来展示身体的形态、肌肉的线条、皮肤的颜色与光泽、动作的协调性等，这些成为大众的审视条件，使得人们意识到人体的魅力，发现蕴藏于体育舞蹈中最丰富、最动人的人体之美。[1]

体育舞蹈精神内涵的民族特征也通过人体动作的美来表现。舞者的性别不同，舞蹈的动作不同，却能够展示出体育舞蹈独特的艺术文化气息。2015年第三届CBDF国标舞艺术表演舞锦标赛上，由上海戏剧学院舞蹈学院表演的拉丁舞作品《黄河》获得群舞组金奖。整个舞蹈作品以拉丁舞的斗牛舞为主，用斗牛舞的基本动作，结合中国舞踢、翻转等动作体现了"中华儿女团结一致，抗日救国的激奋如黄河浪涛呼啸奔腾，胜利一定属于我们"的壮志豪情。在舞蹈作品的第5分47秒和最后用了一个动作，即所有演员目光坚定地看向远方，五指伸开或握拳，手臂有力地伸向斜上方。编导用这样一个动作表达了在那个年代中华儿女自强不息、奋勇抵抗的民族精神以及对祖国的坚定信念、对胜利的向往。拉丁群舞《黄河》以反法西斯战争为背景，带领观众回到了那个昂扬向上的年代。它使我国古典舞、民间舞、芭蕾舞、当代舞、现代舞都有了相同题材、相同音乐的《黄河》版本，填补了国标舞融合重大革命历史题材的空白。它不仅有力拓宽了体育舞蹈艺术表演舞创作的题材范围，更是体育舞蹈艺术创作的一次伟大突破。

下面列举了部分动作中融入民族元素的体育舞蹈作品（见表8-1）。这些作品中融入了民族民间舞、古典舞、武术、京剧等的经典动作。

---

[1] 张艳萍，袁志华.我国体育舞蹈"多元化"发展趋势及社会价值探析[J].成都大学学报（教育科学版），2008（2）：79-81.

表8-1 体育舞蹈融入的民族元素

作品名称	融入种类	部分动作名称
《各自有道》	京剧、武术、扇子舞	脚柱、抡臂
《如梦令》	民族民间舞	甩翎
《青花》	古典舞	兰花掌、双托掌、斜托掌、云手
《问道》	太极	虚步撩掌、左转托掌
《十面埋伏》	古典舞、武术	穿手、起势

"以体传情、形神兼备",这正是体育舞蹈这项运动对"人体美"这一特点的精准表达。体育舞蹈之所以具有艺术感染力,正是因为舞者用"发于情而形于体"的舞动,把细腻的情感注入舞蹈的形体动作中,塑造出形神兼备的美的形象。体育舞蹈动作的最大特点就是瞬间完成不同的姿态静止或流动的起落的变化。"形"体现了姿势的优美与粗犷、挺拔与优雅,通过动作的迅速、干净与利落赋予人们振奋、活跃的美感;通过动作的舒缓、优美与舒展,给予人们如诗如画的情绪感染力,使观众产生兴奋感与喜悦感的共鸣。[1]

男女舞者为了能够在舞蹈中充分表现源远流长的传统民族文化,必须以千姿百态的人体之美使体育舞蹈每一个舞种充满强烈的艺术表现力和鲜明独到的舞蹈风格,进而展示各舞种的民族文化与精神内涵。

二、体育舞蹈音乐融合中国元素

音乐由跳动的音符、优美的旋律、鲜明的节奏、多样的风格组成。自古以来,舞蹈与音乐就有着密不可分的关系,舞者更是认为音乐是舞

---

[1] 赵倩.我国体育舞蹈竞赛现状分析与发展对策研究[D].芜湖:安徽师范大学,2005:28.

第八章 多视角下的体育舞蹈发展

蹈的灵魂。①体育舞蹈中使用的音乐越来越朝着多元化的方向发展。随着世界各国之间的交流日益密切，各民族文化也在不断渗透、融合，这使得体育舞蹈文化越来越丰富。体育舞蹈向着东西交融互补的方向发展，体育舞蹈的音乐文化也融入了中国化的元素。②以斗牛舞为例，经典的斗牛舞曲是西班牙斗牛舞曲，当舞曲响起的时候，舞者主要表现的是对自由的渴望、对美好生活的追求，通过舞蹈表现出男子的刚劲与女子的英姿飒爽。在中央电视台举办的第四届电视舞蹈大赛中，我国古典曲目《十面埋伏》同样是标准的斗牛舞节奏，舞者表现出的是军人勇武的雄姿、战场上的刀光剑影与战场外的侠骨柔肠，进而表现出中华民族勇于斗争、自强不息的民族精神。

英国黑池舞蹈比赛中团体舞作品《茉莉花》，在中国经典曲目《茉莉花》的基础上进行了改编，把拉丁舞舞蹈音乐的不同节奏特点融入其中，在音乐的表现形式上大量运用了民乐。整首曲子将伦巴舞的舒缓、牛仔舞的欢快和斗牛舞的雄壮等充分展示给观众。在武汉举办的全国第二届智力运动会开幕式中，体育舞蹈节目《龙船调》将中国民歌作为音乐主旋律，融入民族特色，赢得全场观众如潮的掌声。广艺国标舞艺术节中，双人舞作品《红高粱》在开始部分就将浓郁的"西北风"音乐《妹妹你大胆地往前走》与中国传统器乐唢呐相融合，奠定了舞蹈作品的风格，随后在《九儿》悠扬唯美的旋律中，人们又慢慢回忆起了战争年代视死如归的爱情。

体育舞蹈的音乐融入了更多的民族元素体现在两个方面。一方面是中国地域辽阔，各民族音乐拥有自身的特点，为音乐创作提供了更多灵感，为体育舞蹈音乐中国化过程提供了丰富的素材。另一方面是越来越

---

① 周金华.论中国当代艺术之现状及其精神内核[J].美术教育研究，2012（12）：40-42.
② 韦广忠，胡强.体育舞蹈的美学特征研究[J].武汉体育学院学报，2004（5）：10-12.

多的人加入体育舞蹈音乐创作的队伍中，积极进取，开拓创新。

不同地域的音乐有着各自的特征与魅力，体育舞蹈自诞生以来，一直寻求着走向世界的道路，尊重不同地域的音乐。[1]我国对于体育舞蹈音乐也应仔细加以选择、改编，使其与体育舞蹈的舞种类型、风格融合巧妙，搭配和谐。

三、体育舞蹈服饰展现中国特色

服饰作为人类特有的劳动成果，是物质文明与精神文明的共同结晶，作为文化的一种，在一定程度上反映着民族文化。[2]体育舞蹈服饰不仅起到了对男女舞者形体的衬托美化作用，也对舞蹈起到了锦上添花的作用，同时反映了不同地域、不同民族所特有的文化氛围。

在以往的体育舞蹈服饰中，中国的体育舞蹈服装设计师总是紧跟欧美时尚设计元素，模仿西方的款式、面料和颜色。但我国舞者与外国舞者有着肤色、身高、相貌、身形方面的差异，穿着这样的体育舞蹈服饰，不但没有体现出中国人黄皮肤、黑头发这些重要的自身优势，还在某些时候暴露了缺点。中国的体育舞蹈想要有所创新，在服装上有很大的发展空间。[3]

中国的体育舞蹈发展要具有中国特色，这一点也要充分体现在体育舞蹈的服饰风格上，充满着中国文化的舞蹈服饰时时刻刻都在展示着中国体育舞蹈特色之美。笔者观看了近年来黑池舞蹈节、CCTV电视舞蹈大赛、全国大学生艺术节等录像，对体育舞蹈服饰中运用的中国元素进行了归纳分析，具体内容见表8-2。

---

[1] 罗群.体育舞蹈"中国化"的可行性分析：以音乐、服饰为例[D].武汉：华中师范大学，2015：14.
[2] 何宇，陈立农.从近2届黑池舞蹈节探讨我国体育舞蹈发展趋势及对策[J].运动，2012（22）：19-20.
[3] 杨曦蕊.体育舞蹈中融入中国元素的研究[D].北京：首都体育学院，2015：29.

第八章　多视角下的体育舞蹈发展

表 8-2　体育舞蹈服饰融入中国元素的种类及方式

作品名称	主要融入类型	融入方式
《如梦令》	汉代服饰	袖口、头饰
《十面埋伏》	兵马俑	裙摆、领口、肩胛
《各自有道》	戏曲	脸谱、头饰
《金陵十三钗》	抗日战争时期妇女服饰	整套服饰
《太极风》	太极八卦图	颜色、领口、纽扣
《青花》	民间器物	裙身、帽饰

体育舞蹈表演中的服装设计要和舞蹈风格、舞者气质和谐统一。高水平的体育舞蹈服饰设计可以提高舞蹈的艺术表现力，增强舞者的人物可塑性，使观众产生情感共鸣。例如，舞蹈作品《如梦令》的服饰设计，在款式上借鉴了汉服样式，在色彩上也主要采用了汉服常用的红黑两色，男舞者选用了汉服斜襟与下摆被分剪为长条状的黑色长袍，女舞者服饰采用了翘袖与汉朝图案修边，这两点都是汉服独有的元素。而头冠上的装饰物"翎子"则来源于戏曲元素的灵感，服装整体显示出古风古韵。16 名舞者舞步轻慢如闲云野鹤，舞步紧凑又如飞驰的骏马，为观众营造出了大气磅礴的壮观场面。此外，还有很多中国元素融入体育舞蹈服饰设计的案例。中国具有民族特色的服装有肚兜、唐装、中山装、旗袍，还有少数民族服装，服装样式通常有斜襟、立领、对襟等。在进行体育舞蹈服饰设计时，首先，要在拉丁舞服饰动感性强、摩登舞服饰优雅飘逸等特点的基础上，穿插中国特有的服装剪裁、缝制，以及特有的刺绣手工进行设计。其次，可以在服装修饰上使用中国风的图案和纹样，采用刺绣、镶嵌等缝制技艺，配合中国风色彩，如中国红等，合理适当地运用这些元素，在舞蹈服装设计上能起到画龙点睛的作用。将中西方元素进行融合，在体育舞蹈的服装设计上也会带来意想不到的视觉效果，如衣服整体采用旗袍的样式，在下端添加流苏作为点缀，在色彩上采用

活泼、跳跃感强的色调，服饰就会兼具中西服饰风格，这种中西混搭是东方神韵与西方姿态的结合，能带来不一样的视觉冲击。

体育舞蹈本身属于美学视角下的视觉艺术，男女舞者的体型姿态和舞蹈动作就是视觉的观测对象。体育舞蹈以时间和空间为存在方式，是艺术文化与体育文化的完美结合。艺术文化的融入，使得原本以竞技为主的体育舞蹈得到了更高的观赏性和浓厚的艺术价值，从此体育舞蹈也充满了艺术的气息与美的灵魂。

从某种程度上说，融入中国元素的体育舞蹈服饰，穿戴于舞者身上，通过舞者的肢体表演，可以更形象、更直观地展示中国的文化、中国的精神。把中国元素化用于体育舞蹈服饰中，能够展现出舞蹈浓郁的民族风格。

四、体育舞蹈礼仪彰显中国气度

礼仪是在人际交往中以一定的约定俗成的程序方式来表现的律己敬人的过程。[1] 在我国，"礼仪"一词的解释来自《辞源》，其中提到"行礼之仪式"。"礼"字和"仪"字都是表达尊敬的方式，但是"礼"多指人性的礼节，如作揖、叩拜等；"仪"则多指集体性的仪式，如开幕式、阅兵式等。在西方社会，礼仪曾被用作"法庭上的通行证"，其主要目的是宣示法庭纪律与司法权威，以保证司法活动的顺利开展。而当下的西方礼仪是指不同于中国礼仪的一种西式规则与礼节，包括用餐礼仪、问候礼仪等不同类型的具体礼仪方式。中西方的礼仪差别很大，其根源在于中西方文化意识形态的不同，造就了不同特点的礼仪文化。

我国自古以来一直重视礼仪，被称为礼仪之邦。礼仪是人们生活中不可缺少的内容，礼仪可以说是人际交往中适用的一种艺术、一种交际

---

[1] 张艳萍，袁志华. 我国体育舞蹈"多元化"发展趋势及社会价值探析[J]. 成都大学学报（教育科学版），2008（2）：79-81.

方式。礼仪在演变的过程中，由于受不同文化的熏陶，逐渐形成了不同的特色。可以说，礼仪是各地域文化的载体、体现，是社会文明程度、道德风尚和生活习惯的反映。

例如，第22届全国体育舞蹈锦标赛中，体育舞蹈集体舞《弟子规》将礼仪融入其中。舞者在致谢时采用了作揖的方式，返场时又行叩拜礼，以此表达对裁判的尊敬以及对观众的感谢，充分展示了中国文化中的以礼待人。又如，武汉体育学院创作的体育舞蹈集体舞《问道》借鉴了我国武术礼仪中的抱拳礼。表演结束后，男舞者并步直立，一手握拳，另一手抱拳，右手在内，左手在外，置于胸前屈臂成圆，面容举止自然大方。这个动作表现了中华民族谦虚懂礼、虚怀若谷的胸襟和包容大度的特点。

第二节　社会经济视角下的体育舞蹈发展

一、体育舞蹈赛事促进交流与经济发展

体育舞蹈引进我国的时间不长，其发展却日益成熟。当下，我国的体育舞蹈市场十分广阔，体育舞蹈赛事规模逐渐扩大，也逐步走向成熟。一方面，通过赛事这个平台，运动员得以相互切磋，积累经验，这直接推动了技术的进步。另一方面，赛事促进了舞蹈技术、套路、风格、服饰的交流互动，这也是体育舞蹈能够不断发展变化，永不缺乏惊喜的不竭的创新源泉。

"中国·深圳标准舞拉丁舞世界公开赛"和"中国体育舞蹈公开赛"是目前为止我国具有代表性的两大赛事，经过多年的发展，赛事不仅在技术上逐渐缩小与国际水平的差距，文化价值和商业价值也不断提升，影响力逐步彰显。舞蹈培训及教学、舞蹈用品、舞蹈承办策划都是在这些赛事的推动下衍生出的一系列文化产业。体育舞蹈赛事的发展规模与

城市经济发展存在一定的正向关系，城市综合实力越强，每年举办的体育舞蹈赛事越多，规模越大。深圳国标舞的发展由单一的深圳本土举办比赛到2009年获得连续十年的"WDC标准舞拉丁舞世界杯"举办权，正是体现了这样的规律。城市举办大型体育舞蹈赛事，也会对城市的道路建设、绿化建设、体育设施建设起到促进作用，使城市面貌焕然一新，带动城市经济发展，完善城市的基础设施建设。在城市筹办体育赛事的过程中，其自身形象也会大大提升。伴随着"中国·深圳标准舞拉丁舞世界公开赛"赛事水平的不断提高，体育舞蹈赛事不仅为体育舞蹈爱好者提供了更好的体育舞蹈交流氛围，而且促进了深圳体育舞蹈市场经济的进一步发展。

二、体育舞蹈培训机构促进市场经济发展

体育舞蹈培训机构发展迅猛，以武汉市体育舞蹈培训机构为例，武汉市体育舞蹈培训机构有两种运行方式：一是依托高校，其教师主要来自武汉体育学院、湖北省体育舞蹈学校等专业院校；二是私营培训机构。

体育舞蹈行业已逐渐成为我国国民经济新的增长点，它作为一个欣欣向荣的新行业，市场相对广阔，前景比较乐观。从微观上来说，体育舞蹈培训的发展，满足了广大人民群众日益增长的物质文化需要，为人们的健身娱乐提供了机会。从宏观上来说，体育舞蹈培训的发展，也有利于促进产业结构的转型，促进第三产业的发展。在体育舞蹈发展过程中，培训机构提供了相当数量的就业岗位，并带动其他产业发展，也相应地促进了消费，拉动了内需，从而促进了国民经济的健康有序发展。

三、体育舞蹈用品产业化

体育用品产业是我国体育产业发展的主要推动力，体育舞蹈用品产业也是我国体育舞蹈产业的主导产业。体育舞蹈深受人们的支持和喜爱，有广阔的市场前景。开发体育舞蹈用品市场的巨大潜力，更好地促进体

育舞蹈产业发展，形成具有自己特色的品牌文化，是符合我国国情需要的。体育舞蹈用品是为给体育舞蹈观众、参加者和赞助商带来价值而设计的实物、服务或两者的结合。

体育舞蹈用品经营者可以实现产业化或部分产业化。在转型中，首先，应充分了解当地的体育舞蹈特点，以此作为品牌的文化内涵，形成与众不同、引人注目的独特品牌。其次，注重对市场的细分，通过考察各类消费者的不同需求，对产品进行定位，这有利于品牌的精准营销。最后，注重广告营销，借助媒体传播的广泛性来提高品牌的知名度。

体育舞蹈用品战略是一个国家在应对未来产业发展方面所规划的蓝图。近几年来，体育舞蹈用品的生产与经营逐渐产业化，成为体育舞蹈文化产业的重要组成部分。我国体育舞蹈文化产业起步较晚，规范我国文化产业发展，塑造品牌文化产品是我国体育舞蹈文化产业发展的重要一步。在经济全球化的今天，我国体育舞蹈文化发展，不仅要塑造名牌舞蹈产品，更要参与到国际体育舞蹈文化产业的竞争中，这样才能立足于世界文化之林。

第三节　教育视角下的我国体育舞蹈发展

一、体育舞蹈课程促进中小学生全面发展

为了更好地推进体育舞蹈在中小学的发展，我国自2015年开始将音乐、舞蹈、美术纳入小学课堂，将艺术水平考试成绩纳入小学升初中的考试成绩中。

《教育部关于推进学校艺术教育发展的若干意见》明确提出，2015年

开始对中小学校学生进行艺术素质测评。[①]同时中高考录取结果将涵盖中小学艺术素质测评。要求各地方依据普通中小学艺术课程标准和中等职业学校公共艺术课程教学大纲，建立中小学生艺术素质评价制度、评价标准、量化测评指标。同时，学生综合素质评价体系、教育现代化和教育质量评估体系也将加入艺术素质测评，测评结果一并记入学生档案，艺术素质评价将作为学生发展状况内容，成为学生中考、高考录取的一个参考指标。

教育部印发的《中小学生艺术素质测评办法》要求，地方教育行政部门要将学生艺术素质测评情况作为评价学校教育教学质量的重要指标。教育督导部门要将学生艺术素质纳入中小学校督导评估指标体系；学校要如实记录每一名学生的艺术素质测评结果，纳入学生综合素质档案。初中和高中阶段学校学生测评结果作为学生综合素质评价的重要内容；学生艺术素质测评的依据是学生的写实记录、成绩评定，同时参考教师评语、学生互评、自我评价等。学校可分年级段组织实施测评工作，测评结果应及时汇总、整理、存档、上报。

体育舞蹈课程将更加关注学生人格的健全发展，充分利用学生的生活经验和社会文化资源，鼓励学生进行体验性、探究性和反思性学习，为学生提供生动有趣、丰富多彩的内容和信息，拓展学生的艺术视野，提高学生的整体素质，并使艺术学习更有趣、更容易，使每位学生都获得成就感。[②]这对学生的人格成长、情感陶冶以及智能的提高等，具有重要价值。中小学艺术课程价值及内容见表8-3。

[①] 中国教育报.教育部：2015年起对中小学生进行艺术素质测评[EB/OL].（20140130）[20230606].http://edu.people.com.cn/n/2014/0130/c1053-24268265.html.
[②] 曹秋.培养复合型人才的关键是实施素质教育[J].北方音乐，2012（11）：33.

表 8-3　中小学艺术课程价值及内容

价值	内容
创造美、鉴赏美的价值	艺术课程重视学生在艺术学习中创造美和鉴赏美的实践,通过音乐、美术、戏剧、舞蹈、影视等艺术学科的综合与联系,使学生的艺术经验不断得到丰富和升华,获得感受美、创造美、鉴赏美的能力和健康的审美情趣
情感价值	艺术课程为学生提供多角度、多方面、多渠道的情感体验,学生有机会选择自己喜爱的方式进行自我表达和交流,使情感得到丰富,实现人格的提升和心灵的净化
文化价值	艺术课程使学生有机会接触丰富的艺术信息,认识和理解本民族与世界各地艺术的历史、文化意蕴,感受其中的特色,形成对本民族文化的认同、热爱和对多元文化的尊重,参与文化的传承与发展
智能价值	艺术课程通过各类艺术的综合和联系,全面培养学生的视觉能力、听觉能力、动作协调能力、语言表达能力、认识自我和适应环境的能力;在艺术涉及的联想、推理、分析、综合等活动中,学生的形象思维和科学思维得到协调发展,智力和创新能力得到不断提高

　　中小学是人才培养的基地,是未来社会精英、国家栋梁的摇篮。中小学生思想活跃,好奇心强,对新事物有着敏锐的观察力,对周围环境的适应能力强,接受能力强,可塑性强。体育舞蹈是一项艺术类体育项目,适应中小学生多层次、多方面的发展需求,而且参与性强,容易调动学生的参与性和积极性。[①]它的趣味性、运动性、艺术性改善了中小学传统体育课程简单、枯燥、乏味的教学内容,避免了男女分班制的弊端,为中小学教育注入了新的活力。体育舞蹈能生动形象地反映青少年学生的内心状态,帮助他们树立健康乐观的人生观与价值观。培养中小学生对体育舞蹈的兴趣爱好,不仅可以促进学生的身心发展,提高学生的艺术欣赏能力,还能为中国未来舞蹈事业的发展储备人才。

　　将体育舞蹈引入中小学,是中国教育改革的需要,也是使中小学生更好地适应未来社会发展的需要。

---

① 周星.2013 中国艺术教育要况概评[J].教育科学文摘,2014(5):20-21.

二、高校体育舞蹈课程的普及

高校是我国培养人才、对外输出人才的重要基地，我国高校学生从小学、中学一直到大学，体育课上学习的大多是简单的体育项目，如跑步、跳远、跳高、篮球、校园广播体操等，长期枯燥的教学内容使学生逐渐对体育课失去兴趣。再加上传统教育方式的影响，教师成了课堂的主体，学生在课堂上的积极性受到影响，主动参与度越来越低，失去了高校体育课原本追求的目标，失去了体育课的趣味性、活动性、开放式教育等特点，从而影响了高校体育教育质量。有些高校为了提升学生身体素质，开展了对学生的长跑考核，增加了长跑考核频率，延长了跑步距离。近年来，高校体育也在不断吸收社会时尚体育运动的成果，进行了课程改革，添加了新的体育课内容。《全民健身计划纲要》和《全国普通高等学校体育课程教学指导纲要》的施行进一步推进了我国高校体育方面的改革进程，同时也明确提出了体育课改革的诸多可行性方案，力求高校体育课程内容丰富多样，提升学生兴趣，实现因材施教，在满足学生个性发展需要的同时，满足学生适应未来社会发展的需要，达到双赢的目的。高校将体育改革的要求和体育舞蹈自身的特点相融合，说明了体育舞蹈这一时尚的体育运动具有集体育与艺术于一身的特点，非常适合高校学生的体育锻炼。

体育舞蹈越来越受到大学生的喜爱，它有着悠久历史与丰富文化底蕴的体育舞蹈具有较高的审美价值和健身价值，而且参与性较强，容易调动学生的积极性，吸引越来越多的同学参与，很多高校学生都被它特有的魅力所折服。它在教育形式、教育过程、教育内容等方面都具有教育功能。

素质教育的开展，就是要面对全体学生，以人为本，全面发展，提高大学生的文化素质、思想素质、审美素质、体育素质以及心理素质。体育舞蹈之所以深受大学生的喜爱，是因为它集舞蹈、音乐、体育于一身，不仅丰富充实了素质教育的内容，还拓展了素质教育的实施途径，这些表现都决定了体育舞蹈这一时尚的体育运动进驻高校的必然性与优越性，为我国高校体育增添了新鲜血液。这不仅仅是学生身心发展的需要，也是国家进行体育教学改革的要求，更是体育舞蹈发展过程中面向艺术教育领域的一种转型。

三、体育院校体育舞蹈培养目标与课程设置

从设立伊始，我国体育舞蹈专业院校的人才培养目标就是培育具备系统的体育舞蹈理论知识与扎实的专业技能，素质高、能力强的复合型专门人才。为了达到这个目标，在2003年初，教育部高等教育司编著了《中国普通高等学校本科专业设置大全》，并于2003年底设置了"舞蹈编导"专业。

舞蹈学专业在追求技术水平的提高的同时，也注重理论水平的提高。通过介绍中外舞蹈文化发展历程、相关舞蹈理论知识，希望学生具备较高的舞蹈鉴赏能力和分析能力，并能进行理论性的文字阐释与表述。体育舞蹈专业院校对学生的培养目标主要体现在以下几个方面：一是将学生培养成为德、智、体、美、劳全面发展的人才；二是要求学生具有扎实的专业知识、专业基本功（体育表演专业、舞蹈编导专业、舞蹈学专业）、创新精神、践行能力，且文化修养高、艺术素养突出；三是能够从事体育艺术表演、组织设计、体育艺术编导、教学和体育健身指导工作，培养学生，使其成为融技术、理论、编排、产业管理为一身的全面的高素质人才。在这些共性培养目标下，舞蹈学、舞蹈表演、舞蹈编导这些专业彼此交叉，方向性并不十分明确，断然将它们分开并不科学。部分体育院校舞蹈专业培养目标见表8-4。

表8-4 部分体育院校舞蹈专业培养目标

名称	专业	培养目标
北京体育大学	体育表演	培养具有一定的马克思主义理论素养，掌握表演专业的基础理论基本技能，并具备较强的实践能力，能够在各级各类专业表演团、表演性组织、学校、健身俱乐部等单位从事舞蹈表演、教学、编导工作的一专多能型的优秀体育艺术人才
上海体育学院	舞蹈编导	主要培养德、智、体、美、劳全面发展，能在演艺机构、学校及社会体育表演团体从事舞蹈、体育舞蹈编导工作以及教学训练的应用型专门人才，将来能够在国内外体育舞蹈专业组织、社会体育表演机构、艺术表演团、高等及中等体育艺术类院校等单位，从事体育舞蹈创编、体育舞蹈教学与训练
武汉体育学院	舞蹈学	培养德、智、体、美、劳全面发展，掌握舞蹈学科基本理论，具备一定的舞蹈表演实践技能、编创水平和教学能力，能够在表演团体、普通学校、文化馆和青少年宫等单位从事舞蹈教学、普及和推广的应用型专门人才

环境、地域、师资、生源等条件的差异，使得一些专业院校有着先天的资源优势。如北京体育大学的师资队伍及精英教育方式，并不一定适合于其他院校。新兴学校、专业或学科，由于自身各个方面并不成熟，所以不能盲目跟从、一味模仿其他学校的教育方式，要找准自己的定位。办学类型、办学层次和办学特色三个方面是体育院校舞蹈高等教育重点关注的教学内容。在办学类型上，各个体育院校的舞蹈教育要正确理解单科型、多科型和综合型，要对自己有明确的定位。在办学层次上，分为职业技术型与教学科研型，不同层次的学校培养方法、生源占额是不同的，在社会的服务方式以及整个舞蹈教育中发挥着不同的作用。办学特色也是非常重要的一点，主要体现在办学理念、培养方式、培养目标、学科水平、课程体系、管理方式等诸多方面，是特色学校与其他学校相比所独有的办学方式。各体育院校想要在舞蹈教育方面具有市场竞争力，占得一席之地，学院的办学特色是必不可少的，这也是办学多样化、教学市场多样化、形成社会影响力的必备条件。

综上所述，体育院校舞蹈教育应该充分发挥表演项目的体育特点与多年的体育办学优势，扬长避短。体育院校的舞蹈专业是在已有专业的基础之上构建而成的，完全不同于已有的体育专业和表演专业，具有新的特点，是以艺术状态为出发点，结合体育综合性、体育表演性、体育创编性、体育人文性、体育功能性的新型专业。

第四节 不同视角下我国体育舞蹈发展的理性思考

一、艺术审美视角下我国体育舞蹈发展的理性思考

（一）体育舞蹈发展离不开艺术创新

创新性是艺术重要的特征。各种表现形式的艺术关键的一点就是创新。艺术需要创新，不断推出新的作品，新的作品中又要不断融入新时代的元素。同样，体育舞蹈发展也需要创新。体育舞蹈的创新，是在动作、音乐、服饰上不断融入，寻求突破。在中华民族这个大环境下，体育舞蹈适当融入中国元素，可以使我国体育舞蹈的发展更加具有自身的特色，更好地宣传我国的体育舞蹈和我国的文化。

（二）体育舞蹈发展应该融合我国其他艺术形式

随着世界文化的发展，体育舞蹈的发展越来越具有多元化的特点。结合中西文化特点，我国的体育舞蹈在保存原有的文化的基础上，应该融入我国其他艺术形式，创造出具有中国特色的体育舞蹈。这不仅仅是体育舞蹈在中国发展的需要，也是世界体育舞蹈文化共同发展的需要。只有民族的，才是世界的，世界各民族文化的相互融合、相互发展、相互促进是体育舞蹈丰富自身、顺应世界文化多元化发展的内在要求。

二、社会经济视角下我国体育舞蹈发展的理性思考

(一) 加快体育舞蹈市场管理人才的培养

市场的运作需要人力的投入,目前我国的体育舞蹈市场需投入一批有着较高专业素养与管理能力的人才。体育舞蹈市场管理人才的培养,要借鉴国外先进的管理人才培育经验,并结合我国自身的国情,具体可以从以下两方面进行思考。第一,可以与专业的体育院校建立合作关系,通过合作培养或是委托培养的方式,培育一批具备经营技能的市场管理人才。第二,可以建立体育舞蹈经纪人培训机制,对体育舞蹈经纪人进行市场管理方面的培训、教学,然后进行统一考核、发放证书,从而培养一批水平有保障的市场管理人才。

(二) 规范体育舞蹈培训市场

随着体育舞蹈培训机构数量的增多,体育舞蹈培训市场也不断扩大,存在着巨大的发展潜力,但是其理论研究与实际的结合还不成熟,市场发展过程中还存在着诸多问题和不足,如市场管理不完善,这不仅会阻碍体育舞蹈技术水平的提高,还会导致体育舞蹈后备人才得不到妥善培养,制约体育舞蹈的普及,影响整个体育市场的良性发展。

为了确保我国体育舞蹈竞赛市场化运作模式的规范性,完善运行机制,必须建立科学完善的体育舞蹈培训机构管理制度。从我国体育舞蹈培训机构目前存在的各种非规范的运作方式出发,在管理制度建立上应从以下几方面入手:一是与逐步建立的社会主义市场经济体制相适应,为体育舞蹈培训机构市场运作提供必要的保障制度;二是将体育舞蹈培训机构作为一个经济实体,围绕机构的组织制度、员工聘用制度、工资分配制度、财务会计制度、民主管理制度等,形成体育舞蹈培训机构严密的制度体系;三是运行过程的动态监管,对体育舞蹈培训机构的运行过程实行持续的动态监管,从严执法,规范其运作行为,对培训机构的主要活动给予必要的监控。监控的目的不是要破坏培训机构运作的独立

性，而是要实现体育舞蹈市场的公平竞争，维护体育舞蹈培训市场的正常秩序。

（三）进一步完善体育舞蹈竞赛制度

体育舞蹈作为一项体育竞技赛事，是第三产业的重要组成部分。它的发展具有现实意义，能够为社会增加就业机会，拉动内需，促进国民生产总值增长，调整产业结构，提高服务业比重。

目前，涵盖考级、积分、会籍等制度的体育舞蹈赛事制度并不完善。因此应当建立健全包括基础制度、积分制度与资金管理制度在内的体育舞蹈制度。这样做的目的在于，进一步规范裁判与运动员的行为，提高运动员参赛的积极性与热情，并使得比赛的举办有资金保证。此外，随着体育舞蹈在我国掀起潮流，各种名目的比赛，如锦标赛、公开赛、积分赛、邀请赛等相继在各大城市出现，但是这些赛事之间联系较弱，使得我国体育舞蹈赛事结构松散，难以达到整体功能大于部分功能之和的效果。所以，应当考虑让各大赛事增强联系合作，发挥规模效应，塑造中国品牌赛事。

（四）进一步开发多元化体育舞蹈用品市场

改革开放以来，随着我国市场经济发展规模的进一步扩大，体育项目的经济效益逐渐受到人们的重视，挖掘体育事业的经济潜能，增加其附加值，使其形成完整产业链，并推动其走向产业化已成为体育事业改革的必经之路。在这一过程中，体育舞蹈市场的发展要遵循市场规律，注意具体问题具体分析，考察我国市场的特殊情况，努力开发体育舞蹈相关用品，延长产业链，最大化发挥市场效益。

刺激居民消费欲望、引领消费方向、提高消费水平是推动体育舞蹈市场发展的必由之路。体育舞蹈市场的扩大离不开对居民体育舞蹈消费欲望与方向的引导。随着我国经济的不断发展，居民收入水平不断提高，消费能力不断增强，消费结构也随之改善，人们开始更多地注重发展资料消费与享受资料消费。体育舞蹈能满足人们健身娱乐的需要，这使得体育舞蹈的市场消费潜力得到挖掘。此外，体育舞蹈的推广程度较高，其商品需求和文化需求都较大，这也为体育舞蹈发展提供了一定规模的较为稳定的消费者。

目前，我国的体育舞蹈市场还存在一些问题。我国体育舞蹈市场在技术产品和物质产品上存在单一化、固定化问题。市场产品开发不够，商品类型较为单一，不够灵活。所以，体育舞蹈的推广需顾及社会上不同层次的需要，应当坚持体育舞蹈的多变性，推广一些更符合大众需要的产品，达到吸引消费者的目的。

三、教育视角下我国体育舞蹈发展的理性思考

（一）开发体育舞蹈课程内容

体育舞蹈课程内容资源开发过程受资源本身的价值影响，也受体育院校的实际情况与在校学生对课程的接受能力等因素影响。所以在开发体育舞蹈课程的实际过程中需要有一定规则加以规范，也需要遵循一些原则。这些原则是指开发主体在体育舞蹈课程内容资源开发过程中所必须遵循的基本准则。体育舞蹈课程内容资源开发的原则考虑到了体育舞蹈课程的目标与教学任务，同时涉及体育舞蹈课程资源自身的特点以及体育舞蹈课程内容资源开发的影响，这些对体育舞蹈课程内容资源的开发具有指导和规范作用。

现阶段，体育舞蹈课程内容资源开发应遵循以下几个原则。

（1）科学性原则。体育舞蹈课程内容资源开发的科学性原则就是在以事实为依据的基础之上，加上科学思想的指导，使开发出来的体育舞蹈课程内容具有充分的合理性，更符合体育舞蹈本质与自身发展规律。

（2）针对性原则。体育舞蹈课程内容资源开发要从学校、学生和体育舞蹈教师的特点和实际出发，有针对性地进行体育舞蹈课程内容资源

的开发。

（3）健康性原则。体育舞蹈课程内容资源开发过程中应遵循健康性原则是指在体育舞蹈课程内容的开发中，应时刻把学生的健康发展放在首位。

（4）时代性原则。时代性原则是指在体育舞蹈课程内容资源开发中要使体育舞蹈课程内容紧跟时代潮流，反映出当代社会体育舞蹈的发展要求。

（二）师资队伍对体育舞蹈的发展至关重要

体育舞蹈有着不逊于其他体育活动的教育作用，尤其是对于学校来说甚至有特殊的教育效果。然而，体育舞蹈引入学校的道路并不是一帆风顺的，教师对于体育舞蹈的深度推广至关重要，完善师资配置，壮大教师团队是推进学校体育舞蹈发展的重中之重。这就要求学校不断吸引新的教师，增强团队活力。可操作性建议是加强培养学校的体育舞蹈专门人才，同时积极引进专业教师队伍。只是教师数量的增加还不足以提高体育舞蹈在高校的影响力，还要注意提高教师的职业水平。只有教师具有较高水平，才能确保教学的科学与高效。同时，还要加强对教师专业素质的考核评定，完善考核制度，鼓励教师参与体育舞蹈的培训与交流，不断充实自己，提高自己的职业素养。另外，值得一提的是，还要注意教师的男女性别比。只有当男女教师的性别比适当时，才能实现教学示范的完整与全面。

（三）现代化教学手段是文化传播的重要媒介

体育舞蹈教学要与时俱进，通过适当的媒介完成文化的传播，要认识到数字摄录技术与互联网技术对于促进体育舞蹈教学具有极大的意义。这体现在，通过数字摄录技术，将教师舞蹈示范记录下来，一方面可以传递给上课的学生进行学习，另一方面也有利于学生平时参考，随时复习，这突破了面对面教学的局限。此外，学生还可以通过记录下自己的动作，反复观看比对，找出动作不足，进一步提高舞蹈水平。而互联网技术则最大限度地打破了时间与空间的限制。在互联网上，多方的教学资源可以得到分享，舞者可以进行经验交流、话题研讨。这种多方信息来源可以弥补学校教学的单一性，使得学生对舞蹈有更直接、更丰富的了解。

参考文献

[1] 刘佳.高校体育舞蹈课程研究［M］.长春：吉林出版集团股份有限公司，2019.

[2] 何波.高校体育舞蹈课程研究与科学教学指导［M］.北京：中国水利水电出版社，2017.

[3] 熊浩然.体育舞蹈与全民健身［M］.北京：科学技术文献出版社，2018.

[4] 刘德涛.高校体育舞蹈课发展现状与对策研究［J］.当代体育科技，2020，10（27）：144-147.

[5] 陈冬梅.翻转课堂教学模式应用于高校体育舞蹈俱乐部教学中的策略研究［J］.体育科技，2020，41（4）：110，112.

[6] 陈冬梅.翻转课堂在高校公共体育舞蹈教学中的应用研究［J］.运动精品，2020，39（8）：1，3.

[7] 陈姜华.高校体育舞蹈教学创新发展研究［J］.教育理论与实践，2020，40（21）：62-64.

[8] 曹保莉.对高校体育舞蹈教学的思考［J］.晋中学院学报，2005（4）：69-70.

[9] 刘柯吟.高校体育舞蹈发展问题及对策：评《体育舞蹈技法概论》

[J].中国教育学刊,2020(6):141.

[10] 杨林.高校体育舞蹈教学模式探析[J].哈尔滨体育学院学报,2005(6):50-51.

[11] 彭佳贤."互联网+"背景下高校体育舞蹈教学的制约因素及发展策略[J].当代体育科技,2019,9(29):80-81.

[12] 袁国良.探索我国高校体育舞蹈教学的发展[J].福建茶叶,2019,41(5):160.

[13] 舒渊,宋晓荣,罗鸣凤.概析高校体育舞蹈教学的价值及其实现[J].阿坝师范高等专科学校学报,2008(3):115-117.

[14] 赵芳.高校体育舞蹈教学中对学生表现力的培养研究[J].黄河之声,2018(21):125-126.

[15] 毛雨薇,涂运玉.翻转课堂在高校体育舞蹈教学中的应用研究[J].体育世界(学术版),2018(11):124-125.

[16] 黄嘉.文化大发展下高校体育舞蹈教学的创新与应用:评《体育舞蹈运动教程》[J].中国高校科技,2018(11):112.

[17] 杨妮.高校体育舞蹈教学的发展趋向分析[J].信息记录材料,2018,19(11):169-171.

[18] 郑晓凤.简析高校体育舞蹈中的摩登舞教学方法[J].戏剧之家,2018(33):194.

[19] 朱旖旎,胡毅.论高校体育舞蹈教学中翻转课堂的运用[J].才智,2018(26):179.

[20] 刘田蕾.高校体育舞蹈专项多元化发展的思索[J].当代体育科技,2018,8(6):53-54.

[21] 刘阳.高校体育舞蹈专业课教学内容构建与实践[J].当代体育科技,2017,7(16):136,138.

［22］陈慧.翻转课堂教学模式在高校体育舞蹈课堂中的运用［J］.运动，2017（7）：76，115.

［23］杨晓燕.形体训练课在高校体育舞蹈教学中的开设现状研究［J］.赤峰学院学报（自然科学版），2017，33（5）：154-156.

［24］胡萍.简析高校体育舞蹈发展对社会的影响价值［J］.青少年体育，2016（4）：133-134.

［25］张芹.翻转课堂教学模式在高校体育舞蹈课堂中的运用［J］.牡丹江师范学院学报（自然科学版），2016（1）：76-77.

［26］李文作.高校体育舞蹈发展问题及对策分析［J］.林区教学，2015（4）：109-110.

［27］左阳阳.高校体育舞蹈教学中发展学生核心素养的启示［J］.现代经济信息，2014（24）：429-430.

［28］欧岳山.解析新时期高校体育舞蹈选项课的课程设置［J］.青少年体育，2014（10）：87-89.

［29］欧岳山.普通高校体育专业拉丁舞教学中女生心理特点分析［J］.当代体育科技，2014，4（21）：120-121.

［30］欧岳山.普通高校体育专业体育舞蹈课中摩登舞教学方法［J］.科技创新导报，2014，11（21）：131.

［31］杨姗姗.探究力量训练在高校体育舞蹈教学中的应用［J］.运动，2014（11）：103-104.

［32］张世如.文化大发展背景下大学体育舞蹈选项课程改革的研究与实践［J］.黑龙江教育（理论与实践），2014（3）：95-96.

［33］王明明.试析普通高校体育舞蹈发展与改进［J］.当代体育科技，2013，3（31）：173，175.

［34］尤晓旭，胡年琅，张晓瑛.大众传媒对高校体育舞蹈课程的影响

及发展对策研究[J].当代体育科技,2013,3(17):95-96.

[35] 陈隆.高校体育舞蹈选项课对促进大学生身心健康发展的研究[J].佳木斯教育学院学报,2012(11):124.

[36] 刘涛.普通高校体育舞蹈课中摩登舞教学方法探析[J].商业文化(上半月),2011(7):291.

[37] 蔡中,刘大军,苏兴田,等.高校体育舞蹈教学实践程序的构建[J].甘肃联合大学学报(自然科学版),2010,24(6):119-121,128.

[38] 林子,李沛立.高校体育舞蹈教学的实践研究[J].嘉兴学院学报,2004(6):85-87.

[39] 杨林.高校体育舞蹈教学模式探析[J].哈尔滨体育学院学报,2005(6):50-51.

[40] 周光明,李春兰,周丹.对高校开设体育舞蹈课的可行性思考[J].哈尔滨体育学院学报,2003(3):54-55.

[41] 索烨.普通高校体育舞蹈教学模式初探[J].内蒙古科技与经济,2002(增刊1):411.

[42] 叶子.高校体育舞蹈专项体能训练内容及方法探究[J].鄂州大学学报,2022,29(6):91-93.

[43] 李雪.艺术表现力在高校体育舞蹈教学中的培养对策分析[J].当代体育科技,2022,12(23):175-178.

[44] 张炳华.普通高校体育舞蹈教学中学生主体性体验研究[D].大连:大连理工大学,2021.

[45] 刘旭.PBL教学模式在普通高校体育舞蹈选项课教学中的应用效果研究[D].扬州:扬州大学,2020.

[46] 赵孟洋.虚拟现实技术在高校体育舞蹈教学中的应用研究[D].

广州：广州体育学院，2019.

［47］方婷玉.翻转课堂教学模式在普通高校体育舞蹈教学中的应用研究［D］.长沙：湖南师范大学，2019.

［48］马惠.主体参与性教学模式在高校体育舞蹈选修课中的实验研究［D］.石家庄：河北师范大学，2016.